学习，就是要高效

时间管理达人如是说

徐丹妮-著

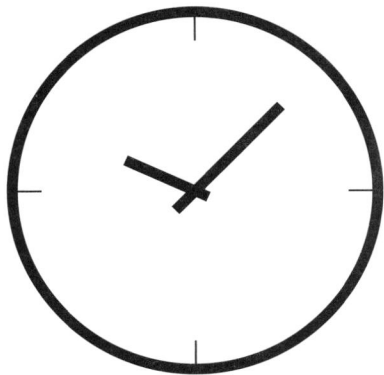

清华大学出版社
北京

内 容 简 介

在快节奏的当下，越来越多的年轻人感到迷茫，不知道如何管理自己的时间，也难以寻找到适合的方法来提升学习效率。不是努力就能达成目标，还得找对方法。在碎片化信息时代，需要掌握一些方法，让自己变得更自律。本书通过分享一些实用的学习、时间管理方法，能够帮助读者提升学习效率，也能够让读者循序渐进进行自我管理。

图书在版编目（CIP）数据

学习，就是要高效：时间管理达人如是说 / 徐丹妮著 . —北京：清华大学出版社，2018（2022.12重印）
ISBN 978-7-302-48225-3

Ⅰ．①学…　Ⅱ．①徐…　Ⅲ．①时间—管理—通俗读物　Ⅳ．①C935-49

中国版本图书馆 CIP 数据核字（2017）第 209685 号

责任编辑：杨静华
封面设计：李　坤
版式设计：楠竹文化
责任校对：王　颖
责任印制：曹婉颖

出版发行：清华大学出版社
　　　　　网　　　址：http：//www.tup.com.cn，http：//www.wqbook.com
　　　　　地　　　址：北京清华大学学研大厦 A 座　邮　　　编：100084
　　　　　社 总 机：010-83470000　邮　　　购：010-62786544
　　　　　投稿与读者服务：010-62776969，c-service@tup.tsinghua.edu.cn
　　　　　质量反馈：010-62772015，zhiliang@tup.tsinghua.edu.cn
印 装 者：三河市龙大印装有限公司
经　　销：全国新华书店
开　　本：185mm×260mm　　印　张：16.25　　字　　数：333 千字
版　　次：2018 年 1 月第 1 版　　　　　　印　　次：2022 年 12 月第 8 次印刷
定　　价：49.80 元

产品编号：073388-02

前言
PREFACE

　　从小就喜欢写文章的我,这几年陆续在网络上分享自己的学习心得感悟之后,渐渐会收到全国各地的读者提问。他们年轻又彷徨,希望自己能够过上理想中的生活,但每当站在人生的十字路口面前时,却不知道该如何选择。

　　"毕业后我该工作还是考研?""怎样才能管理好时间,高效完成学习和工作呢?""我想学一门新的外语,但是现在年龄大了,还有可能吗?"每次在网上收到类似的问题时,我都好想告诉大家,其实没有所谓最正确的一条道路。你想一万遍,不如实际去行动一遍,当你行动起来时,就知道自己有多大的潜力。而且无论你选择做什么事,都会经历一段痛苦的时光,但把那段时光熬过去之后,你会看到胜利的曙光。

　　想去学什么知识就大胆去学,要坚信,它们在未来的某一天都会帮到你。曾经的我也迷茫过,刚进入大学时除了好好上课之外,我不知道下课该做点什么有趣的事。远离了高中时候高强度的学习状态,课余时间许多同龄人渐渐不再严格要求自己,有的人逃课去网吧、有的人开始混日子。而那时的我,只是出于对摄影的好奇和喜欢,业余时间自己学习相关的知识,没想到我后面的生活里靠它兼职赚了旅行的费用,更没想到毕业后摄影在工作上还帮了我许多。

　　我们之所以会在生活中感到迷茫,是出于对未来的恐惧,但是当你认真规划并去执行时,迷茫的感觉就会渐渐消失。

　　"现在的你,是否变成了自己喜欢的样子?"我的一位外国好朋友,七年前问过我同样的问题,那时我们刚认识,我正处于人生的低谷期。

　　他开导我,并且和我说着自己对未来的规划:他对中国文化非常感兴趣,所以计划用一年交换生的时间,把中文日常沟通交流用语学会,达到至少沟通交流无障碍、看得懂一些文章的状态。然后利用寒、暑假去中国大部分省份旅行,用脚步和双眼去体验中国的美景,以及进一步了解博大精深的中国文化。毕业之后回国要进入某公司,在这个行业里待上五年,然后再自己创业。

一年后他真的实现了自己的计划：和我用一口流利的中文交流、给我看他去各个省份拍的照片，以及分享旅行中的感悟。如今他也在自己的国家做着计划内的事情，我相信不久后他就会开始创业。那时的他，为了达成心中的学中文目标，会认真分解到每一天该背哪些中文单词、该做哪些练习，完成不了任务该怎么惩罚自己。

那次畅谈之后我明白自己该怎么做了，渐渐从低谷期走出来。我列了"一生的愿望清单"，开始进行严格的自我管理、时间管理，大学里自己兼职赚钱背包旅行，毕业后学德语、法语……如今七年过去，我可以开心地告诉对方，现在的我已经变成了更好的自己。

2016 年，我开始在网络上分享自己的学习心得感悟和时间管理方法，机缘巧合认识了我此书的编辑张志军老师，和他沟通交流之后一拍即合，于是开始筹备这本书。能够和优秀的出版社合作是我的荣幸，写书的过程犹如孕育一个新生命，既惊喜又忐忑。每天下班回来坐在电脑面前写文章成了我最开心的时刻，同时又有了一种使命感：我得好好对待这个"新生命"，从孕育到它出生。不断写写又删除，修改了觉得不满意又重来。

要感谢为此书倾情推荐的各位朋友和老师，谢谢你们用心写推荐语，你们是我人生中最宝贵的财富。也要感谢清华大学出版社和张志军老师、感谢封面设计李坤以及每一位为此书付出的人，非常感谢你们一路倾力相携。没有你们，我什么都不是，我只是恰好成为那个幸运儿，未来的时光里我会继续努力，稳步前进。

你现在所看到的前言，恰恰是在最后完成的，因为我想让它到你们手里时，能够再好一些。过去许多个夜晚独自面对电脑写作时，都会想象着这样的场景：所写的文字集结成册、印刷成铅字，当你们捧在手中阅读时，能够从中感受到文字带来的力量，那股力量温柔又坚定。

我喜欢写作，也相信文字能够给人带来力量。这也是我写这本书的原因：希望每一位读者看完之后，都能够行动起来，去过自己想要的生活，保持终身学习、学会管理自己的时间，让心愿一个接一个实现。

人无完人，当然此书也有局限，毕竟我在学习这条道路上也正摸索着前进。也许因为我的能力、认知的局限，导致本书有许多不足的地方。但正是因为这些日日夜夜的付出，在写书的过程里让我能够找回自己，我很享受尽力去帮助别人的乐趣和成就感。

如果你因为机缘巧合打开了这本书，花几个小时的时间阅读完或多或少有些收获，并愿意行动起来去改变自己，那我将感到非常荣幸。

让我们各自努力，相逢在更高处！

2017 年 6 月 30 日

徐丹妮

目录
CONTENTS

XUEXI, JIUSHI YAO GAOXIAO

学习，就是要高效

第三章　学习效率不高？是因为没找对方法

第四章　成为"斜杠青年"的步骤

第五章　与其抱怨，不如行动起来改变

第六章　我的学习我做主

第七章　时间管理和学习都无捷径

学习
就是要高效

XUEXI
JIUSHIYAO GAOXIAO

第一章
做最好的自己

钢琴，穿梭在黑白键间演奏美妙音乐

"徐丹妮同学，恭喜你，钢琴十级考试通过了。"在初二的那个暑假里，这是我收到最好的消息，也算是对学钢琴七年的时光里一个满意的答卷。

从小学二年级到初二的每个周末以及寒暑假里，我都不曾有休息。除了课堂学习之外，大部分时间都花在了学、练钢琴上，别担心，这都是我的自愿选择，不是父母强迫我学习。我每周末都会在固定的时间段去老师的工作室学钢琴，之后又回家练习，直到下一次课程。

儿时最常听到的钢琴曲是法国钢琴家理查德·克莱德曼演奏的。我家住在市重点中学附近，周一到周五每天清晨固定时间段，都能够听到学校广播里播放的乐曲。1997 年的一个清晨，当我再次听到那首熟悉的钢琴曲时，心里萌发出了学钢琴的兴趣，后来学琴时知道了那首曲子名叫《梦中的婚礼》。

小学二年级的元旦演出里，我有幸成为学校合唱团里的一名成员，在合唱节目开始之前，是一位高年级的姐姐钢琴独奏节目。看着她在舞台上指尖飞舞演奏钢琴的样子我入了迷，演奏完后潮水般的掌声接踵而至。我好羡慕她呀，可以作为唯一独奏的人出现在舞台上，并且手指在键盘间穿梭就能演奏出美妙的乐曲。而之后的合唱节目里，我除了随声附和唱着早起排练好的曲子，满脑子里都是刚刚演奏的那段钢琴乐曲的旋律。

元旦演出结束当晚，我鼓起勇气和母亲说我想学钢琴。那时买一架钢琴和钢琴学费对普通家庭来说是一笔大开销，便请求只买一台电子琴给我练习就好。

母亲犹豫了一下，之后还是答应了送我去学琴。她之所以犹豫，一是考虑到乐器贵、学费贵，二是怕我坚持不下去，白白浪费了时间和精力。她告诉我，钢琴可不是一两天就能学会的，需要长期的练习和学习。

每天放学做完作业之后，我就很自觉地坐到钢琴前面，打开堆满音符的五线谱课本，一遍遍地认真练习。坚持学了一段时间之后，家里给我买了一台普通的钢琴。从一开始单调枯燥的单音节，到后面渐渐能单手弹一段，再到后面的双手演奏简单歌曲。看到自己在不断进步，感到无比开心。那时院子里同龄的小朋友在玩耍，而我在家里练钢琴，后来一个有趣的现象发生了：院子里其他小朋友也开始学钢琴。

不管是父母强迫学习还是自愿学习，总之那段时间里院子里形成了一股练习钢琴的风气。小院子里只要听到有一个人开始练习的声音,接下来其他小朋友也会加入。有次大家还自发组织了一次小型的演奏活动,邀请家长们来听。

一直都不觉得自己特别聪明,只是肯努力、脚踏实地地前进。

我学钢琴的方法是:

(1)**有一定乐理基础之后,每周上课前都会预习钢琴课内容。** 学起来觉得吃力是正常的,眼睛要看五线谱,双手要在键盘上来回穿梭本来就不是件容易的事。因此我需要提前预习乐曲,在上课的时候就不会感到太吃力,这也是锻炼自己自学能力的一种方法。后来我已经能够自学很多歌曲,老师会点评我哪里弹得好、哪些地方不足。

(2)**上课时遇见不懂的问题,先放心里,** 等当天课程结束后一一提问老师,等待解答。为什么呢?先听老师的意见,等老师发言完毕之后再提问,是为了尊重老师。集中提问能够节省双方的时间成本,也能够让学习过程顺利进行。

(3)**买一本乐理知识书和练习指法的书。** 跟老师学习完本周内容之后,回去就打开乐理书开始自己超前学,不懂的地方就先琢磨,实在无法自己解决了就等下周上课时咨询老师。《哈农》这本练习钢琴指法的教材,老师一直强调有空就要练习,而许多钢琴家或想成为钢琴家的人,每天都会花一小时左右的时间把这本乐谱练习完。

当年一起学琴的那些小伙伴,大部分学到后面觉得困难就放弃了,只有我和住我家楼下的一位男生坚持下去,直到大学毕业后有空都会弹钢琴。我们都很享受在弹琴时与自己独处的时光,也尝试过创作一些曲子送给自己。**小时候不懂得什么是坚持,只是觉得喜欢便去**

做一件事，长大后才明白，想在一个领域里获得一定成就，需要日积月累地坚持下去。

学钢琴这件事让还只是个小孩的我学会静下心来去专注做一件事。而钢琴似乎永远都有魔法，只要我坐在它前面，所有的烦恼和压力就会瞬间消失，我只需享受当下弹奏它的每一刻。我尝试着去理解贝多芬创作一首曲子的背景，尝试用不同的节奏、强弱力度去演奏它。一千个读者就有一千个哈姆雷特，一千个钢琴演奏者演奏同样的一首乐曲，也会演奏出不同的风格。我也开始去寻找更多当下优秀的钢琴家录制的CD，有空时都会在家里播放他们演奏的乐曲。与其说是音乐改变了我的生活，不如说是音乐打开了一扇通往美好世界的大门给我。在那之前，我不知道有这样一个精彩的世界会令我如此着迷。**许多人之所以觉得离高雅艺术特别遥远，并不是它们真的很难理解，而是自己在艺术和现实之间划了一条很长的界线，也从不愿意跨过那条界线。**

大学里有时间、有能力的情况下，我会跑去听喜欢的音乐家乐器独奏表演，工作后也如此。前段时间有幸见到童年的偶像钢琴家理查德·克莱德曼，听到他现场亲自演奏那些童年耳熟能详的钢琴曲，竟然被感动得落泪。当他给小朋友送鲜花时，回想起了以前学钢琴时自己的身影，背着一个小书包兴高采烈奔跑着去学钢琴，那时的自己无比渴望见到眼前这位钢琴家。看着他的手指熟练地在钢琴的黑键与白键之间飞舞，演奏出动听的音乐，就是一件很愉快的事情。

台上一分钟，台下十年功。 在舞台上要想演奏好一首钢琴曲，需要台下一次次辛苦练习才行，弹错一个音符都会影响到整个乐曲。大家看到的只是演奏者在台上闪闪发光的样子，却不知道他们背后付出过多少努力。**我很感谢有这段学钢琴的经历，让我早早明白所有美好的东西都需要辛苦付出才会得到。**

大学里曾靠兼职教钢琴挣钱去旅行，而有过这样的体验之后也让我更加明白，相比之下弹钢琴更适合成为我的爱好，而不是第一职业或者是第二职业。当你在犹豫要不要把自己的爱好变成职业时，可以尝试把它先变成兼职工作一段时间，看看是否真的适合发展为职业。虽然早已停止了拜师学钢琴，但现在下班后的时间里我依旧会用时间管理的方法抽空练习钢琴。对我而言，钢琴会是一个陪伴终身的兴趣爱好。

很多人佩服我的执行力和严格时间管理方法，其实这些都是可以培养和训练出来的，在本书后面的文章里会和大家分享方法。

学一门乐器不是为了炫耀技巧，而是在忙碌工作之余，它能够帮助你调节生活。哪怕你遇见再多的困难、挫折，当你手指触碰到那件乐器时仿佛就打开了一道时光机的大门，它带着你飞往一个单纯、美好的世界。而你在演奏的过程中不断调整自己、不断"疗伤"，直到治愈为止。

　　88 个琴键的钢琴最常见，在这些有规律、重复出现的琴键上，却能够排列组合演奏出无数的乐曲。生活中有一周 7 天，在不断重复的周期时间里，却能够做许多有意义的事。

　　生活好似一首永远也不会演奏结束的小夜曲，每当认真弹奏一个音符时，就像我们认真对待生活中每一件事。而把这个步骤完成，你就会听到一小段美妙的乐曲，发现那些事情串联起来后变成了一段故事。

摄影，透过镜头发现另一个世界

　　我从小到大的成长照片都是由父亲记录，以前父亲经常拿着黑色胶片相机捕捉我的喜怒哀乐瞬间。可惜的是小时候我太惧怕黑色的东西，看到相机会条件反射地闪躲避开，而父亲则是无奈地摇摇头，总是要拍好几次才有满意的照片。胶片相机不像数码相机照片拍得不好可以删除，年少不懂父亲的用心，长大了才理解这是一份值得珍惜的回忆。

　　我不曾想过，读大学之后自己也会像父亲那般拿起相机来记录生活中的片段。

　　大学刚入学，有位新闻学专业的朋友给我拍了组照片，没有影楼里夸张的妆容、摆拍的动作，在她的镜头之下发现了一个不同却又真实的我。她的风景照片里，花草树木都是有灵性且美的，每一张照片似乎都在讲述着有趣的故事，我被深深吸引住了。

　　大一把四、六级考过之后，上网查找了许多关于摄影的知识，没有钱买相机，就用 300 万像素的手机来练习拍照。把日常的学习课程结束之后，课余时间里花时间去学摄影。身边没有老师教，就去图书馆翻阅相关的杂志、书籍，**遇见不懂的问题自己琢磨、查找答案直到明白，就这样一点一滴地积累**。后来我拿着那些手机拍的照片和家人沟通我想自学摄影时，母亲有些担心会影响到我的学业，而父亲则是全力支持。

　　不想让父母担心，我一边把本科专业知识学好，一边利用业余时间学摄影，期末考试时成绩依旧排名靠前。后来父母赞助了我人生中的第一台相机，而之后的器材、设备升级换代，则是由我自己挣钱购买。其实初学摄影没有必要配高端相机，一张照片的好坏，主要取决于拍照的人，器材是其次。直到现在，我都记得自己初学摄影每天背着相机到处走到处拍的样子，不怕太阳晒黑皮肤，也不嫌单反相机重，在拍照的时间里我感受到快乐。而随着摄影学习越深入，就越觉得自己还需要努力。

　　很多个夜晚独自在宿舍小台灯前，拿着那些简单的小道具练习拍摄。看到杂志、书籍里的教学方法就用本子认真记录下来，也一点点学习后期的知识。

photo by x0n

有一个会摄影的父亲当然好，可父亲并没有教我如何摄影，而是让我自己用心体会。一开始不理解父亲的做法，后来渐渐领悟：每个人的审美、看世界的角度不同，因此拍出来的照片都是不同的。也正是因为这些不同，这个世界才精彩。如果学摄影初期，就被教导什么是对、什么是错，要按照对的方向去拍照片，便会少了几分想象力和乐趣。

我很感激父亲教会我的道理，在后来的生活和学习中，我都不会去轻易教别人怎么做，而是引导、启发别人。

从 2011 年到 2016 年这几年时间里，我按下过无数次快门，也记录过不同季节、不同城市的美景，也听过许多的故事。感谢这些旅行摄影的经历，让我的视野变得开阔，思考问题时也不会局限于某一面。从一个光圈、快门、白平衡都不懂的女生，到后面自己独自一人背着相机足迹遍布祖国大江南北，这些变化是我不曾想过的。也正是因为旅行中认识各个国家的人，坚定了我要学除英语外的其他外语。趁年轻，想学的知识赶紧学。

对我而言，摄影的意义不是拍过多少照片，而是你拍过的照片里，哪些真正有意义、有故事。一张好的照片没有固定标准，只要用心拍，都会拍出好照片，甚至有时捕捉到一个孩子清澈的眼神画面便是最好的照片。

不论是写作还是摄影，都可以记录下生活中值得铭记的片段。摄影师选择通过照片去记录，而作家则选择用文字去表达。

有人问我：“我不懂摄影，也没有钱买单反，要如何成为一名摄影师并靠摄影赚钱？”

不懂摄影可以自学或网络报班学，没有钱买器材，那就先利用好自己的手机，多练习、多拍摄，摄影水平才会提高。其实年轻时喜欢摄影无妨，有空到处走走拍拍挺好。**但想要把摄影这个爱好变成专长，甚至是职业，则需要花费大量的专注时间在该领域里**。在这个过程中会特别枯燥，每天需要练习拍摄大量的照片，并且短期内不能获得物质上的回馈。当你的爱好变成职业时，也会失去很多有趣的东西。

身边几个同期自学摄影的朋友，在人像、风光摄影界里现在都成为小有名气的摄影师。彼此都是看着对方一点点努力而成长起来的，大家都没有冲着摄影师这个名号去发展，而是坚持拍摄感兴趣的题材。

去年有幸见到我以前很欣赏的摄影师，在沟通交流中也谈到对摄影的态度：他无意中在家里发现一台古董相机，尝试着用它去拍一些照片，有次无意中把自己拍摄的照片发到网上却被许多人喜欢。这给了他很大的鼓励，接下来拍的照片越来越多，不断练习才获得今天的成就。

而我学摄影的初心是，感受并记录生活，没有想要靠它谋生。不妨放下功利心，少一些患得患失，多一些机会去练习，把摄影当作兴趣爱好来发展。**不要把赚钱当目的去学任何一**

样东西，好好学自己感兴趣的东西并坚持下去，水滴石穿，渐渐就能够赚钱。

学摄影的这几年里，最大的收获不是获得多少赞美和粉丝，而是学会审美，学会从不同角度看这个世界。我开始懂得去品味一张照片：构图、光线运用、色彩搭配，以弄明白照片背后摄影师想表达的意思。

透过相机和镜头，我看到了另一个世界。那个世界里有时光机，成年后的我可以回到过去对小时候的自己摸摸头，说声"小朋友你好"；也有天马行空的创意，我可以在电线上谱写出一段美妙的乐曲。

如果你是大学生，也想学摄影，那现在是最好的时机。没有了高考前巨大的压力，在大学里自由时间也相对多一些。但是一定要把自己的专业课程先学好，再发展兴趣爱好，分配好自己的时间。当然，本书后面会详细说明如何进行时间管理、找到适合自己的学习方法。

工作了之后也可以学摄影，你可以利用下班、周末休息时间去自学或报名网络课程学习。其实很多人做事坚持不下去的原因，大多都是懒惰、觉得困难就不学。不是你做不到，而是你被懒惰和困难打败。

摄影，没有你想象中那么难，只要用心去学习、练习，普通人也能够拍出精彩的照片。一辈子那么短，总得做些不以赚钱为目的又有趣的事情。

外语，感受不同国家语言的魅力

活到老，学到老。

其实一个人会说三门外语，在国外是一件很平常的事情。有些国家在高中课程里会开设二外，如西班牙语、德语、法语等，因此他们也会比我们更早地开始接触除英语之外的外语。

但中国的教育体制不同，很多人在高考结束之后，才会有更多时间和精力去学习除英语之外的外语，我也一样。

我那颗想学多国外语的心，是从初中时代开始的。

学德语的契机是源于初二无意中听到德国 Die Prinzen（王子乐队）的《Deutschland》，第一次听到时的感受是，歌曲里单词的发音完全和英语不同，很好奇是哪一个国家的。上网搜索之后发现是德语，虽然听不懂在唱什么，但这很奇妙的发音在我心里留下了深刻印象。

而想学法语的念头则是在我念初一的那年，圣诞节在街上偶遇一个法国家庭而产生的。在学外语的路上，从一开始对英语没有太多喜欢感觉的人，变成了一名语言爱好者，多亏有了这一家法国朋友。

十二年里我们一直保持着联系，互相了解彼此最近的生活，也分享那些成长中的喜怒哀乐。

Bob 家每年出去旅行，都会给我邮寄不同国家的明信片和邮票，旅行回来会认真写游记，然后发链接给我看。我羡慕他和他妻子的感情，每年都会一起牵手去不同的国家旅行，虽然他的妻子腿受过伤，但在路上 Bob 都会用心照顾她。我也羡慕 Bob 会说多国语言，还懂一些中国文化，慈祥又可爱，那时我就想成为一名会说多国语言的人。

我的邮箱里保存着这十二年里来往的邮件，一直都舍不得删除。从一开始写邮件只回复短短几句简单的英文，到后来我会用法语、英语写邮件和他们一家人交流，这个过程里不仅仅是语言水平的提升，更是收获了一份难得的友谊。

学一门新的外语，最难的不是语法和单词，而是你惧怕学习它的心。

许多人都会以"我没有语言天赋"为借口，来解释自己学不好外语的原因，却不曾想过是不是自己不够努力、自己贪玩而学不好。当我在网络上更新自己学德语、法语的心得感悟时，不断会收到类似的提问："你觉得它们难学吗？"

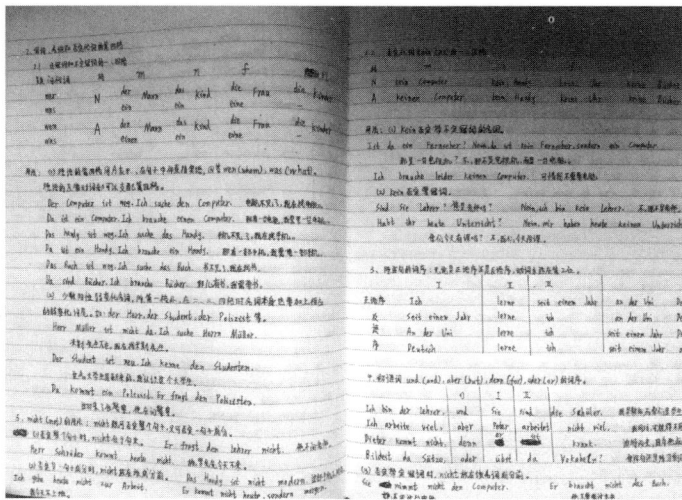

难度肯定会有，但是这些都是必须经历的。大学里有段时间自学了德语和法语的一些句子，但真正意义上开始学德语、法语是在工作之后。期间不断有人问我："你学德语、法语为了什么？学完了之后对你的生活有什么改变、影响？"

每个人的经历和目标不同，但当我学会说三门外语（英、法、德）之后，确实变得和以前不一样了。

一、了解到更多不同国家的文化

一些外国朋友初到中国时都会感觉很诧异：为什么中国人喜欢一群人下馆子？为什么中文是由许多笔画组合而成的复杂方块字？为什么中国的春节会如此热闹？为什么会有中秋节？

正如我们初学英语时一样，对外国的文化和历史都会很好奇。**每一个国家都有它自己的魅力，当你学习该国的语言时，也会逐渐学习、了解该国的文化。**以前只是从中文课本、书籍里了解过外国文化，当你能够用该国语言和本地人交流时，你会更容易感受和理解。

就像学生时代课本里说德国人做事比较严谨，你亲自和德国人沟通交流之后会发现，不仅是德国人做事严谨，原来德语也是一门严谨的语言，语法上的严谨体现在单词性、数、格的变化之中。大部分德国人很守时，也会按规矩办事。我很喜欢的蔡司镜头、徕卡相机都是出自德国，在工业制造方面不可否认的是他们的确很优秀，也精益求精。

之前认识的几个德国朋友，的确是严谨又守时，也愿意为了心中的目标而刻苦学习，当然也许会少了一些法国人的浪漫。

法国人是出了名的浪漫，以前只在课本上听过的故事，后来在现实中遇见了。我的法国朋友 Bob 和他的妻子每年结婚纪念日都会特意选一家有情调的餐馆，去享受他们二人的烛光晚

餐。每年去不同国家旅行时,会给我邮寄不同国家的明信片,他们的浪漫似乎融入了骨子里。

学了法语之后,更能够理解他们的各种甜食的由来,以及理解为什么法国的作家都喜爱在咖啡馆里聊天。

二、脑海里能一键切换语言

有次和我会八国语言的美国朋友 Peter 在咖啡馆聊天时,来了一对法国夫妇,Peter 立马从中文聊天切换到法语和他们对话,而我暗自庆幸自己刚好学了法语,能够听懂他们在讲什么。后来 Peter 介绍我时,我用法语简单介绍自己,对方有些惊奇。后来又来了一个西班牙的女生,Peter 又切换为西班牙语和她聊天,虽然没学过西班牙语,但是像 Peter 这样只要学过的语言就能随时切换的状态,让许多人都羡慕不已。

如果会说该国语言,是能够快速融入他们生活圈子的好办法。

我自己在用 App 背单词的时候,会选择德语、法语切换,那个 App 支持多国语言背单词。可以一边学法语一边复习德语,其实德语和法语里面有一些语法是相似的,虽然它们不是同一个语系,例如,自反代词、单词分性别,性、数、格要配合单词和句子进行变化……

当你学会其中一门语言,再去学另外一门语言时,就不会觉得特别困难。而西班牙语和意大利语里面又有很多和法语相似的地方,许多人学过法语之后,再去学西班牙语就会进步得特别快。但不管学哪一门语言,都一定要打牢基础。

没学德语、法语之前,我看到这些单词、听到这些语言是一脸的迷茫,正如我现在看到日语、韩语句子一样的感受。

而学了德语、法语之后,看他们国家的电影、新闻、网站能够明白意思时,会有一种我终于明白意思的感觉。

三、开始对学语言上瘾

讲真的,我刚学英语时是没有任何喜欢的感觉,只是为了完成学习任务而学,后面遇见 Bob 家人书信来往,渐渐才对学英语感兴趣。

直到后面遇见越来越多不同国家的人,和他们沟通交流发现这个世界很精彩,我想学更多语言去了解更多文化。如果不是有幸能够认识 Peter 和 Bob 这两位良师益友,我也不会改变。

2016 年 9 月,我无意中浏览到一个德国设计师的网站,觉得她的作品好棒,想了解她以及她设计的创意。于是便用英语、德语给她写了一封邮件,简单介绍我是谁,我希望做一件什么事情。没想到第二天就收到回复,对方表示很惊讶也很愿意接受我的采访,而这一切都是我以前不敢想的。

学外语，确实会上瘾。

在国外会说八国语言的人比较多，他们大多也是在不断学习过程中渐渐上瘾，把一门语言课程结束之后，继续学习下一门语言。

2012年，我写了一份"一生的愿望清单"，里面有一个愿望就是：30岁以前要学会四门外语。当时身边很多人觉得我异想天开，甚至觉得我好奇怪，而现在我已经学了英、法、德，还有一门外语等我准备好了之后就会去开始学习。

那些曾经觉得你不行、你做不到的人，总有一天会对你刮目相看，只要你不断地努力。

学外语是一个漫长的过程，不可能短期内就同时掌握多种语言，唯有用时间一年一年去学习、去消化知识，才能够真正学好。

当你学得越多时，就会对其他国家的语言越感兴趣，语言会上瘾而且很有趣。

四、视野变得更开阔

有一句大家都熟悉的话："你如今的气质里，藏着你走过的路，读过的书和爱过的人。"也许听过太多次，你觉得不耐烦，但你的气质里确实都藏着你过往的经历。

我18岁以前是个性格内向、没出过云南省的人。18岁以后的7年时间里不断行走，不断和不同地方、不同国家的人交流，视野渐渐变得开阔。不会因为一件小事就心情不愉快，更不会因为一点小矛盾就和朋友吵架。**学语言不是用来炫耀的，而是当你学会使用那个国家的语言来聊天、用他们的思维模式思考问题时，也学会了从不同角度看待事物。**

我有一次心情很低落，和Peter讲自己创业亏本了，他并没有告诉我怎么做，也没有说他过去怎么惨，而是启发我，帮助我分析失败的原因，并且告诉我自己的项目其实有一些潜在的机会，我需要和什么样的人去合作可以一起实现。

和美国人聊天，喜欢他们热爱自由、说走就走的心。

和德国人聊天，欣赏他们认真做事、讲信用、约会守时。

和法国人聊天，他们教会我如何去生活，即使生活并不如诗。

我开始尝试改变自己，尝试去独自挑战一些有难度的事情，而这些都是过去的我不敢想、不敢做的。

有人问我："丹妮，你能讲讲学外语以后的收获吗？对你的生活有什么影响？"

我想，学外语这几年里最大的感触不是获得了多少赞美和喜欢，也不是收获了多少粉丝，**而是当你真正能够用该国家的语言和他们沟通交流时，你会感受到许多的惊喜和精彩。你看问题的角度也不会局限，视野会变得更宽阔，也更能理解和包容很多不同的观点、文化差异。**

写作，与另一个自己随时沟通

以前我挺怕写作文的，提起笔来没有任何思路，更不知道从何处开始写。学生时代，我不是班里学习成绩最优秀的，排名靠前，但不会都在第一的位置，那时候我很苦恼，总想和别人抢第一名。因为一点小失误，导致考试成绩差了 2 分就排名落后而感到难过。后来语文老师开导我：**"要和过去的自己对比，不要和别人比，越来越好，那就说明自己真正变优秀了。"**

他还让我们每个人都坚持写日记，在第一堂课上就严肃地对我们说："你们现在或许会觉得我对你们太狠，要求每天都要写那么多字，但如果你们能够坚持三年，到初中毕业，你们的写作水平会大有提升。**如果你们能坚持十年以上，在未来一定会在某个领域有所成就。**虽然大部分人都很难坚持十年以上，但我相信你们之中还是会有这样的人存在。"

许多人觉得这是句玩笑话，没当作一回事。

没错，除了日常的语文作业之外，每天都要写 600 字（后面升级为 800 字）的日记，不写日记被检查到的话会有惩罚，到后面老师很少检查我们的日记了，但大家已经养成习惯坚持每天写。

最开始也没有想太多，只是把它当成是我每天必须做的作业，直到后面养成习惯之后，渐渐发现写作水平确实有提升。而我们班的语文成绩在年级上始终都是排第一，许多人的作文被其他班老师当作范文拿去参考。我很感谢我的语文老师，他在那时不仅教会我坚持，还教会我不要浮躁，只需要和过去的自己相比在不断进步就对了。

初中毕业后，许多人放弃了写日记这个习惯，大部分原因是因为写日记以前是老师硬性规定的，现在没有人规定必须写，那就不写了，就算你一直写下去也不一定就会成为作家。但班里少数几个坚持写日记的同学，他们现在都是非常优秀的人。

不是写日记就能够飞黄腾达，而是无论做什么事坚持这个过程很重要，能够坚持本来就是件不容易的事。再加上做自己热爱的事并坚持下去，结果也不会太差。他们之中不缺乏聪明的人，但是他们并没有因为自己聪明就不努力、不坚持，也明白通往成功之路没有捷径可走，唯有踏实努力。

由于已经养成了写日记的习惯，也很享受这个每天留时间给自己单独思考的过程，高中、大学时期我依旧坚持写日记。直到现在，我都一直坚持写日记，而家里的日记本堆起来也有许多了。不慌不忙、戒骄戒躁，后来有机会和读者们分享我的经历，分享一些干货内容。这也是我过去没有想过的，或许那时放弃写日记，现在也很难提笔写文章了。

不管是以前在日记本上写作，还是现在坚持在网络上写作，这些年写作都给我带来了不少好处。

一、认真做事的态度

对于不擅言谈的我，写作成为成长过程中最好的陪伴。难过的时候写作，给自己前行动力；没有灵感时也写作，锻炼自己。日记本里记录着成长的点滴，那些曾经和同桌吵架划界限的日子，现在回想起来早已不记得吵架原因，两个人再相聚时都觉得以前的我们好幼稚。可那些幼稚、单纯的时光一去不复返，唯有字里行间留下片段记忆。父母也支持我写作，认真保管着我以前的那些日记本，搬家时也完好无损。

每个喜欢写作的人或多或少都会有这样的经历吧。打开电脑，写好一篇文章之后会进行反复修改、调整、检查错别字，甚至会斟酌自己的标点符号是否用对了，在哪里断句能够最好地表达出自己的情感。在反反复复修改好几次之后发布，可心里依旧是忐忑的。而在纸上提笔写时，也会反复斟酌一个词或成语的用法在文章里是否恰当。而正是因为这样的过程，让你不断去思考、不断推翻之前所写的内容又修改，直到满意为止。没有谁天生就会写作，都是在后期不断尝试中渐渐学会，而且阅读与写作是分不开的。只有不断保持阅读、学新知识，才会有更多的内容输入大脑中，而写作之人真正消化吸收之后，才能够写出更多的东西来。

二、学会控制自己的情绪

也或许是习惯了写作，当心中有烦恼、负面情绪时不会轻易地和朋友说，而是写在本子上，不想因为自己不好的情绪而影响到了身边的朋友。除非是比较严重的负面情绪问题，自己解决不了才会去找朋友倾诉。通过写作剖析自己，渐渐也能够控制自己的情绪，成为情绪的主人。如果一个人习惯了抱怨的生活，那他的世界里阳光和欢笑会少很多，而且负面情绪是能够传染的。把不开心的写下来,然后分析这些事为什么会让你不开心,是否有能够改变的机会。没有钱让你感到不开心,那就努力提升自己的挣钱能力;学习成绩下降感到不开心,那就认真学习,把不懂的问题弄明白。许多不开心的时刻只是暂时存在,通过写下来并仔细分析、解决问题,总比把问题只放在心里而不解决要好。在写作过程中不断和自己沟通交流,也审视自己哪些地方做得不好,有则改之,无则加勉。

而且在写作过程中,你能学会运用许多形容词去描述自己的情绪,甚至是复杂的句式都能一气呵成,而不是用一句简单的"我很难过"或者"我很开心"一笔带过。知道什么事情能让你难过、开心,你也会比从前更懂得如何与自己和平共处。

三、更用心去体会生活

不管是写情感文章还是干货文章,每个作品平时都需要收集素材,而这些素材都来源于生活。坚持写作之后,你会比以前更用心去体会生活中的每一件事,也会有更多的领悟和感触。**天气变化、看完一本书、听到一首熟悉的歌,这些生活中的片段在某一时刻都会让你感到触景生情,想提起笔来写点什么,哪怕只有自己才能够看得懂。**就像学会摄影以后,我会比之前更用心观察生活中的点滴,看到美丽的小花就会不顾形象趴下去拍它,此时早已忘记别人怎么看,脑海里只会想着从哪一个角度拍出来会更好。

路边卖茶叶蛋的老大爷、摆地摊的妈妈带着孩子,这些生活中习以为常的场景却是你写作灵感的来源。你会想他们的生活是什么样的,都经历过什么事情,或者你会开口去问他们的故事,然后提笔写出来。甚至你会联想到过去的某一位朋友、亲戚或认识的人,他们身上也经历过同样的事。

每次和不同的朋友见面时,都会仔细聆听对方所说的话,然后看看是否有适合写进自己文章里的案例,当然这些都会征得同意之后,以匿名或化名的形式呈现给大家。他们生活中的许多片段,都会被我重新排列组合,然后从我的视角出发写出来。这也是我喜欢和不同行业的人沟通交流的原因,不仅仅是为了收集写作素材,更多的是和他们聊天过程中我自己也会有许多的收获,而这些收获大多是在课堂里学不到的。

四、学会换位思考

你会从不同角度去看待同一个问题再得出结论,而不是固执己见。你也不会因为观点不同而和别人争吵得面红耳赤,而是学会去包容、理解对方为什么会这样想。就算观点不同也是很正常的事,一千个读者就有一千个哈姆雷特,如果每个人看问题角度都一样,这世界上会失去许多乐趣。

写作拒绝"自嗨"类型，自己写得很开心，可是别人读起来却觉得无味。这是刚开始写日记时老师就告诉我们的道理。**要学会换位思考，你写出来的文章能够给读文章的人带来什么，是否能让对方领悟出一些道理，或者明白一件事的起因、经过、结果。**

学生时代，那些能够在语文考试中作文拿高分的人，都会换位思考，也有自己的写作技巧。引用古诗词，学会用成语、比喻拟人手法、排比句等都是基本的技巧，而真正能够写出高分作文的，除此之外，平时还需要积累大量素材、阅读大量书籍才会把知识真正变成为自己的，也才能达到提笔就写的境界。

换位思考，学生时代，考官会给什么样的作文高分，然后努力朝着标准方向写。毕业后，读者需要什么样类型的文章，自己比较擅长写哪些方面的内容，然后结合自己的能力来写作并不断调整。只有不断练习，写作水平才会有进步。

写作和跑步一样，刚开始时你会觉得非常痛苦。打开电脑面对空白的文档整整两小时写不出任何满意的内容，跑完几百米就已经气喘吁吁……但是当你每天都练习并坚持下去时，慢慢地这些"症状"就会有所缓解，你会发现某个时刻自己已经写了 2 000 多字，已经跑了几千米，而且是在不知不觉中就完成了。**当你练习的次数越多，进步就会越快，那时伴随而来的不是痛苦，是成就感。**坚持写作，不断让自己保持输入和输出，你会比以前成长得更快。

没有谁的成长之路一帆风顺，下次当你有许多情绪却不知与谁诉说时，不妨打开本子、提起笔把它们写下来。不知道应该坚持做什么事，就从坚持写日记开始。学会和自己沟通，做最好的自己。

学习，最好的时间是现在

一辈子那么长，总有一门想学的知识或技能。或许是初中听到的德语歌、高中遇见的法国人、大学里看过的韩剧，就在那么一瞬间让你产生了学习该国语言的想法。也或许是看到邻居家的小姐姐跳舞美好的样子，也想学习舞蹈。

我身边的朋友经常会与我诉说她们的烦恼："大学里把四、六级都过了，可是家里不让我学法语，他们觉得我不出国留学没必要学。""工作了没有时间学习，下班回去好累。""现在有繁忙的工作，还有家庭和孩子，我想等以后退休了，再学弹钢琴。"

总是会有各种各样的原因，阻挡着你想学习的心。但其实，学一门新的知识、技能，最好的时间就是现在。

一、有兴趣，趁热打铁

兴趣，总要给自己机会做点有趣的事情。

不管是学德语还是法语，我都是自己有兴趣的时候就开始学，而不是一直等。

当然前提条件是你至少得先把英语四级通过，不然压力会比较大。有兴趣的话，相关考试通过的前提下，来学一门新的外语。别担心学外语会难，难的只有你不够坚定学习的心。

"兴趣是最好的老师"，大家都听过这句话。这位老师到底有多强大的魔法能力呢？我的表妹初中那会儿特别喜欢日本动漫，经常看也学会了一些日常用的口语。她不满足于此，于是又自己买书回来自学日语，她可是真正的零基础无老师自学。一开始大家都不看好她，可后来竟然自己一点点地学会了，不仅能看得懂日常的日语对话、网站等，还可以轻松唱日语歌。后来她开始模仿动漫人物的画风进行绘画练习，高中选择了美术特长生，她的愿望就是当一名画家，并且愿意为梦想一直踏实努力付出。

我问她为什么要学日语，觉得难不难。她说："因为我喜欢啊，日常生活中除了做作业还是做作业，得给自己找点喜欢的兴趣爱好。肯定是有难度的，但是并不会因为日语难，就不想学了。"

世上无难事，只怕有心人。

二、学习切记不要拖延

前几天建立了一个读者群，大家在里面问我："怎么抽空学那么多门外语的？又是什么动力能让你一直坚持学下去？"

抽空学外语其实是每天都要做的事情，只是时间长短不同而已。加班的时候可能当天就没法学，但过后一定会把落下的网络课程内容及时补上。不管怎么样，一定不要拖延。如果落下的课程太多会赶不上的，也会影响学习效率。

拖延是你最大的敌人，原本每天的学习任务是可以按时完成的，但今天这位朋友打电话来约你下班出去唱歌，明天另一位朋友又让你陪她去逛街，久而久之你学习的时间就少了许多，甚至习惯了这样随叫随到的生活之后，觉得每天学外语是一件痛苦的事。

能够拯救你的只有自己，就算加入了相关的外语学习群之后，还是只有你自己坚持打卡、坚持学习，才能日积月累学会一门外语。可以提前学完课程，但不要拖延到最后都要结束课程了才发现，自己只学了一点点。

三、不要把学习当作痛苦的根源

学新知识是一个每天坚持、按小时计算的过程。有人和我抱怨说："听了两个月的英语听力练习，还是听不懂，非常痛苦。"我告诉他："首先，你是真的听了两个月每天坚持至少 1 小时的练习时间吗？其次，你做听力练习，是不是听完就完了，根本没有反思过自己哪些不会、哪些地方容易出错？你是否有听完之后回顾原文，一句一句分析、弄懂直到下次听到能理解为止？"

如果没有,那就没资格抱怨听不懂。**你不是学不会,更不是智商的问题,而是你把学习当作了痛苦的根源。**

每天醒来一想到学英语要背单词就痛苦,于是脑子里就留下一个痛苦记忆叫背单词、做听力。只要开始学习的时候就觉得记忆力减退、单词混淆,甚至时间久了就觉得头晕眼花。一看到要做数学练习题就心烦,时间久了看到类似的题目就在心里有个预设:我不会做,于是原本努力一下就可以得出答案的你自动选择了放弃。

如果你背一个单词就给你 20 元,让你把 4 000 多个四级单词背完,你愿意吗?解开一道数学题给你玩手机 20 分钟,你愿意吗?相信你没多久就会把四级单词都搞定。

在学习过程中,不妨把做练习、背单词转换一下,看作是一个有奖励的目标,然后一点点去完成它。切记不要把学习当作是痛苦的根源,这样只会让你越学越觉得难。

四、就现在,行动起来

以前我总觉得自己能力不够,总怕自己坚持不下去,一直拖延着没有学我喜欢的德语、法语。而随着时间一年又一年的流逝,心里留下的却是遗憾。2014 年大学毕业工作之后,才坚定了要学二外的心。

于是风雨无阻,每周六背着书包准时出现在教室里和老师、同学们一起学习德语。讲真的,工作后我还真怀念学生时代背书包上课、去图书馆的时光。当你工作之后,属于自己的学习时间会比学生时代少很多,而且身边也不再有那么多人愿意坚持学习了,下班后吃喝玩乐就成群结队,要是你说要回家去学习,别人或许会误以为你不喜欢社交,甚至会觉得你矫情。

而当我真正行动起来,去学一门新的外语时,这些眼前的烦恼都被抛弃到脑后。因为我知道,就算身边的人不理解,这也是我一辈子里要去做的一件事。我也不惧怕坚持不下去,不怕别人怎么看我,我只在乎自己能在这段时间里学到多少知识,能够在几年后变得有多优秀。

你看,我那么晚才开始学的二外都能学好,你在担心什么呢?

工作再忙,也会有休息的时候可以学习。

基础再差,通过后天努力也能渐渐学好。

没有太多钱报实体课,可以几个人凑钱拼课程学习。

你在害怕、犹豫什么呢?

就算以后你不靠这门技能去谋生,但至少你学会了新的知识、技能,让自己的业余生活充实起来了,而且没有浪费时间在无意义的事情上。

Yesterday you said tomorrow,just do it!

成为自己的骄傲

2016 年年底，事情特别多，压力大的情况下，有天晚上我失眠了。半夜打开微博，看到有读者留言说："丹妮，你似乎没有烦恼呀，现在所获得的一切看似都很容易，好像学习、生活上都没有什么困难，一帆风顺。我已经毕业了，可是还没有什么特别值得骄傲的事情，每次妈妈向身边人介绍我时都没有自豪感……"

其实我的成长之路有很多不顺，只是我觉得抱怨没有用，遇见问题就解决问题，总比一直抱怨好。学习上的困难相比生活上的困难要容易解决，在我这个年龄没有钱是最大的问题。我今年 24 岁，处在一个尴尬的年龄。不再是学生，需要自己非常努力地挣钱，但是处于刚入社会两年的新人，还有很多需要学习的知识和去争取更多提升发展的空间。

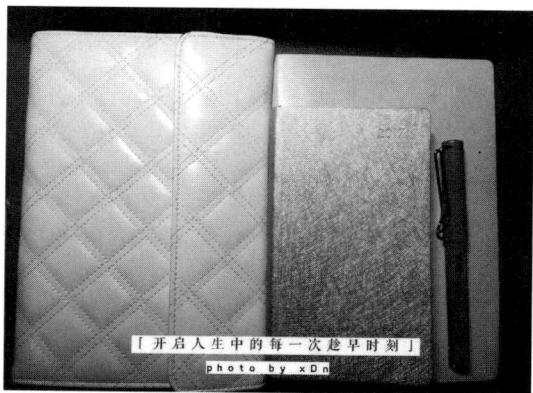

和你们讲讲我的故事。

我是一个很普通的女生，只是有着对生活和未来的很多期待，知道自己要什么，也愿意为了一个个小目标去努力。

我的家乡在云南的一座小城，没有高楼大厦、没有地铁，市里只有一所重点中学，如果考不上那所重点中学的话，你离读大学的梦想就越来越远。而这所中学里，每年能考得上重点大学的人很少，更是要很久才会有一位能考上北大、清华的学生。通过努力学习，我有幸去了千里之外的天津上大学。没错，我就是从山里走出来的孩子，只是没有像大家想象的那样是与外界完全隔离的山。我的家乡以工业为主，而且是不可再生资源。也好在有这样的资源,让家乡才渐渐有一些发展。

那时我们那儿没有什么外语培训班,就连教英语的培训机构都没有。仅凭着一点点自以为是的天赋,加上后天的努力去学英语。而到了大学以后,我才有机会接触到更多不同国家的人,使我更加坚定要学外语。如果当初没有去大城市读大学的话,我想现在的自己过的是另一种生活。或许就考了一个公务员、事业单位,每天固定时间上下班,然后拿着一成不变的薪水。到了合适的年龄就结婚生子,平平淡淡过完这一生。

我可不想一辈子待在同一个地方,我想去看看外面的世界,即使残酷也不后悔。就是怀着这样的心情,当年报考大学的时候,省内的学校我一个都没填。

在大城市生活的孩子或许很少有这样的体会:需要非常努力,才能够跳出以前的小城市圈子,才能够有机会不重复父辈的生活。

与那些从小就和父母乘坐飞机到处旅行的孩子不同,18岁高考结束,我才第一次坐飞机。

1 860元/人的机票,我记得很清楚,这是我人生中第一次坐飞机。父母咬咬牙还是决定买机票送我去天津上学,上大学是人生中的一件大事,况且我是第一次出远门。看到飞机穿梭在云层之间,心里莫名激动,飞机上发的湿纸巾也舍不得用,直到飞机落地都一直放在书包里。**特别喜欢飞机离开地面腾空跃起的那一刻,仿佛为了追逐飞向蓝天的梦想筹备了很久、等待了很久,终于有机会展翅高飞。**

虽然出生在普通家庭,但是父母舍得为我的学习投资。从小买许多书给我看,只要是我想买书对自己成长有帮助的,就算是价钱很贵,父母也都无条件赞成。而初中开始,每一期的《读者》《意林》杂志我都买,课外阅读老师推荐的书,我都仔细看每一篇文章。我很感谢父母对我学习上的支持,虽然不敢称自己饱读诗书,但从小到大已经养成了阅读的习惯。

在书里,我能够了解到外面的世界有多精彩。那时候最开心的事情莫过于做完作业之后捧着书津津有味地阅读。直到初中,才有QQ、E-mail这类通信工具,我才正式接触到互联网。也正是那时,才正式开始学英语。

那时候听听力用磁带,妈妈给我买了一个用磁带播放的"随身听",我都舍不得带去学校用,在家里每天早上起来就播放磁带听英语听力,我们院子楼上楼下的孩子都如此,大概现在的孩子很难体会到那种心情了吧。后来才有MP3,还是放电池才能使用的,内存容量也特别小,我下载了几首英文歌一直听到腻才舍得删除,然后再重新下载新的歌。小小的MP3根本舍不得借给任何人用,生怕被别人不小心弄坏,那可是我期末考试第一名的礼物。

我没有太多辅助学习的工具,而那时候提升学习成绩、走出去就是我唯一的目标,我渴望去看外面的世界。

每次大学放寒、暑假回来，陪妈妈逛街遇见她熟悉的人时，总是会问一句："你家孩子在哪儿上学？学什么专业？"正如当年高考前，每次她们问："你家孩子成绩怎么样？"一样。这些人从来都不是真正关心你的，她们的询问只是为了和自家孩子对比，看看是你家的孩子强还是我家的孩子厉害。

妈妈总是能够自豪地说出我的成绩，这是我能够让她骄傲的地方。

2014年我刚大学毕业，而那时候在这座小城，父辈眼里最好的工作就是"公务员"。如果谁家的孩子考上了公务员，就像古代中了状元一样光荣。

可惜这一次，我没有成为父母眼中的"状元"，而是选择了独自一人在外面打拼。毕业后就没有从家里拿过钱，刚开始过得特别难，在这座城市一切都是陌生的，我没有朋友，每天下班后就回到出租房里看书。

其实家里劝我考公务员很多次了，无果。并不是公务员不好，而是我觉得那样的生活不是我想要的。但是和父母在这个问题上有分歧，我无法说服他们接受我热爱自由的想法，也正如他们无法说服我考公务员一样。**而我知道唯一能说服他们的办法，就是不断努力，证明自己有那个实力：就算不考公务员，我依旧可以过得很好。**

而现在，父辈遇见彼此时随机的话题变成了："你家孩子在哪里工作？工资多少？谈恋爱了没？结婚了没？"

而妈妈回答这些问题时则略微尴尬，尽管我不在乎那些人的七嘴八舌，可看到妈妈难过的样子我心里特别难受。

城市越小，人们的思想就越局限。

他们不知道公务员其实已经不是所谓的"铁饭碗"了，在这个竞争激烈的年代，要保持不断学习，才不会被淘汰。**他们所理解的人生，就是有一份非常稳定的工作，有一份固定的收入，到年龄结婚生子，然后教育孩子好好考大学，再重复着这样的生活。**

2014—2016年，毕业后的这两年里我比从前任何时候都拼。而许多人不知道我背后付出过多少努力，遇见过多少的困难，哭过多少次，他们只看到我现在过得还不错。

刚毕业工作，我每个月的工资不多，而租房是我的一个大开销，因为我为了节省上、下班时间，租在了公司附近，是比较好的地段。除了租房、吃饭以外，我都不敢花钱买太多东西。在这座没有一个朋友的城市，我经常自己做饭吃，因为可以省钱，而且比在外面吃饭营养。

那时候经常在公司加班，是因为怕回去独自面对空荡荡的屋子。第一次独自居住我好怕，晚上睡得特别浅，有一点声音就会惊醒过来，睡不着直至天亮。房东没有给任何的家具，都是我攒钱一点一点买回来的，有一些可以旧物改造的东西，我就自己DIY。以前的朋友都觉得我疯了，家乡好好的居住条件放弃不要，在家乡考个公务员也不难，为什么非得自己去

个陌生城市闯,还没有任何朋友。

我晚上睡觉把客厅门反锁了之后,还会把卧室门关起来也反锁。然后手机一直保持24小时开机,同时也保持着电量,我记住了附近派出所的电话号码……

毕业工作的那段时间里我很绝望,没有人理解我,也没有人能帮助我。我在心里发过誓,工作后就不会花父母的钱,要努力自食其力,要一点一点过上自己想要的生活。为了多挣一点钱生活,我周末都在兼职。我的生活路线就是:租房—上班—下班—兼职—学习。

后来怎么样呢?

我渐渐适应了独自居住的生活,居住一段时间确认了小区里很安全之后,渐渐才开始睡眠安稳。依旧是一成不变的生活,只是随着我兼职以及能力的不断提升,我过得没有那么拮据了。看着满屋子的东西都是我自己挣钱买回来的,心里特别自豪。小屋也被自己收拾得井井有条,我的生活开始渐渐走上正轨。

父母最开始也不能理解我这样的做法,他们心疼我也希望我回去,而我却固执地待在这座城市。

妈妈虽然不理解我现在所做的一切努力,但她看到我确实在一步一步变好,也能够照顾好自己,渐渐便不再劝我考公务员。不是我觉得公务员这份职业不好,而是我内心很清楚,这份职业不适合我。

当在家乡的同龄人在啃老时,我在努力挣钱。

当许多人下班之后在玩游戏、唱歌、喝酒时,我在努力学习。

我不敢说自己有多优秀,但确实在这两年里我付出比同龄人多很多倍的努力,也获得了许多以前不敢想的工作机会。

当我在网上开始保持频率更新文章时,妈妈最担心的是我的视力。她说让我别过得那么辛苦,每天上班要面对电脑那么长时间,下班了还要继续面对电脑,长期下去眼睛视力会下降。我和她说:"我不敢停下来,还有很多读者等着看我的文章更新呢。虽然写作这条路很辛苦,但我愿意坚持下去,我会注意休息的。"

毕业后的这两年,每一个下班后的晚上,没有其他事的话我都静坐在书桌前。要么读书,要么学习,有事才会出去。

每一个大家休息的周末,我都在外到处奔波,见不同行业的人谈合作、用自己的能力挣钱……

很久没有周末了,现在最大的奢侈品对我而言是假期。

倪匡说过:"女人的独立,说明她开始懂得爱自己。但是,越独立的女孩,越容易有孤独感。因为她的独立,会让所有人忽略她作为女性的身份。"**一个女人,无论强大到什么程度,**

也需要被人爱、被人疼、被人照顾。

原来的我也是一个小女生，渴望被疼爱、被照顾。可是生活给我上的一课是：你必须强大起来，没有人同情你。是的，生活把我逼成了一个独立的女生，大事小事都自己扛，水管坏了不会修就自己找人来修，然后学着修水管，小桌子、简易衣柜之类的东西也是自己组装，不会做饭就自己研究食谱学着做……

这两年不断有人问我："丹妮你不累吗，一个女孩子为何要给自己那么大压力？"

我很早就明白的一个道理：如果你想要成为少数人，就要做少数人做的事，而这些事是大部分人不能理解，甚至做不到的。

"因为我想要过自己喜欢的生活，想要成为自己想遇见的那类人，我想要成为父母和自己的骄傲。"

和爸爸沟通我要出去闯时，他没有反对，而是很严肃地看着我说："年轻人想出去闯闯是好事，但是如果你哪一天闯累了，受的委屈多了想回来，爸爸妈妈永远在家，给你敞开着大门。"

大家所看到今天的我：独立、自信、阳光、有梦想，却不知道多少个夜晚我难过到哭不出来，我知道社会有多残酷，必须得非常拼命才能看起来毫不费力。

最开始的想法特别简单：只想好好努力，证明给父母看，我可以过得很好，我能够成为他们心中的骄傲。到后来发现，不仅仅是为了成为他们心中的骄傲，更重要的是，我要成为自己的骄傲。当我靠自己的本事一点一点挣钱，把生活努力过好了的时候，真正感受到原来人的潜力是无限的，只是看你愿不愿意去激发它。

成为自己的骄傲，让自己有足够的底气和勇气能够在任何一座陌生的城市都生活下去。

我不问前程如何，只求落幕无悔。

学习
就是要高效
XUEXI
JIUSHIYAO GAOXIAO

第二章
如何管理你的时间

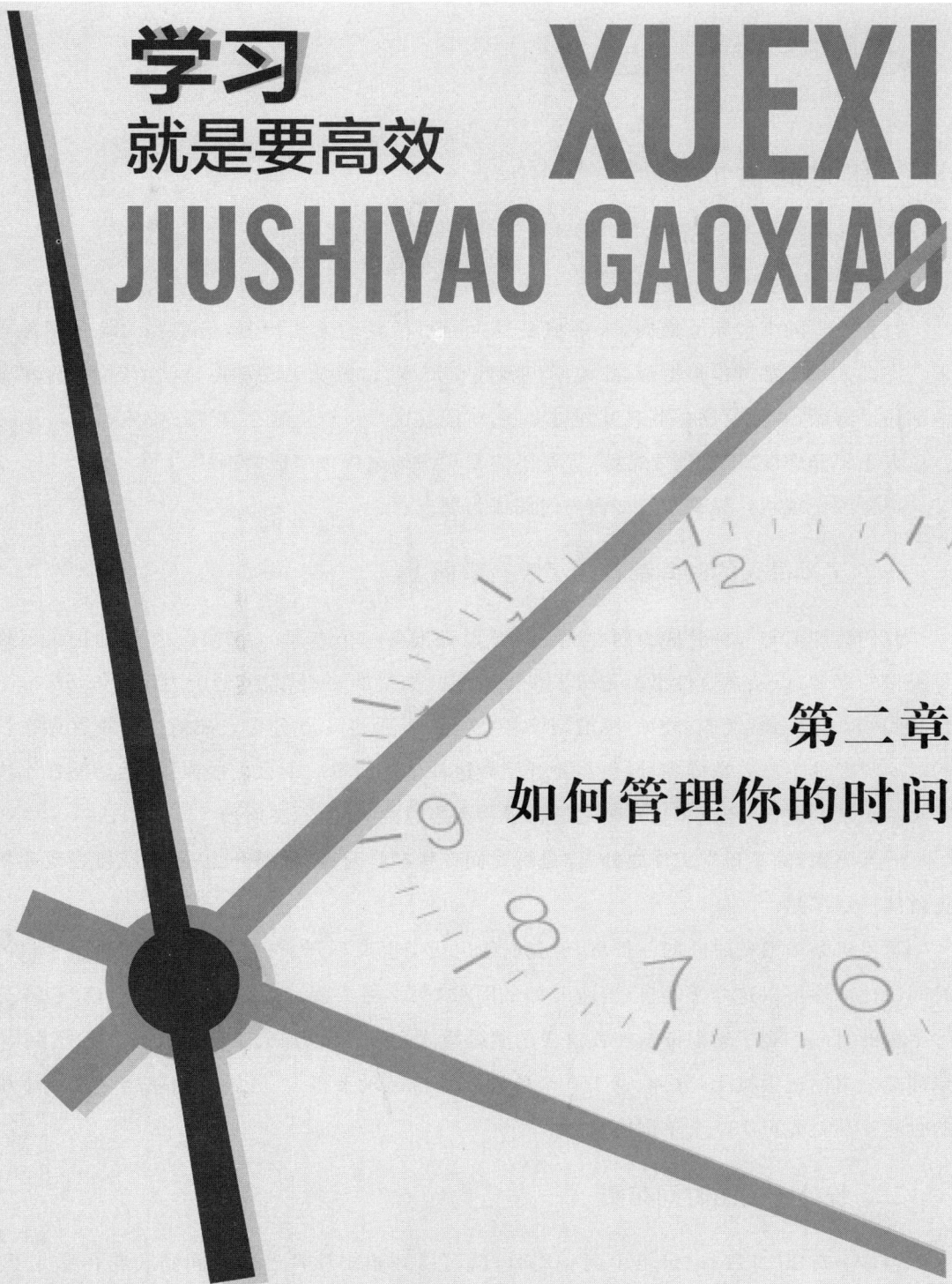

学会和时间做朋友

过去发生的事情无法挽回，未来将要发生的事情我们无法预测，最重要的就是把握当下。许多人每天都过得很忙碌，却说不出到底在忙什么，感觉无法掌控自己的时间，许多事情都还没有做，一天就这样莫名其妙过完了，时间就这样一点点地在"忙碌"中流逝。

人生不能虚度，确实需要忙碌，但是不能在忙碌的过程里变成"盲碌"。

想要改变现状？先来学习如何与时间成为朋友。

一、了解每天的时间都花在了哪些事情上

我们该如何与"时间"成为朋友呢？你可以先准备一个专属的小本子，在里面记录下你每天做的事情，以及在这件事上花费了多少时间。如星期一，早起英语听力练习 30 分钟，工作时间 480 分钟，晚饭 60 分钟，睡前阅读 40 分钟，玩手机 150 分钟。如何快速统计做事情的时间呢？你不需要精确到秒，只需要开始做这件事之前看一下目前的时间，然后写在小本子某一页纸的前面，结束了这件事之后再看一下当时的时间，写在后面。

一天下来，除了日常工作之外，你是把时间花费在学习、自我提升上，还是花费在玩手机上就能一目了然。

玩手机是最浪费时间的一件事，但我们的生活中也离不开手机，需要合理安排玩手机的时间。比如你可以这样奖励自己：刚开始的时候，每学习或阅读 30 分钟，奖励自己玩 10 分钟手机的时间。到了后面渐渐习惯这样的奖励模式之后，可以加大难度。比如当天背 50 个单词奖励自己玩手机 10 分钟，背 100 个单词奖励自己玩手机 30 分钟。想获得更多玩手机的时间？那就先把 100 个单词搞定。

二、统计一周的时间花费

当你坚持以上时间记录至少满一周时，就可以开始统计自己的时间到底花在哪儿了。可以用电脑或者纸张，制作一张简单的时间花费表。我自己刚开始进行时间管理时就是这样做的，目的是先了解自己的时间到底花在了哪儿，然后进行分析，哪些时间是可以腾出来学习的，哪些时间确实应该安排休息。

你可以按照早、中、晚三个时间段来制作表格，如表 2-1 所示。

表 2-1　时间花费表

时间	星期一	星期二	星期三	星期四	星期五	星期六	星期天
早上	英语听力 40 分钟						
中午	写作 65 分钟 玩手机 150 分钟						
晚上	睡前阅读 40 分钟						

许多人刚开始做这个表格会感到很痛苦，那是因为你之前从来没有做过类似的事情。人们在接受新鲜事物时，总需要一些时间去适应，此时的你只要放松、认真去记录就好，这个过程也是在不断了解自己的时间到底哪里分配得不合理。

当表格制作好之后，你统计自己一周的时间里，各个事项花费的时间有多少。例如，本周学英语，花费了 360 分钟，玩手机花费了 800 分钟，睡前阅读花费了 200 分钟等。此时就能够明显反映出你的时间到底花在哪些事项上比较多，如果你是花费了大量的时间在玩手机上，就要分析是什么原因。经常用手机逛淘宝，还是经常用微博或微信等社交工具？这些时间花费得值得吗？

如果你花费大量的时间在学习上，看看过一段时间后成绩是否有提高，或者是否有明显的改变。如果是朝着好的方向走，那就说明你的时间花得值了，已经和时间这位朋友相处得很好。如果过一段时间后，还是没有感觉到明显的进步或改变，则要思考是学习效率不高，还是由于外界的因素干扰到了自己的学习？

关于如何高效学习的具体内容，在本书的第三章里会讲到。

三、给自己一个"时间储蓄银行"

前面教大家分析自己的时间花在了哪里，并作出相应的调整，知道自己应该在哪些事项上花费大量的时间，哪些事项上应该减少花费的时间。接下来就应该把时间"储蓄"起来，留给那些能真正让我们变优秀的事情。

许多人知道要理财，财富才会"理"你，可是却不知道，时间也是需要去管理的，你要去"理"时间，时间才会帮助你变得越来越好。

我们知道理财入门的方法，就是把钱存进银行。而进阶级的理财，就是把一部分备用资金存入银行，为以后突发情况而准备，手上其他可以周转的钱，会分散投资到不同的项目中。

这样做的好处就是，可以降低风险，并且能够获得多项投资的回报。

其实管理时间也是一样的道理，你得先学会把时间存入"时间银行"里。从现在开始，和我一起建立自己的"时间银行"吧。

1. 开户

这是你的第一个"时间银行"账户，当然要写明白开户的用途。这些时间存起来，是用来学英语，还是用来学钢琴呢？把你的开户目的写清楚，没错，就是在你刚开始准备的那个小本子上。在此以我自己的一个小目标来举例，你可以根据自己的情况更改内容。

开户目的：学法语（做某件事情）

开户时间：2015 年 11 月 11 日（开始做这件事的时间）

注销时间：2016 年 11 月 11 日（结束这件事的时间）

开户人：徐丹妮（你自己）

注：此账户为活期账户，随时可以存取时间。开户、注销的时间根据自己的目标来定，可长可短。

把它写下来，比一直停留在脑海里好，而且能够增强你做这件事的执行力。明确时间使用目的，和自己签下契约。

2. 存、取时间

存时间之前，给自己定一个"储蓄期限"。学法语这件事，我给自己规定的时间是一年。利用下班后、上班前为期一年的时间去完成，这样就知道每个月应该做什么、每天该做什么，也就知道应该存多少非工作时间到银行里用来学习。知道自己要做的事情，有一个明确的目标，接下来每天向这个账户里不断存时间。

接下来就是如何取时间，活期账户有存有取，银行的时间才会流动，才能有时间做更多有意义的事情。举个例子，星期一上班前我存了 90 分钟到账户里，这 90 分钟我想先取出 20 分钟用来早起健身，30 分钟用来做法语听力练习，30 分钟用来背法语单词，10 分钟用来吃早餐。

3. 制定投资回报

任何一项投资，如果没有回报的话，大家也就不会有动力去做这件事，投资"时间银行"也如此。

星期一早上我存了 90 分钟到"时间银行"里，这 90 分钟存起来可以获得的回报有：提升了法语水平和保持健康，以及奖励自己玩手机 10 分钟，如果不想要这 10 分钟的奖励时间，可以累积到后面奖励时间里。前者的回报是长期的，而后者的回报是短期的，但是都能够获得回报。

4. 定期查看账户

金钱储蓄账户里,取钱不一定是每天都要做的事,但一个良好的时间储蓄账户是需要定期取出时间的。如果只是一直往里面存时间却不取出来用的话,时间就会被我们浪费掉。只是看你取出来的时间是否发挥了最大的使用值,如它让你某个能力变强了、某科成绩提升了,就是发挥了真正的作用。

如果你取出来的时间用在了其他事项上,而不是和自己当初定的目标一样,就要分析是不是自己分心了,还是其他项目的时间不够,只能从这里来凑。

最后,与真正的银行不同的是,你的"时间银行"主宰人是自己,无论每天存、取多少时间,花费在什么事情上,有收益或者亏损的人都是你自己。

量变引起质变。由于一开始给自己账户制定的是一个大目标,一年的时间里都会在不断存、取时间,而且时间至少花费在 3 个或 3 个以上的事情上,可能对大部分人来说会比较难。你不妨尝试先从 21 天的目标开始,21 天里坚持做一件事,每天给自己存时间,然后把时间取出来用在这件事上。

当你在一件事上存、取的时间越多,你得到的回报就越来越多。这些回报可能是精神上的回报,也有可能是物质上的回报,**最重要的一点是,你没有浪费自己的时间,反而做了许多有意义的事**。不是早上拖延到最后时间才起床,从而浪费了早起学习的时间;也不是夜深了还抱着手机刷社交软件,浪费了休息养生的时间。

"没时间"不再是你的借口,一步步学会和时间做朋友,你会感受到自己正在改变,并且是朝着好的方向改变。

把工作、生活时间分开

下班后的时间决定了你未来会成为什么样的人，但上班的时间里决定着你在工作上达到的高度。理想是上班认真工作，下班好好学习，然后不断变优秀。但现实是，许多人上班期间网购、刷社交软件，下班后的生活时间吃喝玩乐，最终结果是工作没有升职加薪，下班后也没有学习到新的知识、技能，日复一日。似乎工作和生活没有界限，也经常因为工作上浪费了时间，而利用生活时间去加班。

许多人觉得没有自己的生活，除了上班、加班就是睡觉休息，当你学会管理好自己的工作时间时，生活时间就留出来了。当然，如果你把生活时间管理好的话，就会发现目前的自己已经变得越来越好。

我一直都觉得需要把工作和生活区分开，该工作时就认真工作，该休息时好好休息。因此，我的时间管理本分为两本：工作用和生活用。

一、工作上如何做时间管理

1. 每天提前 5 分钟到办公室

不管你是坐地铁、公交还是步行，每天提前 5 分钟到办公室可以帮助你提高工作效率。提前到能够保证你不会迟到，同时在工作开始前也能梳理当天的待做事项，你还可以泡一杯咖啡或茶，然后不慌不忙地开始新的一天工作。

我在自己的时间管理工作本上会提前写下第二天要做的事情，然后留一部分空白给那些突发的事情。例如，星期一早上 9:00 开会、做新的 PPT、下午 14:00 客户约谈、17:00 整理资料。

表 2-2 是我刚毕业时在新东方英语工作的时间管理表。每个阶段都知道自己该干什么，就不会感到迷茫，每天工作都很充实。

表 2-2　时间管理表

时间	星期一	星期二	星期三	星期四	星期五
09:00—10:00	筛选简历（周末＋当天的），做面试邀约记录表	筛选简历（星期一下班后投递的＋星期二的）	筛选简历（星期二下班后投递的＋星期三的）	筛选简历（相同），筛完还要做当天面试邀约表格	筛选简历（相同），筛完还要做当天面试邀约表格

续表

时间	星期一	星期二	星期三	星期四	星期五
10:00—10:30	打电话给初选过后的人邀约面试	打电话邀约,安排明天面试时间	打电话邀约,安排明天面试时间	打电话邀约每天至少要约50个人面试	打电话邀约面试时间安排下周一
10:30—11:00	下周第二轮面试合适人选,第三轮面试邀约	职能岗第二轮面试	职能岗第三轮面试	把新人分配到各个部门,进行入职	本周面试表格汇总,跟踪入职情况
11:00—12:00	入职档案整理、归类	教师岗第二轮面试邀约	教师岗第三轮面试邀约	职能+教师岗第四轮面试安排	把入职档案分类存底
12:00—13:00	吃饭+午休				
13:00—14:00	准备当天下午的面试	准备当天下午的面试	准备面试(提问+试卷)	准备面试(提问+试卷)	整理本周工作、思路
14:00—15:30	职能岗笔试开始	教师岗笔试开始	教师岗笔试开始	职能+教师岗笔试	新东方每周五职工活动时间(各种各样的活动)
15:30—16:00	改试卷,之后公布第一轮面试结果	职能岗笔试安排+教师岗改试卷	改试卷,以及处理一些杂事		
16:00—17:00	笔试通过者留下来进行第一轮面试	笔试通过,留下来进行教师岗第一轮面试	笔试通过,留下来进行教师岗第一轮面试,教师岗第二轮面试	笔试通过,留下来进行教师岗第一轮面试,教师岗第三轮面试	星期四、星期五第一轮面试通过的教师,通知下周第二轮面试
17:00—18:00	做人事表格、面试记录跟踪	做人事表格、新人入职反馈	做人事表格、新人入职反馈	做人事表格、本周面试者的背景调查	做人事表格、整理人事档案

2. 做重要事情时关闭网页

有次在做一个PPT时,利用间隙时间去看网页新闻,结果不小心就过去半小时,原本可以用这半小时时间做一部分PPT。相信许多人都有过类似的经历,没有谁能保证一天八小时上班时间里一直都高效,不是说上班期间不可以看新闻,而是我们需要在做重要事情时保持专注。

后来的我意识到这是很浪费时间的事情,在我做重要事情时就关闭网页,这样外界的消息就暂时干扰不到我。我的QQ会保持在线,但如果有人联系我,不是重要紧急的事情,我会和对方说清楚自己在忙,稍后联系对方。如果怕忘记联系的话,就在时间管理本上快速写下关键词,等我忙完之后继续联系。

做重要事情时需要关闭QQ、微信吗?一般不需要,毕竟这些通信工具上班时也用得到,及时和客户联系,当然如果公司规定上班期间不能使用的话就按照公司要求来。

3. 四象限法则

这是大家比较熟悉的，所有工作上当天需要完成的事情，分为四个象限：重要紧急、重要不紧急、不重要紧急、不重要不紧急。

因为所在的城市、公司不同，每个人每天要做的事情都不一样，用这样的方法能够快速解决问题，提高工作效率。大公司或许会发类似的本子给你，但如果你在小公司的话，自己准备 A4 纸也足够画四象限来管理工作任务、自己的时间分配。

如果突然来了许多件临时事情怎么办？此时你需要在旁边留白，写个备忘录。在备忘录里把多件临时事情写下来：关键词＋截止时间，然后用①、②、③等数字标序号，把序号上的数字按照事情重要程度、紧急程度，再放入四个象限中。如果你一来就想把所有的临时事情都整理好，也许就会错过领导说话的时间，不妨先记录下来再慢慢整理到底应该先做哪一件事。

4. 准备一本台历和便利贴

大多数人使用台历的目的就是看看今天几号、星期几，却不知道台历还有能够帮助你管理工作时间的功能。当然，你需要准备的台历是有小边框里面留白的那种，如图 2-1 所示，如果没有可以给你写字的地方，就只能画圈圈提醒自己了。

图 2-1　台历

把台历放在自己办公桌显眼的位置，每天重要的事情可以列关键词在空白框框里，这样就可以随时提醒自己要按时完成任务。如果你喜欢绘画，还可以在旁边画一些小插图，增加

台历的美感。当你坚持把一周、一个月的台历都填充满时,你会发现原来这一个月工作时间里做了如此多的事情,并且自己都顺利完成了,会获得更多的成就感。

事情太多会容易堆积,但越是堆积到后面,就越不知道自己该先做什么,所以不妨从认真完成每天工作开始,这样就不会堆积太多而导致不必要的加班。

而便利贴,大家最先想到的可能是打草稿或者记录一些很碎片的东西。现在要教大家的是利用便利贴做时间管理,而且效果非常好。**便利贴自带色彩属性,可以利用不同的颜色让你在视觉上区分哪些事是重要的,大脑会不断强化记忆**。而且便利贴可以随时随地贴,方便移动,你不需要撕下时间管理本里的某一页,只需要撕下便利贴即可,如图 2-2 所示。

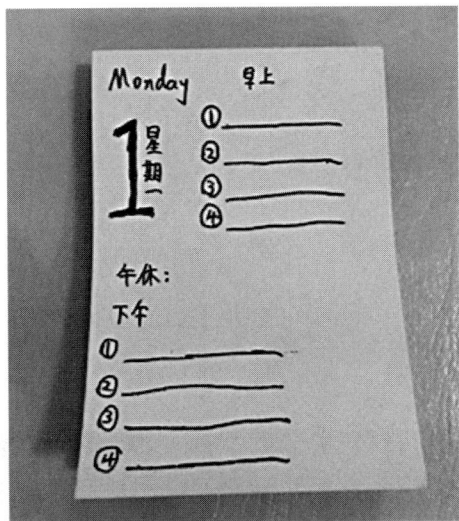

图 2-2 便利贴

你可以按照我的方法来制作自己的工作专属便利贴。**中英文写上星期几,然后用加大号数字标出**,这样能够强化时间的概念。然后把时间细分到早、中、下午,罗列出需要做的事情,这些事情可以用不同颜色的笔来写,自己知道事情的先后顺序。

你需要外出时,把它撕下来贴在自己的工作本里就行,这样外出时间里也不会忘记、遗漏待执行的任务。

也可以把它贴在自己办公桌前,提醒自己今日之事今日毕。

相比使用手机 App 来做时间管理,我更推荐使用这些纸质版的工具。因为大部分需要做时间管理的新手,特别容易被手机上的其他东西分心,从而更加难管理自己的时间。

5. 写工作日记

看到这里也许你会觉得这是件无聊的事,都什么年代了还写日记。别笑,这是一件严肃

的事。工作日记能够帮助你记录每天工作的情况、时间都花在了哪些任务上。很多大公司都会要求员工这样做，一两天看不出效果，长期坚持下去就知道自己的时间花在哪儿，时间分配是否合理，好做出相应的对策改变。

工作日记里，不需要写太多内容，也不需要写客套话，你是写给自己看的。写出你每天工作中已经完成、未完成的任务，把完成任务的时间附在后面即可。

例如，①早上部门会议，30分钟。②写邮件给客户对接工作，5分钟。③写商业计划书的提纲，30分钟。④下午14:00外出办事，120分钟。

在日记最后可以写几句总结，今天任务完成情况怎么样，工作状态如何，接下来该如何调整方向等。

二、生活时间如何管理

1. 准备一本生活用的时间管理本

生活是自己的，想要成为什么样的人就要努力去奋斗。我在日常生活中也随时在管理自己的时间，这也是我为什么看起来时间很多、精力充沛的原因。相比工作上的本子要求简洁，生活用的时间管理本要随性一些，我可以在上面涂鸦、贴胶带贴纸，也可以中、英文切换着记录。

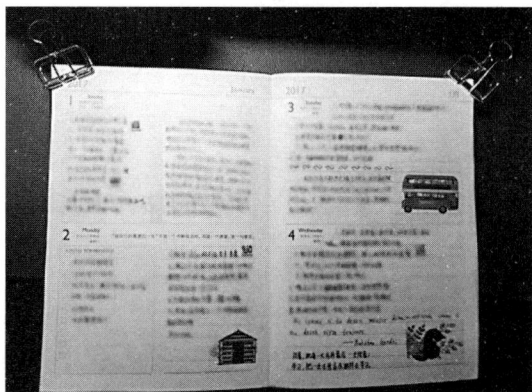

你完全可以根据自己的喜好来美化它，只要排版看起来整齐就行。

可以根据自己的生物钟，在本子上画一个时间轴：从早上7:00到晚上23:00，每个时间段里应该要做哪些事情，用不同颜色的笔画出时间段，然后在下面写上待做事项。完成以后就打钩，没有完成则打叉。

周末时间自己安排，学习累了就出去走走或者与家人团聚，可以灵活调整。我一般用周末的时间外出拍照、做兼职,很久没有睡过懒觉了。

除了预留好的时间之外,我还利用碎片化时间做了许多事情。例如,在公交、地铁上记录一些写作的灵感、素材;在等人时做 PPT 或写作;在兼职完回家的路上准备下周备课内容……

2. 每周给自己预留学习时间

我刚毕业学德语时是星期六一整天的时间,而平时则利用下班后的时间来预习和复习。那时星期六整天时间都留给学习,刚开始朋友们不习惯,总是约不到我,但后来知道这是我每周都固定要做的事以后,渐渐都习惯了,也会另选时间见面。

当然不是所有工作都是周末休息,要根据自己工作时间来合理安排学习时间。**不管你再怎么忙,每周都要留时间去学习。**当你长时间没有知识输入,你会发现不能与时俱进了,你开始不明白许多当下的知识。有人坚持利用下班后的时间提升自己、坚持学习,两年后综合能力提高获得了更好的工作机会,有人则无动于衷,下班后继续躺在沙发上看电视剧,不学习也不看书,两年后还是原来的样子,人和人之间的差距就是这样不知不觉拉开的。

3. 把健身、阅读时间规划好

生活不止眼前的苟且,还有健身、阅读和旅行。有一句话是这样说的:"要么读书,要么旅行,身体和灵魂总有一个在路上。"而我想在后面补充一句:"没钱的时候就多读书,有钱了再出去旅行。"旅行并不是有钱人才有的福利,普通人也可以,只是当你没有足够一趟旅行的钱时,不妨先静下心来读几本书。你不一定需要每天都阅读,但至少每月都要规定自己读书,不求数量,只求质量。

睡前 30 分钟阅读这个习惯很好,你可以每周进行三次睡前阅读,然后读完一本书时认真记录读书笔记。

我们需要为梦想拼搏,更需要一个好的身体去支撑我们拼搏。当下越来越多的疾病趋向年轻化,也有许多熬夜猝死的案例,身体健康不容忽视。以前的我身体比较单薄,经常生病,今年痛下决心把健身这个计划加入了时间管理本中。

健身的时间没有规定非得早上或晚上,可以根据你的喜好来安排。像我自己就是每天下班,吃完晚饭一小时后开始健身。我买了瑜伽垫、健身衣、拉力带等在家健身,因为我健完身后还需要做其他的事情,家附近又没有健身房,把时间浪费在来回路上觉得不划算。跟着健身 App 每天完成既定的任务即可,而且里面也有打卡的功能,我可以记录自己每天运动了多久。一般是 **20～30 分钟,坚持下去渐渐发现身体变好了**,身上多余的赘肉也消失了。**虽然这个过程充满着汗水,也非常累,但看到结果时感到非常欣慰。**我住的地方旁边有个公园，每周我会去公园旁绕圈跑步，不仅仅是我在跑，许多陌生人都会在那儿每天坚持锻炼身体，大家以此来告诉自己生命在于运动。许多人办健身房的年卡都是消费不超过十次就遗忘了，**健身这件事如果不提上日程详细规划到用分钟来记录，很容易就会放弃。**

把这些规划都写在时间管理本中，督促自己去执行。阅读、健身时间如果被临时事情打断，可以后面有空的时候加时间给这些事情。

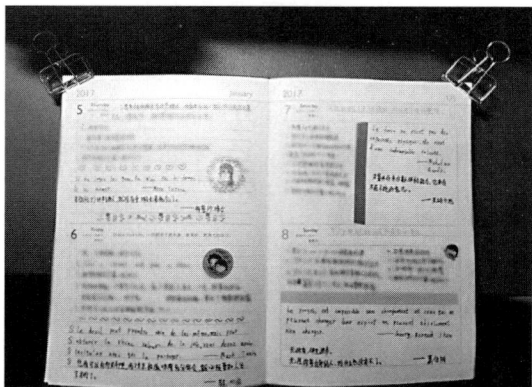

4. 早睡早起不拖延

想要更多的时间就给自己订早睡早起的计划吧。**早睡早起对身体好，才有足够的时间和精力去学习。**

早起要想改变谈何容易，闹钟响一次就起更是难办到。想要从以前慵懒的状态突然达到非常自律的状态是很困难的，需要循序渐进来改变。以前你习惯闹钟响 5 次才起来，那就从今天开始只给自己定 4 次闹钟，第二天 3 次这样递减下去，直到响一次闹钟就起为止。用画正字的方法，每早起一天就给自己画一横，早起到第五天时完成第一个早起任务，奖励自己。

早睡其实对于大部分年轻人来说也是一件困难的事情，因为大家手里要做的事太多了，要想在晚上 23:00 之前就能够进被窝是一件多么奢侈的事情。就算进被窝了，许多人还在不停地玩手机，直到深夜。用早起相同的方法，每次递减时间，直到按照规定时间就休息为止。

连续早起是一种什么样的体验？你可以看得到每天的日出，伴随着日出进行阅读、写作，原本晚起会比较慌张，经常忘记拿一些东西，但是早起之后一切都变得有条理，我不仅可以写作、阅读，还有时间准备早餐，比以前的状态要好很多倍。

如果你做得到每天闹钟响一次就起，早睡早起不拖延，每天就能够多出许多时间来做自

己喜欢的事。

5. 别忘了把生活时间分配给家人

不管你现在是独自在外打拼，还是和家人在一起生活，忙碌工作和学习之余，别忘了留时间给你的家人。由于兼职的原因，我会比普通工作者付出更多的时间精力在工作上，我必须把和家人打电话、聊视频的时间提上日程。当然也不是所有家人时间都按日程来，有时候我想他们了也会突然打个电话问候。体会过忙碌到飞起来是什么样的感觉，那段时间几乎没有主动打过电话给家里，每次都是他们打电话来，匆匆几句我就得挂断电话继续接下来的工作。我反思自己的状态，所有的时间不应当只留给工作和学习，还应该留一部分给家人，哪怕只在电话的这一端听听他们讲今天买菜便宜了多少、遇见了哪一位邻居。

不和他们抱怨现在的生活状态，只要叙叙家常即可。**不管你是学生还是已经工作的人士，家永远都是你心灵的港湾，有空时多分点儿时间给他们，回家看看他们。**

时间看得见

"时间，看得见。"

这是我 2015 年里无意中购买的一个时间管理本品牌扉页写的文字。时间，原本是看不见、摸不着的，为何可以看得见呢？因为你花费的时间，都体现在了许多事情上。在过去几年的时间里，自己和身边的朋友实践了许多事情之后发现，确实如此。

让我用四则真实的小故事来告诉你答案。

一

小雨是我的初中同学，大学毕业之后就结婚生子，在我们刚毕业还单身的时候她已经升级为一名辣妈。由学生到妈妈身份的转变对她而言太突然，但是她为了孩子的教育，一开始被迫学习一些育儿的知识，后来渐渐熟悉竟然也非常喜欢。一年之后，从零开始学习的她已经是某个育儿论坛的活跃者，每周固定发布带娃的干货内容在论坛里，也是那个圈子里小有名气的带娃模范。

你要问她哪个牌子的奶粉、纸尿裤好，孩子什么阶段该用什么产品，每个阶段教孩子什么知识比较好，她都能和你娓娓道来。而一年前，她还只是个带娃新手。她把时间大部分花在了研究 0～3 岁孩子的教育问题上，时间久了自然就有了属于自己的方法。

二

米布是我工作后认识的一位姑娘，原来警校毕业的她，对化妆、护肤保养感兴趣，自己业余时间学习了一系列的课程，考了相关的证书。经历了对市场的考究和创业准备之后，开了一家小小的美容院，平时教大家一些护肤、化妆的方法，也会顺带卖自己的美容产品。因为自身的专业知识丰富，加上有亲和力，她的回头客都很多。

在校期间就发现自己的兴趣爱好所在，并想把它发展为职业。花了几年的时间去积累和学习，终于实现了自己的心愿。愿意花时间也愿意踏实努力，你看，她曾经花费的时间，现在都给她带来了不错的回报。

三

洋洋是个美丽又有气质的女生,我大学之前是不太懂服装搭配和化妆的。在大学时期她教会我不少相关的知识,而现在的她已经是一个小有名气的化妆类目网络红人。

许多人说她,就算是个网络红人又怎么样,还不是靠脸吃饭。

可是你不知道的是,家境殷实的她并没有依靠家里的关系找一份工作,而是选择了毕业自己创业,在学校研究完化妆教程之后发布在网上,还自学了许多新媒体运营的知识。我一直觉得她不是幸运,而是通过了努力且刚好赶上了网红热潮,一步步积累粉丝火起来的。后来开了一家小公司,目前在做化妆培训。没有谁一开始就有 10 多万粉丝,可以接广告、接平面拍摄。如果不努力,一年后的你还是原来的你。

我支持女生成年之后化妆,爱美之心,人皆有之,但不倡导大家把大部分精力都花在化妆学习上,除非你要以此为职业。日常工作和生活的妆容,只需抽空学会了即可,让自己保持干净、清爽的形象出现。更多的时间,我建议花在自我提升上。

四

而我,在 2015—2016 两年的时间里,工作之余把时间大部分都花在了提升自己方面。学德语和法语、学创业需要的相关知识、学制作咖啡……

一年之后,我已经可以做好几款不同口味的咖啡,也能够说清楚它们的不同和口感,虽然和大师们相比还差很远,但学习咖啡知识让我的生活变得丰富多彩起来。

毕业以后，学德语有什么用?

近期无意中发现一个德国设计师的网站，作品很棒，中国网上也没有她的更多资料，决定对她进行采访。写了一封英语 & 德语的邮件发给她，表示自己很欣赏她的作品，以及想了解更多关于对方创作的灵感。很愉快的是，竟然收到回复了，对方也表示很惊讶。你要坚信，许多知识不是等有用了才学，而是学了才有用。以前凭兴趣爱好学的东西，都是有用的。

为了创业，学习了金融经济、项目管理、沟通技巧、营销策划等一系列的内容，再加上之前学校里学过的知识，学以致用。有人说大学里的课程好无聊，都没有用处，这种观念是错的。曾经的我觉得那些"管理学""经济学"理论离我好遥远，但还是硬着头皮学习了，如今却是对我在创业这条路上帮助很大，而且也能够快速在同龄人中脱颖而出。

转眼两年的时间过去，如今用过的时间管理本也已经被我写满，许多事情在井井有条地进行着，这两年里完成了许多不可思议的事情。正如本子扉页的那句话一样：时间看得见。努力的方向正确，坚持都会有收获。

有人下班后每天刷微博、朋友圈，逛淘宝，一年下来花了不少钱。

有人利用每天早起的时间听听力、背单词，一年后英语水平提升不少。

当然，也有少部分人读完书会选择仔细记录书里对自己有用的内容，然后去一点一滴实践。

愿你成为自己喜欢的样子，时间花在了哪儿，都是看得见的。

让"24 小时"变"48 小时"的秘密

有次与朋友聚会时，M 小姐对我说："丹妮我好羡慕你，每天可以做那么多事情还井井有条，我讨厌现在的自己，忙碌一天下班回去之后都好累，只想洗洗睡了，你是怎么做到的？"

不知道你是否也会和她一样有类似想法呢？其实不是因忙碌太累，而是没有管理好自己的时间，也没有养成好的习惯。除了日常工作之外，我还要做饭、学习、阅读、健身、写作、拍照、弹钢琴、练字……似乎永远也做不完的一堆事情，而且永远也有充沛的精力和充足的时间。

其实只要养成这些好的习惯，你也可以做到把 24 小时变成 48 小时。

一、闹钟响一遍就起床（1 分钟）

这一点对于大多数人来说，刚开始很难做到。例如，设定了 8:00 起床，7:30 就开始有一个闹铃，关闭闹铃再睡一会，7:45 又有一个，8:00 是最后一个。但闹钟响完之后，最终还是赖床了，导致上班前的时间被拖延，甚至有睡过头的风险。

而你是否想过，闹钟第一次响的时候就起床，会给你带来多大的变化呢？只需要抽空几秒钟，设置好明天的一个闹铃，响一遍就起床，可以腾出许多赖床的时间去做更多的事情。

腾出来的时间，你可以进行早读报纸、杂志、书籍等 20～30 分钟；背单词 30 分钟或者听力 15～20 分钟等。悄悄告诉你们，每天早起之后的时间里，我洗漱、吃完早餐后留时间给自己看书、听听力、背单词，就是这样抽空在工作之余学德语、法语的。

二、睡觉前整理好第二天的东西（5 分钟）

这个习惯是妈妈从小就培养我的，睡前整理好第二天所需要的课本、衣服、杂物等。

刚上学时，自己手忙脚乱地收拾课本，衣服也没换穿着睡衣，之后又一路狂奔去学校，好几次都差点迟到。后来妈妈说让我每天晚上睡前都整理好第二天需要的东西，因为她本人就是这样做的。

后来，我写了个小清单列出每天要携带的东西。头天晚上看天气预报，准备好第二天要穿的衣服。笔芯用完了，及时准备替芯，衣服脏了，周末提前洗干净，书籍固定放，需要时随手可拿……我的生活开始发生变化，不再像从前那样慌张，而且每天提早 5 分钟到学校把书都整理好，开始一天的认真学习。

当你熟能生巧时，每天最多只需要花 5 分钟时间在整理这些东西上，第二天你的生活就会井然有序。在此要感谢妈妈，从小培养的这个好习惯。

三、今日之事今日毕（5分钟）

这句话也许是我们从小听到大的，但也是听起来容易做起来难。今日之事今日毕，是克服拖延症的最好办法。有人说，我事情太多了当天做不完怎么办？有些重要不紧急的事情可以放到第二天做，但绝对不能再拖延了。如果太多次发现自己都延时完成任务，就应当反思自己哪一个环节出了问题。

每天花 5 分钟来整理好自己今天要做的事情。做时间管理可以掌控好自己的时间和做事的节奏，那些越厉害、越成功的人都是时间管理达人，他们会合理支配自己的时间。

我特意买了一些小本子，来区分不同事情进行的时间，如图 2-3、图 2-4 所示。大家可以根据自己的安排来选择本子的购买，不会花费太多钱的，反而让你的生活和工作都能够有条理、处理事情更高效。

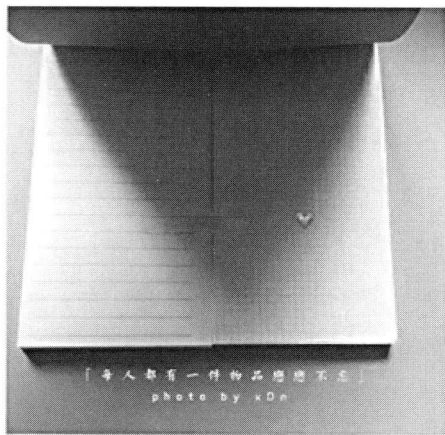

图 2-3 丹妮的本子（一）

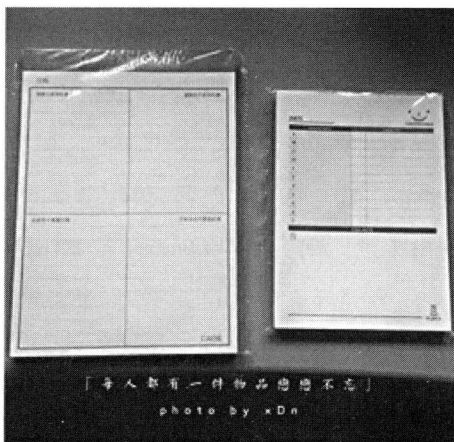

图 2-4 丹妮的本子（二）

四、随身携带一本小本子、一支笔（1分钟）

小学语文老师担心我们记不住每天有什么作业，于是统一要求大家准备一本"作业记录本"，各个学科老师把当天的作业写在黑板上，学生摘抄下来，回家执行。可能是我最初接触的古老自我管理方法了，由于老师每天都要检查我们的"作业记录本"，没有摘抄的要罚抄 10

遍,算是从一开始被动接受到后来渐渐养成习惯。

后来这习惯竟然沿用至今,只是把记录作业替代成为记录一些待完成事项。而这个好习惯,竟然在我面试工作的时候帮了我大忙。

当时毕业后在北京面试了好几家单位,不知道是 HR 刻意还是无意,填写简历时都问带笔了吗,有些问带笔和纸了吗,只有少数人带了,并认真记录下 HR 给的反馈,我是其中之一。不知是不是机缘巧合,后来一起面试的人中,那些带了笔和纸的人都被留下了。

不管是否面试,你的包包里都应该放笔和本子。它们可以帮助你记录转瞬即逝的灵感,也能在临时需要的情况下不慌不忙地拿出来从容记录,无聊了还可以在本子上涂鸦。

而这个习惯,只需要花费你 1 分钟的时间,把本子和笔整理好放入包中。

五、坚持写日记（10～15 分钟）

写日记也许对大多数人来说是美好而遥不可及的事情,不是记录流水账,而是用心去梳理一天的生活,以及记录自己的感触。你不需要用华丽的辞藻,也不需要有多少扣人心弦的故事,只需要记录你真实的生活就好。

坚持写日记有什么好处呢?让自己的逻辑思维变得缜密,也能够提高自己的写作水平。日记不需要限定字数,也不限制题材,你可以随心所欲地写。我看到微博上有很多做手账的博主,他们的日记是以手账的形式体现,美丽的排版和漂亮的字体,记录每天发生的事。

如果你喜欢这样的方式,可以系统学习做手账。

如果你喜欢传统的日记方式,可以买一本日记本来记录。

我坚持写日记有 12 年了,现在家里的日记本都有好多本,堆起来也好厚了。看着自己从初中到现在,由那些稚气的文字渐渐成熟,12 年里有文字见证我的成长,真好。

坚持这个过程,让你体会到艰辛和快乐,也让自己的意志力更强。而那些初中班里一直坚持写日记至今的同学,现在都在各自擅长的领域里小有成就。

六、管理自己的形象（5 分钟）

学生时代不化妆、不管理自己的形象情有可原,因为学校规定、学业繁忙。但是大学毕业以后,请注重自己的形象。**形象不仅仅是外在的**,还有内在,**多读书能够帮你提升气质**。你的衣着是否得体、言谈举止是否优雅,从里到外表现出的,都是你这个人的形象。

不管是男生还是女生,注重自己的外在形象能够带来更多的自信,也能够给别人留下好的第一印象。不是要求你每天盛装出门,也不是要求你要拥有各种名牌包包、服装,而是让自己看起来精神,头发梳理好,面部干净,口气清新,穿着应季的衣服大胆、自信地走出门。

女生有条件的话可以画淡妆、学习服装和色彩搭配，男生也可以学习日常男士服装的搭配。谁说要名牌才能显示出自己的气质？搭配对了，什么都好办。

内在的提升，可以多读书、多向优秀的人学习。把每月吃喝玩乐的钱分出一部分来，投资在自我提升上。一个月、两个月、半年下来，你会发现和过去的自己对比，渐渐变得优秀了，成为一个腹有诗书气自华的人。

你看，日积月累地坚持这些优秀简单的小习惯，也渐渐让我变得优秀。

当然，欲速则不达，三天打鱼两天晒网更是不行。这些习惯我在开头都注明了花费的时间，每天只要抽空几分钟坚持这些习惯，不占用你任何重大的任务时间，重要的是，能够提升你的效率，让 24 小时变成 48 小时。

你是否愿意尝试改变，成为更优秀的自己呢？

怎样制订自己的周、月、年度计划

　　做计划对许多人来说是一件头疼的事，总觉得计划没有变化快。但是许多成功人士以及大公司都会做计划，并且分长期计划和短期计划，长期三到五年内的大目标，短期一个月、一周的小目标。这些人、企业里，很少有 100％ 地按照计划去完成，大多都在不断前进的过程中做调整。但为什么还要制订计划呢？因为有方向，方向找到了才有动力继续前行，如果你一直都处于迷茫状态，只会越陷越深。

　　我能理解你们处于迷茫时候的心情，正因为经历过所以想改变。有没有想过制订一份可执行的计划，能够给你的生活带来什么样的改变？不仅仅是提升做事效率，还可以带来更多自信。

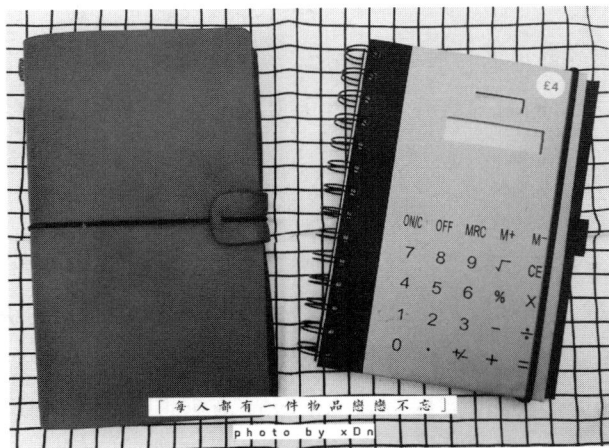

[每人都有一件物品惦惦不忘]
photo by xDn

一、准备一个全新的本子

　　不建议使用 A4 纸，一是因为要全面分析自己内容不够写，二是觉得只用一张纸比较容易丢失。你要写的可是年度计划，还要分解到月、周、天时间里，选择用本子记录会很方便分解。

　　在本子首页写下你的兴趣爱好、职业规划、学习和健身计划等内容，按不同主题划分区域。此时你不要担心是否能实现，只要是你这几年内想做的事情，都可以一一罗列在里面。

大部分人第一次写年度计划时，不会写得特别仔细，因为目标不太明确，但这并不影响你做计划。

二、分析自己当下能够做什么

在第一个步骤里你已经写出自己在各个板块里想要做的事情，接下来就是要做减法，分析自己当下能够做什么，把那些暂时不能做的事情划去。别担心，你只是暂时划去，它们没有被规划到你今年的计划里，但是会在你未来的计划内。例如，在大学里想学一门新的外语，但是首要任务是把英语四、六级考试通过。那么就把四、六级考试放到今年年度计划里，等考试通过之后再去把学新外语的计划列入下一个计划中。在大学里考一些相关的证书是重要的事，想学插花是一辈子里要做的一件事。那就先考证，分清楚重要等级做事很重要。

有舍才会有得。 把那些当下非常重要的事情先罗列到你的年度计划中，能够增加事情的可执行性。

在大学刚入学时，我曾经历过一段没有目标、方向的日子，每天都过得浑浑噩噩。与高中时目标清晰只为考大学不同，那时醒来不知道要干什么，只知道要去上课，而上完课以后该做什么就不知道。有一天晚上彻底失眠，辗转反侧，我想要的到底是什么样的生活，想要成为什么样的人，兴趣爱好该如何发展为职业。

第二天起来我把所有问题都写在一个本子上，分析当下我能做什么。想要成为一名摄影师，并在未来拥有自己的事业；想要在一生当中学会八国语言，每年去不同的城市、国家旅行。

于是我开始分解自己的目标。大一入学时，除了日常课程学习之外，我的首要目标就是考四、六级；大二的目标是学摄影；大三的目标是社会实践；大四的目标是找工作。如果没有把英语考试通过，就无法获得学位证；如果没有学摄影，也就不会有成为摄影师的机会；没有社会实践、不去兼职和实习，简历上就没有那么多的闪光点。不管是毕业后找工作，还是创业，这些年目标积累都带给我许多的帮助。

三、分解你的计划

你已经在本子的首页写下了许多愿望，并分析好当下的自己可以做什么，接下来就是要学会巧妙分解。**许多人担心怕自己愿望不能实现，实际上是担心在短时间内无法完成既定目标。** 在这个快节奏时代，人人都想快速获得成功，你看到别人的成功只是冰山一角，却忽略了成功背后其实需要不断积累。

如我在学德语之前，就用这样的方法来分解我的计划。目标是用一年的时间达到德语

A2 水平,因为我想要的是能够进行日常沟通交流,而不是出国留学,因此到 A2 水平就足够了。

目标:学德语

时间:一年(2014 年 9 月至 2015 年 9 月)

分解步骤:

(1)自己适合实体课还是网课?→由于是零基础学新语言,大部分时间需要工作,所以实体课学习对我而言比较好,报名之后开始分解其他的目标。

(2)每月工资里拿出一部分作为学习基金→A1/A2 阶段总价 7 200 元,分解到 12 个月里,每月支配到学习德语上是 600 元。

(3)一年时间学到 A2 水平,分解到每周要学几个单元?→上半年学 A1,下半年学 A2,每周一个单元的进度刚好。

(4)每周做练习、背单词的数量→一周一个单元的词汇量,对于一边工作一边学德语的我来说不多不少。每周做听力、阅读、词汇、口语、语法练习,分解到每一天。写作文根据老师的要求来安排,定时提交老师批改。

(5)学会德语之后对自己的帮助有哪些?→德国深度自由行、可以和德国人进行日常对话、浏览德国网站、听和学唱德语歌等。

原本对我而言不太容易实现的目标,通过分解到每天就不会感到压力大。**阻挡你实现目标的从来不是看起来遥不可及,而是你没有思考过要如何去实现它,如何一步步拆分。**你只是让目标停留在脑海里,而大脑不断给你的反应是"这件事很难",于是你就不断地拖延,不愿意去实现这个目标。

遇见这样的情况,不妨尝试把自己的目标分解,一步一步去接近它。

就这样,把你的年度目标制定好之后,就可以分解到每月、每周、每天,一份可执行的年、月、周计划就搞定了。由于平时还有许多事情要做,你可以把这些固定要做的事情写在时间管理本上,然后留白给那些不确定的事情。

四、想象你完成后的样子

我自己开始在网络上分享学习干货之后,陆续收到读者留言说:"每次不想学习了就来看看你的微信文章或者微博,就有动力继续学习。"为什么呢?因为他们在想象着自己完成学习任务后的样子,希望像我一样能够把生活过得充实而有趣。没错,我之前也是会做类似的事情,不想学习时就会去看看想成为的那类人的动态,鼓励自己必须努力。

这里的想象并不是做白日梦,而是给自己鼓励。不想学德语,那就想象学会以后有多少德语歌能听懂，想象自己和德国人沟通交流对方赞美你的模样。我们之所以会相信"念念不忘，必有回响"也正是如此，你心中想得越多，愿望就越强烈，就越想去实现那些目标。

我现在每周都会留一点"冥想"时间给自己，静坐放空，去缓解压力。想象自己在一片空白的空间里，从无到有创作一些有趣的东西，把自己腾空之后，才能够迎接更多的挑战和压力。

五、按照计划严格执行

行动起来比停留在脑海里要更容易完成自己的年度计划。其实从你开始写下的那一刻起，你就已经在行动了。你会发现和以前的自己对比，生活不再那么懒散，有了目标也被分解成一个个小任务，只需要严格按照既定计划去执行就好。

在你不断完成一个又一个小任务时，成就感也会不断增强。许多人觉得学习没有动力，是因为没有体会到学习带来的好处。工作以后我比从前的任何时候都更爱学习，因为我明白学成之后可以在未来的工作、创业中给我带来更多的帮助。我可以学习任何一个自己感兴趣的领域内容，不管是在互联网上阅读还是买书回来阅读。

许多人都把时间浪费在了过度的担心上，却不知道在担心是否能实现这个目标时，已经可以做许多事情了。不要太过于担心目标是否能完成，只要每天专注做好手上的事情，把每天的任务都完成就好，时间会给你答案。

引用一句有名的广告语："Yesterday you said tomorrow，just do it！（昨天你说等明天吧，只管去行动！）"

别想太多，只管去做。

利用手账本，成为时间管理达人

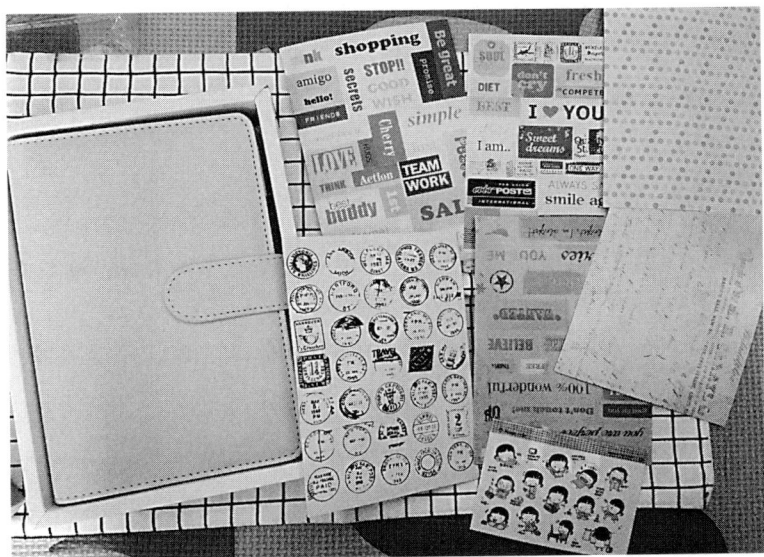

　　上学时候市场上没有那么多的时间管理书籍，更没有专门设计的时间管理本，那时的时间管理更多是写在便签纸上，然后完成一项任务就打钩。后面有一段时间兴起了时间管理，也看过许多作者的书，学了许多方法，他们都是时间管理达人。每个人都有自己的时间管理方法，其实想要成为一名时间管理达人，阅读再多时间管理相关书籍不去实践，是没有用的。

　　时间管理达人共有的特征：自律、行动派、不拖延、有属于自己的手账本（时间管理手册）。

　　把每天的安排写在纸上和只停留在脑海里，是完全不一样的效果。就算一个人记忆力再好，也会有偶尔遗忘的时候，但是把当天要做的事情记在本子上之后，除了不会遗忘，还能够增强你的执行力，督促你完成那些事情。

　　市面上的时间管理手账本那么多，该如何选择适合自己的呢？

　　只选对的，不选贵的。抛开品牌效应，看看什么样的时间管理本格式适合自己。例如，有时间轴划分区域的，从早上 6∶00 一直到晚上 23∶00，把待做事项都按照时间写进去；还有留白自己发挥的，可以根据事情重要等级划分，或者一一罗列出来去完成。对于学生和刚刚工作的职场人士而言，时间管理本的主要功能是辅助你完成任务，而不是去攀比谁买的本子贵，所以选择普通价位的本子就足够用了。当然你也可以根据自己日常的习惯设计本子里的内容。

我自己的时间管理本，在每个月开头都会有一页详细的规划。本月学习、兴趣、重要的人、健身、饮食、养护，还有一个单独的栏目是：金钱，如图 2-5 所示。把本月各个方面的事情都计划好，然后严格按照计划内容去执行，金钱的栏目里又细分到每月把钱都花在哪些地方，收支情况如何。例如，定了这个月健身目标是每周至少 3 次，那就根据每周的时间安排，插空把健身计划放到周计划里。饮食和健身也是密不可分的，学会控制自己的饮食，也就

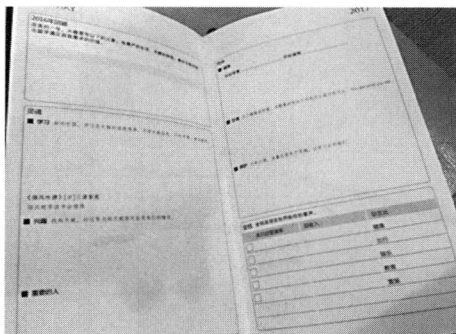

图 2-5　时间管理本

渐渐能控制自己的身材。谁说兴趣爱好和学习不可以兼得？通过详细地分配自己的时间，去完成一个个任务，每月里都能够做许多事情且过得充实。

图 2-6 是本子里的内页，这本是工作用的，尺寸比较小，但是方便携带，也足够记录日常的事情。这样的时间管理本设计在市面上很常见，非常适合新手，不浪费时间，也不需要过多美化，只要严格按照自己的计划去执行即可。**一直都觉得使用手账是为了提升效率，而不是去炫耀，所以你自己做了什么事情也没有必要告诉别人，默默耕耘，直到目标实现即可。**

使用时间管理手册，每月开头都有个日历。可以把每月中比较重要的事情写在上面并用彩色笔标注出来，如好朋友的生日、每月信用卡还款日期等。最上面有一排格子，方便统计自己的每天任务完成情况，今日之事全部完成就可以在里面打钩，如图 2-7 所示。

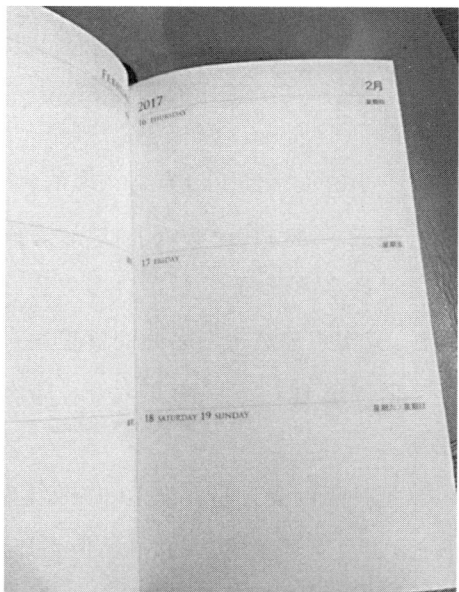

图 2-6　本子的内页

一年的时间就被这些点、线、面分割成一月、一周、一天、一小时，而那些看似遥远的目标也被一点点分解。过去的几年里，我都在用时间管理本做自我规划、分解目标，它们也渐渐实现。

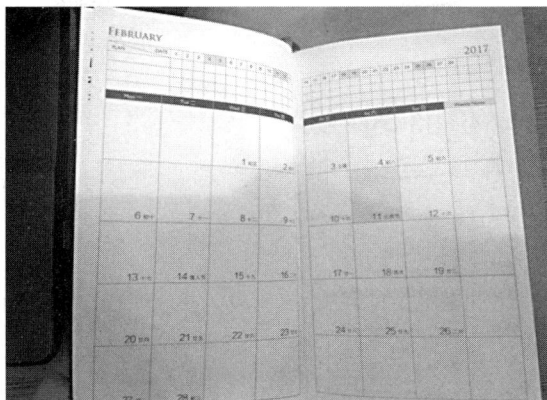

图 2-7　时间管理手册

而在每一年结束的时候,我会写年度总结,素材就来源于时间管理本。看着过去那些记录满满的本子,能够认真回顾这一年里都做了什么有意义的事,自己成长的样子也看得到。相比于电子版的时间管理手册,我更喜欢用纸质版。喜欢在纸张上写字的感觉,还可以做一些小涂鸦,也喜欢翻页回顾时看到自己每一次的努力成果。

我认识的一位美国老爷爷,他每年都会给自己做一本时间管理本,不管他搬家到哪座城市、哪个国家都会一直带着。去他家参观时那一排整齐的本子震撼到我,年过七旬还在玩蹦蹦床、做心理学讲座、环游世界,他一直都非常自律。我心里也有这个愿望,等我老了以后能拥有足够多的时间管理本,回顾这一生。

其实做时间管理,没有想象中那么难,只要你行动起来,什么时候开始都不晚。我很喜欢的文案教主李欣频说过:"你怎么过一天,就会怎么过一生。"从现在开始认真做计划,过好每一天,你的人生就会过得越来越精彩。

如何高效利用碎片化时间学习

在信息获取越来越方便的时代，时间被分割成为一个个碎片，我们每天会花一些甚至大量的时间去阅读网络上的信息。

等一辆公交车5～10分钟的时间，坐地铁30分钟的时间甚至更长，这些碎片化时间里你可以用来刷淘宝、微博、朋友圈，当然，你也可以把碎片化时间用来学习。

我更喜欢后者。

自从有了微博、朋友圈等社交软件，大家渐渐变得离不开它们。我也一样，每天都在使用这些软件，只是我花费的时间不同。每天晚上固定留10～15分钟出来去浏览自己感兴趣的微博、微信，之后便关闭。

如何高效利用你的碎片化时间来学习呢？希望我自己的方法对你们有所帮助。

一、碎片化时间分段

5分钟以下的碎片化时间：如果你的碎片化时间低于5分钟，我不建议你用来学习。这5分钟里你可以干什么呢？回复邮件、消息、留言、电话等。我每天会统一一个时间段去处理这些问题，其他时间里工作和学习。

5～10分钟的碎片化时间：例如等人、等车的时候，不会太久。这个时候你可以拿起手机（App），看一篇英语（其他语言）短文，环境比较安静的情况下，可以听一段3～5分钟的听力。

10～20分钟的碎片化时间：例如约定好下午15:00到，你提前20分钟到达指定地点。此时你可以做一篇阅读理解，或者复习单词。阅读理解的时间差不多也是10～20分钟内搞定，如果没有随身携带学习材料，没关系，下载PDF或者相关App也可以阅读。**我不建议碎片化时间里去背单词，我建议去复习单词。是因为碎片化时间短且受周围干扰因素强，背单词的效率不高，甚至适得其反。**

个人建议：背单词应该集中时间段背，特别是当你要准备语言类考试的时候，抽出15～20天认真背相关的单词，再去刷题。

20分钟以上的碎片化时间：你可以做更多自己喜欢的事情了。我自己经常在等人的时候会有写作的灵感,就拿起手机便签 App 记录,有时候朋友到了我还会让对方等几分钟时间,直到我把灵感记录完。

二、固定和不固定碎片化时间

固定碎片化时间:如每天来回坐公交车、地铁的时间,每天中午休息的碎片化时间。

不固定碎片化时间:等待别人(你不知道要等多久)、排队、有空的时候玩手机(你不知道自己会玩多久)。

在固定碎片化时间里,你可以安排自己做一些常规复习。例如,复习昨天学过的内容,也可以在脑海里回想;思考哪些知识自己还没有掌握,等到了固定场所之后再用笔和纸记录下来。

在不固定的碎片化时间里,可以看外语杂志、简单听力材料,这个阶段你不需要用来学,只需要跟着读和听就可以,培养你对该语言的感觉。

这些碎片化时间里能够做到复习就已经很棒! 个人建议不要学习新知识,只需要复习即可,因为学新知识需要至少 30 分钟的专注时间。

三、如何高效

有读者和我说:"我背了一天的单词,头都大了还是有好多都记不住,怎么办?"

你背了一天的单词,当然会觉得累,如果背单词搭配着相关练习来做,你会记得更牢固,也是高效学习的方法。学习,是需要找对方法的。盲目学大量知识,不如一天掌握一点,日积月累,你的知识储备量会渐渐丰富。

学习过程里,最好随身携带一个小本子。可以记录任何学习中的东西,方便你复习。而自从我养成这个习惯以后,碎片化时间里很少去刷购物平台、社交软件,而是不定期地看我的小本子。

用手机学习时请关闭其他 App。碎片化时间本来就短,如果再同时打开手机里的各种软件,你的时间就再次被分割,注意力也不集中。当你不想背单词、不想学语法了,听歌放松一下或者休息几分钟。

随身携带几支笔。不会增加太多你包包的重量,相反可以帮助你合理安排碎片化时间。按照事情重要程度不同,用不同颜色的笔标注出来。

"你怎么很少晒自己在学习的照片?"

我没时间晒呀,难道学习前还要拍张照然后发个朋友圈宣布:我要开始学习了吗? 高效学习,是给自己看的,不是给别人看的。你拍个照发朋友圈时,已经可以背几个单词了。

四、你一天的碎片化时间如何安排

很多读者对我的时间管理比较好奇，似乎我拥有用不完的时间和精力。其实是我高效利用好了时间，这样我才能够工作之余做那么多事情。

工作之外的碎片化时间

以我自己的时间为例。早上 9∶00 上班，起床之后到出门之前，我都很少看手机消息，起床后该做什么就做什么。我一边洗漱的时候会一边放听力材料，或者是英文歌曲，此时就只是听，培养语感而已，不深入研究。

下班不加班的情况下，晚上 20∶00 以前能到家，在外面解决晚饭问题。晚上 20∶00—22∶00 为专注学习时间。加班情况例外，如果当天自己的待做事项列表部分事情未能完成，则会在本周内把这些事情做完。实在没有完成的情况下，会仔细分析原因，下次避免再犯同样的错误。

工作中的碎片化时间

等我坐上、下公交车上班时，我开始利用 5 分钟时间回复消息。之后打开新闻 App 看今天发生了哪些事情，大概浏览完自己感兴趣的内容之后，再看语言的 App。

工作时由于要用到 QQ、微信等和客户沟通，手头正在做的事情经常被打断。我会在办公桌前准备一本便利贴，每天记录着工作上的事情提醒自己，即使被打断了也能够快速回想起要做的事情。

工作不忙时，我会用碎片化看看电子版的《经济学人》杂志里 1~2 篇文章，也会看一些和互联网产品相关的文章，如果忙起来就专注做手头上的事。少刷几次淘宝，多打开几次自己感兴趣的相关网站学知识。

写文章的时间

如果我和你们说，大多时候，我是利用碎片化时间写文章，你们信吗？每天没有固定的时间，有想法了就打开在手机里记录，回家去写在电脑上。上班时间如果有灵感也是会记录下关键词，下班后再整理出来。

我不是工作狂、学习狂，也需要时间去休息。周末不加班，就拿着相机到处走走拍拍，或约上三五好友聊天。

懂得利用时间高效做事，你就比原来进步了一大截。

学习需要好好利用碎片化时间，当然也更需要专注的时间。在专注的时间里学好，然后再利用碎片化时间复习巩固。

别抱怨自己的学习成绩不好、相关考试没通过了，抱怨最无用，不能解决问题，但是你想要改变从来都不晚。学会和时间做朋友，懂得合理安排碎片化时间，能够帮助你在学习道路上稳步前进。

虽然我工作了，但是每周都在抽空坚持学习外语。一直认为学习是贯穿终身的事情，并不应该在大学毕业之后就停止。

有人问我："丹妮，你又要工作，又要学习外语，忙得过来吗？"我有自己的一套时间管理方法，当然也需要行动来配合。人生需要忙碌，但不是"盲碌"，想要掌握高效学习外语的秘密，首先你得学会高效背单词。

不管你是学生还是已经工作的人员，没时间背单词是大部分人最大的问题。

其实你不是没时间，而是没有合理安排时间。丹妮教你利用碎片化时间高效背单词，这些都是我亲自实践、总结出来的方法，可以根据自己的学习情况，选择合适自己的方法。

碎片化时间如何高效背单词

一、 便利贴法

便利贴，顾名思义，就是方便携带，提醒自己一些该做的事情，贴在醒目的地方以防忘记。

许多人只是用便利贴来潦草几笔写一些字，却很少随身携带。去文具店买几本不同色彩的便利贴，随身携带也不重，况且可以方便你分类记忆不同领域的知识。例如，我现在就把当天要记住的一些单词写在便利贴上，利用上班午休时间贴在办公桌玻璃上，去强化记忆。

每张便利贴大小刚好，如果记不住了下班还可以撕下来，贴在时间管理本里面，下班以后继续背。日积月累，你的单词量就在一点一点利用碎片化时间中不断增长了。

讲真的，把单词认真写在纸上之后，比你使用 App 背单词要更容易记住。每次一抬头就看到桌前的单词，想不记住都难。你是学生的话，可以贴在自己的书桌前，想象一下，满书桌的便利贴单词都被你一个一个消灭掉的感觉会有多好！

我这几天刚刚开始学习一门新的外语：日语。是的，我又开始折腾了，不满足于现状，总是喜欢挑战自己，去尝试许多不同的领域，一次又一次刷新自己的记录，如图 2-8 所示。

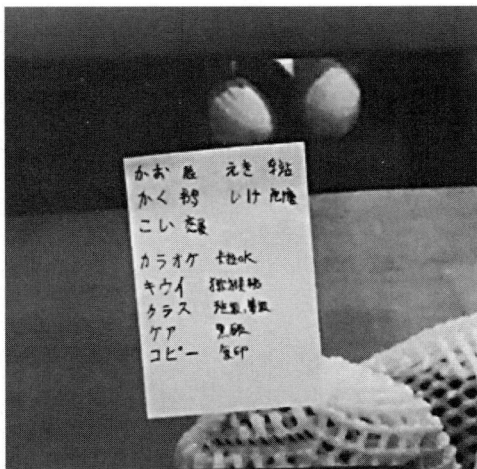

图 2-8　便利贴法

二、手机屏保法

每隔几分钟总是不自觉地想要解锁手机看看？下班后拿着手机打开一个又一个社交App不断刷新？

为何不利用这些不自觉地手动打开手机的时间，来强化自己背单词呢？

首先，把当天要记住的单词保存在手机里，生成图片的形式。此处随机截图了几个单词，哪国语言单词和强度自己决定，在此只是举例，如图2-9所示。可以写中文意思也可以不写，同样地，也可以只写中文，然后自己努力回想它的英语、德语、法语等意思是什么。

其次，可以设置为手机桌面、屏保，如图2-10所示。每次你打开的时候，都强迫自己去背它，就花几秒钟的时间背一个单词。想象一下，你每天的桌面和屏保都在换，每天都在背单词，长期坚持下来，是不是单词量就增长了？下次不要无聊就去刷社交App了，多刷刷单词。不过你只是把它设置成桌面而不去记忆的话，是没有效果的。

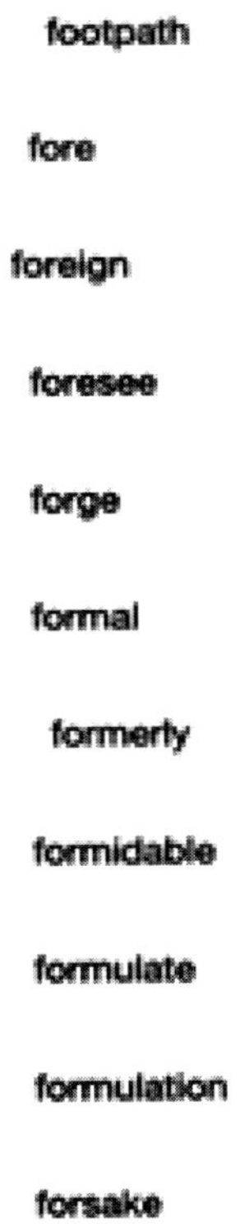

footpath
fore
foreign
foresee
forge
formal
formerly
formidable
formulate
formulation
forsake

图2-9 生成图片

foreign
foresee
formal
formerly
formidable

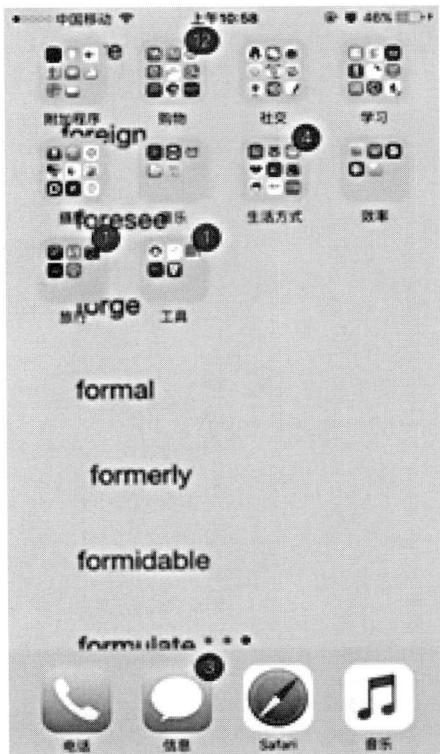

图2-10 设置为屏保

担心App遮挡住了单词？没关系，你再新建一个界面，把一个App单独移动到那个界面里，单词就不会被挡住了。

三、聊天背景法

每天除了学习、工作之外，大部分人的时间都花在了社交软件里。你说没办法，今天这个领导要联系，明天那位好友要保持互动，不然时间久了没往来的话，大家的关系就会渐渐变淡。

没关系，我会不阻止你使用社交软件，只要你用我的这个方法去做就可以了。

降低下班后使用社交软件的频率，如果非要使用的话，把聊天背景设置为你的课本内容吧。对，就这样，先用手机拍一张课本内页，然后设置为聊天背景，如图 2-11 所示。

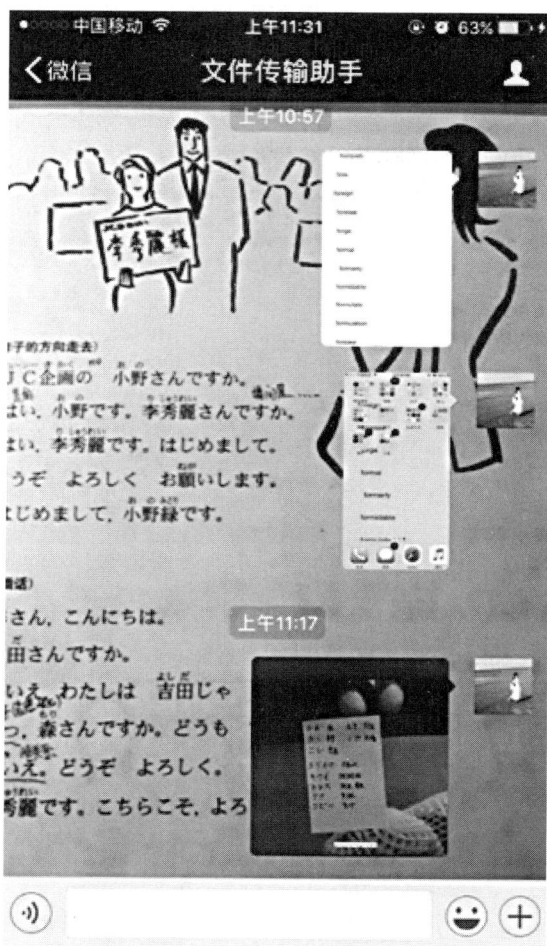

图 2-11　设置为聊天背景

每次聊天的时候背景都是这个，强迫你去看、去记忆。有人会疑问，"可是聊天的时候图片就被挡住了呀？"没错，会被挡住。但是你使用自己的偶像照片做背景的时候会担心聊天对话挡住他的脸吗？你知道一聊天就会把偶像的脸挡住了，自然就会主动减少聊天对话次数。

当你把聊天记录清空的时候，背景又恢复干净了。定期清理一些不必要的内存，腾出空间和时间来，才有精力去背单词。

还是没有动力？把你偶像的照片和单词拼接在一起，不想背单词的时候就看看你偶像的照片，然后单词就在旁边，丹妮只能帮你到这里了。

四、小本子随身携带法

有人和我抱怨说每天背着英语单词书好重，打开又是一堆单词，背的欲望都没有。知识就是力量，现在能够体会到了吧。

觉得重，压得自己喘不过气来？那就给自己"减压"，换个轻松的方式——小本子背单词。

每天早起几分钟，把每天要背的单词抄写在小本子上，既不会压到你，也不会一堆单词看得头晕眼花。本子不要太大或太小，大本子不适合携带，小本子太小不方便写内容，我这样的 A6 尺寸就够，如图 2-12 所示。

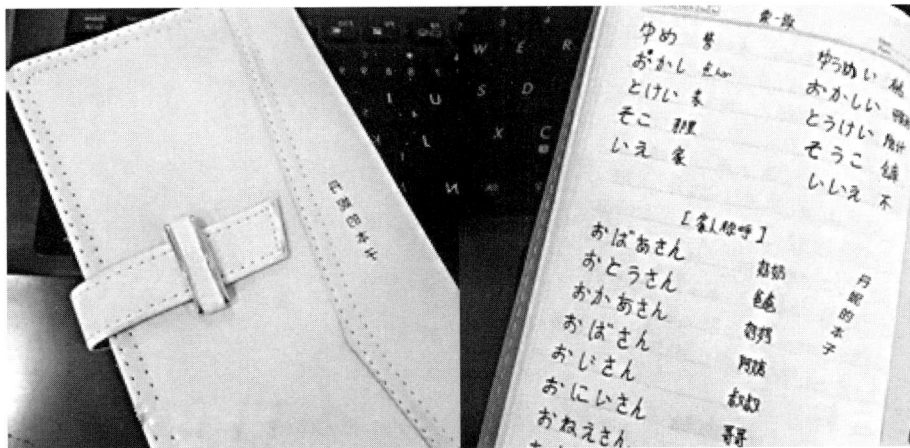

图 2-12　本子

你发现我的本子弄脏了，好担心自己的本子也会弄脏？看一个人是否经常使用本子，看他的本子新旧程度就知道了。不要担心，再漂亮的本子买回来也是要使用的，每天担惊受怕地把它藏起来，不如多去翻看它，把它"弄脏""弄旧"。**当它使用的次数越多，就说明你背单词的时间越多。**

当然，这些方法我都在强调是利用碎片化时间记忆的，适合初学一门新的外语、新的知

识，也适合复习学过的单词、知识。

单词需要长期积累，如果你要准备出国留学的相关考试，更需要集中时间去攻克单词。

任何一种方法，都只是授人之渔，而不是授人之鱼。想要捕获很多鱼，你不仅要学会捕鱼方法，还要主动去捕鱼。鱼都在你面前不用出海了，可是你却和我说你懒得捕，那我又能怎么办呢？

你背或者不背，反正单词就在那里。想背单词的人，总是会想办法去记住，不想背单词的人，教再多的方法都没用。

种一棵自己的"成长时间树"

随着时间的流逝,和过去照片上的自己对比,你会发现自己长高或者长胖了。但是除了照片之外,还有什么方式可以知道我们在成长呢?

你不妨尝试着去给自己种一棵"成长时间树",它记录着你成长的模样。当然,这棵树可不是实物,不是让你真的在自家门口挖个坑种树,而是让你在空白纸上画下原型,然后往里面填充内容。

(1)**"成长时间树"结合着书里前面写过的周、月、年计划使用。买一本全空白的本子,在扉页上面画出树的原型**。例如你定了一个四年周期计划,目标是健身并坚持跑步,那就在画好的原型上写出你的目标。第一年先基础健身、短跑,第二年练马甲线、马拉松练习,第三年参加健身比赛、跑步比赛,第四年把自己的健身、跑步心得详细写出,也可以录制成视频持续更新在网上,如图 2-13 所示。

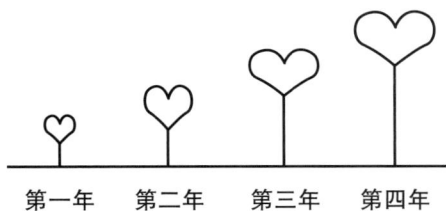

第一年　　第二年　　第三年　　第四年

图 2-13　成长时间树

(2)**在分解详情的其他内页里,按照月份给自己留够足够的空白来填充内容。要想实**现未来几年里的树木成长,就得不断给它浇水。**如何浇水呢?用时间去灌溉。**以周的形式去浇水,每周健身的次数和每次的时间长度都记录在案,健身的频率越高,树木成长得就会越快,离心中的目标就会更接近。众所周知,树木在成长过程中需要用心去灌溉和维护,否则树木就会生虫、长歪,而这些纠正的过程都要在成长初期。就像学习一门外语的基础没有打牢,后面要想快速成长是很难的,而且会越学越困难。

所以你在每一个目标实现的过程里,随时都要检查是否有出错的地方,如果发现要及时改正。哪天忘记健身了,成长树就会停止浇水一天,慢慢不浇水它就会枯死,你想让自己亲自建立起来的成长树就这样半路夭折了吗?

（3）**每月写成长总结，回顾之后继续稳步成长**。例如本月健身总时长：×××分钟，跑步总时长：×××分钟，和上一个月相比多了××分钟。有什么样的收获？哪些地方还不足？下月哪些部分需要做调整？你甚至还可以每隔一段时间就拍一张健身后的照片贴在每月成长的内页里，和健身前的自己做对比。慢慢就会发现自己成长的速度是以分钟来计算的，并且在不断回顾的过程里能够发现优点和缺点，查缺补漏。可不可以画一些小插画搭配使用呢？当然可以，只要不会浪费太多时间，你可以尽情发挥自己的想象力去创作。

树木成长的过程里，会渐渐长出分支，说明你在不断变强大。那些分支可能是你在和别人分享健身心得，也可能是你在原来基础上加入了新的器材训练。长出分支的时候也要记得回顾，不断做修整，才能成长为更好的自己。

每个人在不同的时期都会有不同的时间管理方法，拥有方法和努力执行都同样重要。愿你在学习完这些时间管理方法之后，能够认真去管理自己的时间并坚持下去。

不要怕，不要慌，你想要的，时间都会给你答案。

如何用碎片化时间看书

　　每次网上的图书打折总是想买一大堆,可是到最后却一本书都没有看完。甚至一年过去了,书的塑封都没有拆开,别笑,现实生活中还真有这样的人。许多人总是用"太忙了""最近没有时间看书"等借口,来解释自己没有看书。可是前一分钟说着没时间,后一分钟就拿起手机上淘宝、刷朋友圈,或者是打开电视追剧。

　　明明知道是有时间的,可就是不想承认自己没有看书这个事实。为什么呢?因为看书需要"专注",需要动脑去思考、分析作者想要表达的意思,阅读文字相对于视觉上的画面而言,会更无聊。因此,许多人愿意去接受视觉、听觉上的享受,看那些美妙的画面,也不愿意静心阅读一本书。

　　其实阅读完一本普通书籍的时间,只需要几个小时,你再忙,只要分成碎片化的时间,每天阅读一部分,几天就可以看完一本书。例如我自己阅读非干货类书籍,基本上 2～3 个小时就阅读完一本书了,然后用半小时的时间去做读书笔记。如果阅读干货类、值得研究的书籍,会花费的时间久一些,但这并不影响我去阅读。

photo by xDn

那么，我是如何用碎片化时间去看书的呢？

一、Kindle 必备

Kindle 电子阅读器不用我过多介绍，它是当下最适合电子书阅读的工具，不熟悉的小伙伴可以自行百度。水墨屏幕的设计可以有效保护视力，相对于用手机、平板等来阅读电子书，亚马逊上也可以购买许多书籍，而且价格非常便宜，也经常会有免费的书籍下载。

我自己是个包包控，但无论我怎么换包包，我的 Kindle 都会一直放在包包里，随时都可以拿出来阅读。我不知道其他城市是什么情况，但是在昆明坐公交、地铁等交通工具出行时，大部分人玩手机都是在聊天、逛淘宝等，只有少数人会打开电子书阅读，更不要说使用 Kindle 了。但是我不在乎别人的眼光，如果有座位的前提下，我会拿出 Kindle 看书。

它可以调节光线，因此不必担心光线不好。当然，如果光线实在不好的情况下，我的建议还是不要使用 Kindle 了。

在碎片化时间里用 Kindle 看书，我会选择一些简单易懂的书，文言文这样的会选择用安静、专注时间去研究。不用担心看不完，看不完可以添加书签、做笔记，这些功能都很好用。我自己用的是 Kindle Paperwhite 2，现在价格也有不同的，有人问我怎么选择，我的建议是根据自己的经济情况来选。如果你不缺钱，可以出一代换一代；如果你是学生，根据自己的经济情况来购买。**其实各个版本的 Kindle 功能都差不多，Kindle 是用来阅读的，不是用来炫耀的，量力而行就好。**

二、微信读书 App

个人体验下来觉得是手机上不错的阅读软件，微信读书现在在推广期间，还有用看书时长兑换钱币的活动，虽然是虚拟货币不能兑现，但是可以购买你喜欢的各种电子书。之前做活动的时候，阅读 30 分钟＝1 元（虚拟），你看书的时间越长，就能收获越多的钱去购买新书籍，每周会有兑换上限。

我在春节的时候就使用它看完了三本书，没错，在和家人、朋友聚会的情况下，依旧能保持读书。怎么做到的呢？回家的大巴车需要 3 小时 30 分钟，我就用微信读书看完了一本书。春节期间各种碎片化时间陆续又看完了一本书，然后回程的车上又看完了一本。如果你勤奋一些，看书的速度绝对比我快，我的一位高中同学一天可以看一本，在完成老师布置作业的情况下。

但我使用它的频率会比 Kindle 低许多，因为我还是喜欢水墨屏阅读，可以保护眼睛。在不能使用 Kindle 的情况下，我会使用微信读书 App。

它还有个功能，和微信好友比各自每周的阅读时间。这一点我觉得很棒，因为你看到你的微信好友都在读书，只有你在玩，心里会不会觉得惭愧呢？当你的阅读时长超过他们，甚至当你成为每周阅读冠军时，心里肯定是非常开心的。看呀，我一周花了三四十个小时去阅读，而不是去刷社交、购物软件。当你习惯每天读书之后，我相信你无聊时会首选打开阅读软件，而不是想去买东西或者玩社交软件。

三、想看就看，随时随地

我不会刻意给自己设定每周必须看书多少个小时，最多会规定自己每周必须读完哪一本书。这样做的好处就是，我不是带着"必须看书满××个小时"的心态去看书，而是随心阅读，只要能学到东西、有所感悟就好。

等人无聊了，不想看英语相关的内容，那就打开电子书阅读吧。

坐交通工具无聊了，吵闹环境下不适合学习，那就打开电子书阅读吧，读一些让人放松的文章。

下班后没有事情可做，又没有其他安排，那就读书吧，无论是读电子书还是纸质书。

读到不想读的时候，就放下它去休息，休息回来如果真的不想读了，那就不读，告诉自己明天继续。就这样一点点利用零碎的时间，读完许多书籍后，然后再挑选一些喜欢的书来做读书笔记。

也许就是5分钟的时间，只可以看一两页，但我也会选择去阅读。正是因为不断阅读书籍，让我对人生思考得更多，也让我明白了许多道理。养成阅读的习惯需要一段时间，但是只要你渐渐习惯用这些碎片化时间去阅读，就真的很少再打开许多购物、社交软件了。

四、背包里随时放一本书

有人会觉得背包里东西本来就多了，放一本书更是增加了重量。可是严格说起来，一本普通的市面上常见书，重量也不至于重到你背不动的地步。背或者不背它，在于你是否真的想看它。

我是纸质书和电子书混合一起看的，纸质书也需要用碎片化时间阅读，因为我每天都有

许多事情要做，确实很难抽一整个早上、下午的时间来阅读。背着它，就像随时在提醒自己："你背包里可是有一本书的，它等待着你的阅读，等待着你去发现'新大陆'。"

书里放上一枚书签，会让你的阅读更有仪式感。我自己很爱惜书，不会折书角来当作书签，这正因如此而拥有了许多精致的书签。朋友找我借书的时候，总是感叹我的书签好漂亮。是呀，有那么漂亮的书签陪伴，不是更应该好好阅读完一本书吗？

我有一个视书为宝的朋友，家里最壮观的风景就是书柜。他的书柜可不是摆设，而是里面的书他都看过并且记得每一本的大概内容。**你去找他借书时，只要你说出需求，他能够快速找到一些适合你的书籍并推荐给你。我想这就是看书最好的状态，不死记硬背，更不是用书柜来当门面。**我问他，看那么多书以后的感触是什么？他回答说："生命太短，以至于今生不能读完许多好书。"

是啊，生命太短，有许多书等待我们去阅读，有许多事情等待我们去完成。与其一直等待有一个完整的早上或者下午用来读书，不如现在就放下手机，拿起最近购买的一本书来阅读。

看书和不看书的人是有区别的，言谈举止里都透露着你的学识、气质。

读万卷书，行万里路。我想这就是人生最好的状态，不断学习，然后不断前行去实践。

学习
就是要高效

XUEXI
JIUSHIYAO GAOXIAO

第三章
学习效率不高？
是因为没找对方法

每天给自己一些"专注时间"

我们所处的时代生活节奏非常快，每天要早起坐地铁、公交去上班，一定要快，不然会迟到；中午赶紧花 5～10 分钟吃饭，还有许多事情要做；下班后回家就躺沙发，什么事都不想做，只想玩手机……

做什么事情都是要快，当我们只追求速度的时候，是否反思过自己的学习效率呢？**欲速则不达**。躺了一个晚上的沙发，最后又懊恼今天本来计划学习的却没实现；也许花 10 分钟时间把午餐吃掉，可是却没有细嚼慢咽；每天上下班路上花费太多时间，却总是抱着手机在聊天。你有多久没有给自己一些"专注时间"了呢？

专注时间，不受外界干扰，关掉手机，拔掉 WiFi，独自在书房里学习，哪怕只有 30 分钟。在这段时间里，你可以看书、学习、写作等，做一些对自我提升有帮助的事。

我从小到大都需要独处的时间，如果没有独处的时间心情会觉得很糟糕。小时候在和自己独处的时候，我经常看书，也许就是这样长期的独处能够有专注时间去看书，渐渐就养成了看书这个习惯。练习钢琴的时候也是，坐在琴凳上至少都是一个小时，而在那一个小时里我并不觉得难熬，因为在做的事情是自己喜欢的。

专注时间有什么好处呢？

一两天的时间看不出来有太大的变化，但是当你坚持一个月的时候就会发现，自己学习的效率有提升、学习的知识也越来越多。量变引起质变，当你达到一定数量积累的时候，就会有质的飞越。

习惯了长期不学习的你，刚开始要让你关闭手机，坚持学习 30 分钟都是一件困难的事。你会感到坐立不安，每隔几分钟就想看一次手机，是否自己错过了一些消息，或者是手痒特别想刷微博、朋友圈。为什么会有这样的情况出现？**许多人觉得给自己"专注时间"难，是因为感到刚开始的时候特别难，怕坚持不下去，所以在最开始的时候就放弃了。**你需要去强制性规定自己每天的专注时间，并严格按照计划来执行。例如，每天晚上专注阅读 30 分钟，用一周的时间把一本书读完并认真记录读书笔记。如果没有动力，想象一下自己完成后的样子。

有段时间我自己觉得做什么事情都没有动力，每天醒来想到要去做自己不喜欢的工作就心烦，我想你们或多或少都有类似的经历。后来我调节自己，既然不喜欢这份工作，那就努力朝自己喜欢的行业发展。仔细分析自己现在的弱势在哪里，然后用专注时间每天坚持去学习，我用了半年的时间就成功转行了。你无法想象刚毕业时我还是个人力资源管理的工作人员，而半年后就做了文案策划相关的工作。在我们无法主动选择工作的情况下，就先接受它，然后给自己专注时间去提升工作上的技能。

一、培养习惯

21 天养成一个习惯，实际上根据个人的条件不同，或许会比 21 天短或者比 21 天长。但是在坚持每天都专注学习的时候，渐渐就会养成这习惯。下课后、下班后无关紧要的事情可以先放一放，把学习排第一。你不可能既想要提升自己，又想要吃喝玩乐同时进行，提升自己总得付出一些代价的。

二、专注学习

许多人知道需要专注学习，才能够提高自己的能力，却不愿意付出实际行动，原因大多是感到难，所以不想做。

2015 年我每天都在下班后学德语，那段时间忙碌却也充实。专注学习完一段时间之后，当发现自己不再是看到德语单词迷茫的新人，能够听得懂日常的一些对话，能够浏览德国网站看一些新闻时，内心是非常喜悦的。专注学习需要日积月累，也需要付出许多时间和精力，而关于更多学习的方法，可以看本书后面的文章。

三、相信自己

你知道信念的力量有多强大吗？它可以帮助你实现许多心愿。我在没有学德语之前，没有去查看过它的语法结构有多复杂、单词发音等，就凭着爱好去学了。如果当初知道它那么难的话，很可能就打退堂鼓了。学习其他知识也是如此，你不要把它想象得特别难，不要在还没有学习前就给自己压力，而是应该给自己动力。我那时就想象着，等我学会德语了要去德国深度游，了解他们的文化，用德语和当地人沟通交流。想想都是一件令人激动的事情，于是就这样坚定地相信着自己一定会实现的，坚持学着德语。

四、保持复习

"学而不思则罔，思而不学则殆。"论语里给我们早就总结出来的道理，学习完之后要记得复习，不复习的话所学的知识渐渐就会遗忘。复习的过程中，你也知道自己哪些地方不足，好及时改进。不管是学习知识还是技能，都是在不断复习、重复使用和练习的过程中渐渐掌握的。

从现在开始，给自己每天都安排一些专注时间。你不需要马上就安排专注学习两小时，一步一步来，合理安排好自己的专注时间，去学自己感兴趣的东西，一年后，你会变得更优秀。

利用"上班前""下班后"时间

每个人每天都是 24 小时，要工作、要学习甚至有些人还要照顾家庭，为什么有些人能够把生活过得精致且井井有条，而有些人每天都过得漫无目标呢？其实那些看起来越是井井有条的人士，就越懂得利用自己的"上班前"和"下班后"的时间，或者是"上课前""下课后"的时间。

仔细想想，你是否有过类似的场景：

学生时代，上课之前总是赖在被窝里不想起床，下课以后不想看书，只想出去玩，或者玩电脑、追新剧？

工作后，早上起来时想到要上班就痛苦，下班后总想着要去哪里放松一下，结果下班后的时间就这样日复一日浪费掉，没有自我提升。

过了一段时间以后，你发现自己没有任何改变，甚至状态越来越不好，于是开始寻求方法改变自己。**工作之外的时间，其实决定了你未来很大一部分的生活会是什么样的**。这是真的，我们的生活质量提高，不仅仅靠的是工作时间努力挣钱，还需要依靠下班后的时间去提升自己。

许多人下班后的状态是：吃喝玩乐。我不是反对大家娱乐，而是要提倡大家适当娱乐就好，**更多的时间和精力应当放在自我提升上**。不逛街、不看电影、不和朋友聚会那是不可能的，长期这样下去朋友之间的关系也会变淡。但是我们合理管理自己的时间，抽空出来学习和阅读，长期坚持下去，一定会变得越来越优秀。

网上那么多教你改变的文章，不知道从哪一篇看起，不如就从利用"上班前（上课前）"和"下班后（下课后）"的时间来改变。

一、上班前时间

1. 早起健身或学习

工作以后没有了学校里相对自由的时间，每天上班都已经非常累，但每天早上起来我还是坚持着做一些事情，让自己保持着良好的状态。你可以根据自己的需要，选择是早起健身

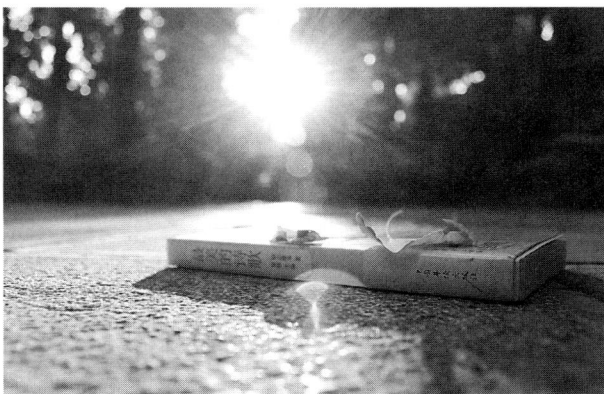

还是学习，或者两者都进行。

我早上起来一边洗漱一边听英语听力、新闻稿，这样就能够了解当天这个世界上发生了哪些重大事情。吃完早餐之后会阅读书籍，我个人的习惯之一，阅读 20 分钟左右准备出行，迎接新一天的工作。

在上班的地铁或者公交车上时，也会看新闻、听听力等。

2. 每天提前 5 分钟到办公室、教室

我读大学的时候，有一些科目的老师上课前会点名并且记录迟到的人。如果你迟到了三次，那么抱歉，你就没有平时成绩分，如果你敢旷课被老师发现的话，直接取消期末考试资格。

"闹铃定了一个又一个，可到冬天了还是起不来，直到拖到最后的时刻，再拖延不起来就要迟到了，才慌张赶紧从被窝里爬出来，一路奔跑着去上课，还好没迟到。结果却发现自己带错了课本，早上的这两堂课又白听了。"这是意志力不坚定的表现，没有意识到自己需要改变，并且在被动接受去上课学习这个事实。

我们不要怪老师的规定严格，而是需要去反思自己，如何改变上课迟到这个习惯呢？**其实只要每天提前 5 分钟到教室就可以搞定了，没有想象中的那么难。**

提前到教室的好处太多了：①可以先过目一遍课本，看看今天上课大概要学哪些知识。②可以坐到前排的座位，更能近距离听老师讲课。当然有些特别热门的课程，需要提前 10 分钟以上的时间到教室才能够有前排位置，这不也是你早起一些的动力吗？③给老师留下好印象。与其气喘吁吁跑到教室，突然打断老师的讲课闯入大家的视线，不如提前到并认真看书。其实这些行为老师都是看在眼里的，你认真学习老师也能够感受得到。

职场人士，也需要提前 5 分钟到办公室。

对于工作的人来说，这个要求一点都不过分，不要用家住得远当借口，就只是早起 5 分钟而已。我自己每天都会提前 5 分钟到办公室，这样就不用担心迟到，还可以拿得到全勤奖。**提前到有什么好处呢？** 不慌不忙地开始工作，先整理好自己当天的工作内容，然后写在工作本上。你看，自己既不会迟到，还能够很清楚当天要做什么事情，甚至还能拿到全勤奖励，这样下去工作能力也会越来越好。

3. 划分任务重要等级

在一天的学习、工作开始之前，你可以花 5～10 分钟来划分当天需要做的事情、任务等级。你可以按照重要紧急、重要不紧急、不重要紧急、不重要也不紧急四个象限来划分工作的先后顺序，或者按重要等级 A、B、C 来划分，这样就不会觉得工作效率低，也就不会觉得每天事情那么多，我做不完怎么办。

学习也是一样的，如今天有政治经济学、高数、英语、国际金融课等的学习内容、作业需要完成。按照上面的方法来划分，下课之后回宿舍或图书馆认真复习，就不会觉得要复习的内容多、内容难而放弃复习计划。

二、下班后时间

下班后，如果没有约会，大部分人的情况是躺沙发，然后看电视剧、玩手机。长期躺沙发不运动会变胖，经常玩手机浪费了大量学习的时间，不妨尝试去按照这些方法改变一下自己。

1. 准备一本台历

台历上要留白的那种，每天可以写学习、工作计划。你可以在日历小格子里写早上 9:00 开会，下午 15:00 见客户，晚上 20:00—22:00 学习时间。我自己就是把当天里比较重要的事情按时间划分，写在台历上，放在桌子面前，我每天抬头就看得到，不断提醒自己一定要完成这些任务，有时候事情多忙起来也不至于会忘记。**写下来，永远都比停留在脑海里要好。**

2. 写工作、学习日志

别笑，我就是这么做的，**工作、学习日志是写给自己看，不是做表面工作。** 不要觉得浪费时间，其实很多大企业都会要求员工写工作日志，并不是记录流水账，而是用简单的几句话，归纳、总结当天的工作。

长期写下去，不论是工作上还是学习上，你都能看到自己一天一天在进步，也能够及时发现自己的不足，进行修改和弥补。

3. 留时间进行自我提升

我们不是独立的个体，人类从古到今都是以群居为主，因此日常生活中也离不开社交活

动。但这不代表我们就不留时间给自己进行自我提升，越是在需要社交活动的今天，我们就越需要给自己提升的时间。

时间管理的方法，在本书的第二章节里已经详细讲过许多内容，你需要做的就是选择一种适合自己的方法，然后认真去实践。

当然，在自我提升的道路上，别忘了留时间给家人和朋友，注意劳逸结合，调整好自己，也不要给自己太大的压力到最后适得其反。就算工作再忙，也会有休息的时候，所以不要再以工作忙为借口，不去提升自己了。**其实当你变得越来越优秀时，能够获得的资源就越来越多，也会融入一些高质量的朋友圈。**

相信梦想和行动的力量

相信许多人儿时都有自己的梦想，它或许很宏伟，看似难以实现，而随着时间的推移、不断和这个社会接触的过程中，许多人把梦想都渐渐忘记、放弃。

你说梦想太过于遥远，看不见，摸不着，于是渐渐放弃。你说是社会现实太残酷，不得不放弃自己的梦想。其实，我们不是非得要有一个宏伟远大的梦想，但是至少拥有梦想以后，就会有一个憧憬，也会给自己动力。

每个人成长过程里都经历过痛苦和彷徨，我也一样，甚至曾丢失过自己的梦想。有段时间我觉得做什么事情都没有意义，自己的梦想也早已不知道是什么，每天就是枯燥，重复着上班、下班这个过程，特别怀念学生时代，但是我不能逃避现实。后来我开始反思自己为什么会这样，是因为工作负面情绪太多了吗？还是因为自己最近太累没有好好休息？

分析好了原因之后，我知道自己是由于工作负面情绪，加上最近太累的情况引起的，于是就制订改变计划。如何改变？

（1）给自己先定一个小目标：不是像王健林那样赚一个亿，而是先学一门自己感兴趣的技能。后来给自己定了目标学德语，利用下班后的时间。每天把这个梦想分解着，今天背单

词、明天做听力、后天读课文……没错，就是这样一天一天、一步一步去实现我的梦想。当我渐渐学会一些德语的单词、句子之后，我找到了成就感。**成就感很重要，它能够推动你去实现心中的梦想，让你看到付出都是有收获的。**

我不满足于现状，心里想着既然身边有会说八国语言的朋友，自己有时间、有精力的情况下，何不尝试着去挑战一下自己呢。于是我又定下了一个新的目标：学法语，用一年的业余时间，就在不断定目标的过程里，渐渐找到了做事情的成就感。

（2）当你在实践的过程中慢慢找到以前开心的感觉时，就在重新拾起梦想了。例如你喜欢画画，那你就重新拿起画笔来。以前你的梦想是成为画家，可能太宏伟了，那现在就给自己定个小梦想，我更愿意叫它小目标。现在就给自己规定每周至少画一幅画，当你坚持一年后，你就至少收获 50 张画，画画水平也在不断提高。坚持几年以后，说不定你就可以开一个小型的个展，虽然离真正的画家还很远，但至少你确实在付出行动去实现这个当画家的梦想，并且你在实践路上自己越来越优秀，那就足够了。

我曾经有过"如果能成为一名会说八国语言的人该多好"这样的梦想，但觉得它太过于庞大、宏伟、难实现，就一直把这个梦想停留在脑海里。在高考之前，主要的时间和精力放在学校的知识体系构建上。而在大学里，渐渐和不同国家的人交流，让我有重新把这个梦想拾起的动力。

不管你是想要实现什么样的梦想，学习这个过程非常关键。唯有不断学习你感兴趣的内容、朝你的梦想方向前进，才会有所收获。

（1）制定你的梦想。想象一下未来的 2～3 年里，你想成为什么样的人，想学一些什么样的知识，想过什么样的生活。不要觉得这个过程浪费时间，正是因为心中有许多美好的愿望，才知道自己付出那么多的努力意义何在。

2010 年 2 月 29 日，我给自己写了一个"一生的愿望"清单。里面有几项内容，是现在已经实现或者正在实现路上的：成为一名摄影师、出版一本书、30 岁之前至少学除英语之外的两门外语、每年去不同的城市跨年……

为了成为一名摄影师，大学课后业余时间我泡图书馆，翻看和摄影相关的书籍、杂志。每天坚持在宿舍里练习拍照，有机会外出的时候也会多观察、多练习。后来获得了一些合作的机会，渐渐开始拍摄人像摄影。

为了能够出版一本自己写的书，长期坚持阅读和写作，在自媒体时代来临之后，坚持在各大平台更新文章，不断输出干货，有幸获得了出版的机会，也有了一群喜欢我文章的读者。

而我真正付出行动去实现自己学新的外语是在工作后，看似比较晚的时间了，但什么时候开始从来都不晚。我给自己定了两年学习梦想：毕业后第一年学德语，第二年学法语。现

在也渐渐把这个梦想重拾回来，在实现的路上。我知道这是一个需要很多年去实现的梦想，但我不会放弃。

（2）时间、精力成本。**你不得不承认的一个事实是：要想在一个阶段里快速成长，就必须专注。**就算是学霸也会考虑自己的时间和精力成本，是否在当下足够来学习一门新的知识或技能。

每段时间专注做一件事。大学里其实我也挺想学多国外语的，但那时我业余时间和精力都放在摄影上，我也深知如果想要同时进行学摄影和学新外语的话，到最后两个都不会学好。而我在学德语时也没有交替着学法语，而是等为期一年德语课结束后再开始法语学习的。一年的时间非常有限，你要分清楚这一年里主要任务是什么，专注把它学好、做好，再去想另外的事情。

我挺喜欢茶艺、花艺、舞蹈的，但是在当下我主要的任务是工作和语言学习，因此业余时间暂时也不会去学这些喜欢的东西，但我把它们都列入了将来的计划表里。一直觉得有些事情不是当下不做以后就没有机会了，而是在未来你还有愿意继续做的心最重要。**有得有失、懂得取舍才是生活，你不可能在有限的阶段里获得你所有想要的东西。**

（3）**找对方向。方向和努力同样重要，要想在学习上获得一定的成果，两者必不可少。**有很多想学的东西，从哪里开始呢？先分析你目前最需要提升的是哪方面的能力、学会某方面的知识以后能给你带来什么样的帮助？不要看到某一门课程热门就跟风去报名，因为它不一定适合你。例如你想提升自己的英语口语水平，那就报名口语提高班，学成之后对你大学里的四、六级考试是有帮助的，或者是对工作上有帮助的话，就应该优先学它。找对了方向，就不会觉得迷茫，为什么自己需要学习这门新知识。

你想学一门新技能，是通过自学还是找老师？综合分析自己的能力，如果自学能力非常强，并且有毅力和恒心坚持下去的话就自学。如果自学能力一般且自控力不强，又想在短期内学会那门新技能，那么找老师就是最好的选择。

我的钢琴就是一直和老师学习，虽然到后面我已经能够自学弹很多曲子了，可依旧觉得在一些专业知识的把握上仍然要和老师请教。在学生时代，除了学校里的知识学习，业余时间大部分都在专注学钢琴，就算不靠它去谋生，学会了也是能够调节生活，并且伴随自己一辈子的技能。

（4）**行动起来。**每一年，我都会给自己定新阶段的学习目标。例如，2014年的时候是学习新媒体运营知识，2015年学策划和咖啡知识以及德语，2016年学法语和创业相关的知识。我每个阶段的学习目标，都对未来生活、工作有帮助，并不是漫无目的地学习。知道自己想要的是什么样的生活，并愿意踏实努力付出行动，就是最好的状态。

行动是治疗一切拖延、懒惰的良药。

你不去实践、不行动，永远都不知道自己的潜力有多大。

一辈子很短，我们好不容易到这世上走一遭，总得做点自己喜欢的事，总得实现一个梦想。

愿我们都能够按照自己的意愿过一生，勇敢追梦，成长为自己喜欢的样子。

学习，如何被动变主动

从小到大，我们接受的学校教育大多都是这样的：老师说要好好读书，才能进入好的初中、高中，进而才能有机会进入好的大学。但是到了大学以后呢？老师没有说。又或者大学老师说要好好读书、多考证书，才能找到一份好工作。

这么多年以来，我们在不断地学习，学习目的就是获得高分，然后有机会接受更好的教育。这个观点没有错，但是老师没有告诉我们，毕业后的我们，到社会上了应该如何生存，应该如何继续学习、不断提升自己。

其实我们都在"被动"地学习，老师教我们什么，我们就被动学习着什么。但是毕业之后，没有人教你该学什么，于是许多人工作后就停止了学习。**我自己倡导的理念是"活到老，学到老"，这个社会每天都在改变，如果你不去学习、适应，长期下去就会与社会脱节，跟不上社会进步的节奏，很容易被淘汰。**

大多数人已经适应了以前的被动学习，如何转变为主动学习呢？

一、明确学习目的

不管在你人生中的哪一个阶段，学习，永远都是为自己而学，不是为别人而学。你在义务教育阶段的学习，像升级打怪一样，有一个明确的目标去为之而奋斗。可能你那时候不明白学过的知识到底有什么用，你心里的目标就是不断提高分数，但是多年以后你回想起来时才发现，原来自己学过的那些知识用在日常生活中有帮助。

而工作以后，要想再继续学点什么东西，你就会感到力不从心。**这是因为当下你学习目的不明确，不清楚自己学习一个新技能或者新的知识到底有什么用，才会感到迷茫。**

我有一个朋友特别爱跳拉丁舞，但是她英语不好。学生时代，她只是被动学习英语，因为自己本身的不喜欢，加上不知道学了对以后的生活有什么用，就渐渐放弃英语学习。上个月她突然和我说想学英语，我感到诧异便问她怎么突然想学英语了？她是这样说的："想学英语是想能够看懂一些英文原版的拉丁舞知识，不至于像现在这样，国内的资料很有限。如果以前好好学英语就好了，哎，希望现在还来得及……"

工作后的她，意识到学英语的重要性，自然就会主动去学习，而且学习的效率比以前都要高，因为她知道学成之后能够给自己带来丰富的拉丁舞知识。**你看，明确了自己学习的目的之后，就能够跨出学习被动变主动的第一步。**

我的表妹明年准备考研，我问她考研的目的是什么？她说现在工作竞争那么激烈，不想立马就进入社会，想晚几年再工作，所以选择考研。我又继续问她："你想考什么专业？想去哪一所大学？"她说没有想好，只是单纯想考研，万一考不上了就选择去工作。我相信不仅仅是我表妹一个人是这样想的，每年考研队伍里，许多人都是因为要逃避找工作而选择考研的。而这样漫无目的的学习，常规情况下是很难考上的，就算考上了研究生，不明白自己真正感兴趣的是什么，研究生毕业一样要面临着就业的压力和找工作初期的迷茫。

后来我问了她几个问题："你现在最感兴趣的领域是什么？有没有查过相关的资料，该领域未来五年的发展趋势？自己现在的核心竞争力是什么？不考虑就业的问题，你最想学的专业是什么？"通过这些问题聊天以后，她渐渐明白自己在逃避工作这个问题，所以被动选择了"考研的学习"，并没有给自己定了一个明确的学习目标。

她自己很喜欢绘画，以前也一直在坚持学，但由于家里的原因，后面放弃成为一名美术特长生，选择了一份相对而言要好找工作的专业。她说如果不考虑就业的话，自己考研其实挺想往美术方面发展的。

后来经过她仔细分析以后，她决定自己不考研了。不是到此为止就停止了学习，而是她明白自己喜欢的真正是什么，果断找了专业老师重新拾起了画笔。她决定毕业后先从事和大学本专业相关的工作，业余时间来学绘画，如果有机会的话第二年她会跨专业考研，并且会非常拼命。后来的她不再迷茫和纠结是否考研，家长也觉得她像变了一个人似的，每天下班后就乖乖在家练习绘画。

明确了你的学习目的，能够少走很多弯路。想想你是要学会一门新的技能靠它谋生或者发展为自己的专业？还是兴趣爱好为主？如果只是兴趣爱好为主，那就找到自己喜欢的事情，一步一步坚持做下去。如果要把它发展为自己的专业，或者靠它谋生，就需要付出比常人更多倍的努力。

二、给自己制订学习计划

有了目标还不行，要想让目标落地执行，还得有一套完整、周密的学习计划。有段时间网络上爆出一名清华学生的学习时间安排表，大家高呼着："天啊，这样的安排普通人怎么做得到？""这样每天的生活里只有学习一定很无趣……"子非鱼，安知鱼之乐？其实许多学习成绩好的人，都有自己的一套学习计划，什么时间段学什么知识，他们也会有放松休息的时刻，只是不按照传统理解的放松方式去进行。例如，他们会选择奖励买几本喜欢的书以此来

犒劳自己辛苦一学期的学习，或者奖励自己喜欢的笔记本、钢笔等。

如何制订一套完整、周密的学习计划呢？

（1）规定学习周期。我背单词的时候就是会给自己制订一个时间周期，例如，在学校的时候用 12 天的时间把四级单词全部背完，工作以后用 30 天来背雅思单词等。**不管你要学习哪一门科目或者新技术，根据自己现阶段的能力，定一个学习周期，然后把目标按天数分解。**这样就不会感到目标太过于庞大而无法实现，也能够看到按天数坚持下去能获得什么样的成果。

（2）一鼓作气。《曹刿论战》里有一句话："一鼓作气，再而衰，三而竭。"也适用于此，制订学习计划一定要一鼓作气把它制作完，切记不要今天制订一个计划，明天又制订另外一个，时间久了到最后你一个计划都没有详细制订，也没有太多精力去执行。学习也需要一鼓作气，如果你偶尔中断了一天的学习，之后把内容补上不会太困难，但如果你中断了三天以上的学习，就需要花大量的时间和精力去弥补。

（3）按星期去统计、检测学习目标完成情况。过去的自己，每周学习完之后都会有个小统计，每月学习完以后有个大统计。这样就能够清晰地看到自己学习前、学习后的对比，也方便随时调整自己的学习进度。例如，我在学习法语的时候，每周都会给自己一个小检测，以此来看自己掌握了多少内容。在学校里老师每周都会给你试卷，以此来检测你的学习情况，而毕业之后，再也没有人来监督你学习，也没有人发试卷考试，就要学会自己安排时间进行检测。

（4）用打卡、彩色笔来辅助你完成计划。执行计划的路上，少不了辅助的工具，它们在关键时刻能够助你一臂之力。打卡的方式：你可以自己在纸质日历上打钩，在完成每天的学习任务之后；也可以用一些 App 打卡，以拍照记录的形式。彩色笔用来标注知识掌握情况，

例如，红色代表 A、熟练掌握，黄色代表 B、一般掌握，绿色代表 C、少量掌握，蓝色代表 D、没有掌握等。

这样标注出来的好处就是，方便你了解自己的学习情况。没有老师给你打分，那就自己给自己打分。一目了然知道自己哪些知识已经掌握，哪些还等待掌握，过后来复习的时候就不会非常迷茫，不知道该复习哪一块的内容。

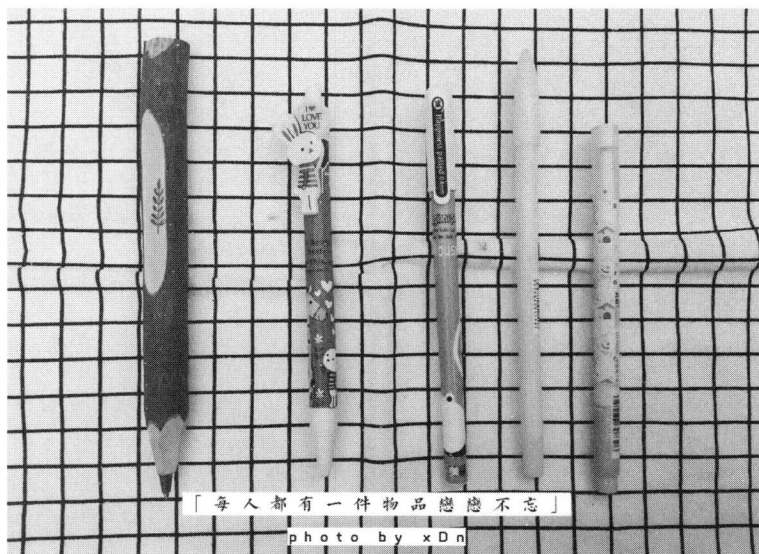

「每人都有一件物品念念不忘」
photo by xDn

学习计划被突发事情打断怎么办呢？

理想状态是每天都坚持学习，直到该阶段的目标完成为止。而现实状态是，制订完计划后，每天下课后不想再多看书一眼，每天下班回家后只想躺沙发，这或许是大部分人的现状，许多人想改变，却又不知从何开始改变。

如果你是被上述类似的问题打断了学习计划，就需要增强自己的执行力、自控能力。在本书此章节的"训练你的自控力、执行力"一节，有详细教你增强的办法。

如果你是被一些突发事情打断，例如，临时的加班、朋友的生日、领导的饭局等，那你需要下面的这些方法。

（1）突发事情打断当天学习计划：在本周内抽另外一天的时间，把你缺失的学习时间安排进去，缺失 2 小时的时间就补 2 小时。

（2）突发事情打断 2～3 天学习计划：如果有时间、精力的情况下，尽量在本周内将缺失的学习时间补回来，如果没办法弥补的话，就把学习计划在当月往后挪动几天的时间。

（3）突发事情打断 3 天以上学习计划：例如，你有事临时要出差一周，或者其他事不得不暂停学习计划，那就暂时让它暂停并重新修改计划。中断 3 天以上的学习，相当于学习计划被严重打乱了，不如就让它先暂停，等你手头上的事情告一段落之后再继续学习。当然，你也可以用碎片化时间去复习之前学过的内容，不至于后面继续学习的时候就忘记了前面学过的内容。**不管怎么样，不要让太多突发事件成为你不想学习的借口。**

三、学习目标完成后记得输出

你羡慕他人能够坚持输出，殊不知他人坚持输入的时候付出了多少艰辛。

知识，不仅仅是学会就完了，如果你能够把学会的知识输出，就更胜一筹。许多干货作者之所以能够持续在网络上分享他们的干货，是因为不断给自己输入知识，掌握了之后又综合自己的方法一起输出，成为新的东西。

不管你是用记录笔记的方法，还是写知识回顾的方法，或者把它们分享在网络平台上，总之都要保持输出的习惯。你不一定要分享给所有人看，可以分享给身边关系好的朋友，也可以分享在网络上。不要吝啬分享，当你分享得越多，你就能收获得越多。例如，我自己在网络上分享学习经验，渐渐收获了一群喜欢学习的朋友，大家像找到了组织一样，每天都坚持打卡学习。

当你开始真正主动学习时，最困难的那部分就已经完成了！

引入打卡、奖励、惩罚制度

觉得学习路上漫长而孤单？自己一个人学习没有氛围和动力？这些问题都能克服，关键是你想不想。

其实许多人在学习的过程中都会遇见类似的问题，但是你要明白在高中毕业以后，学习都是自己的事，没有人强迫你。**我们从小到大习惯了填鸭式的教育模式，突然有一天没有人告诉你该怎么办、怎么学，会非常不适应，此时你需要给自己引入一个打卡制度。**

我自己成立过一个微信群学习小组，来自全国各地的读者在群里打卡。每个人给自己定一件 21 天里要坚持做的事，然后每天发一张照片或截图，能够证明你确实做了这件事。如果打卡过程中间有任何一天中断，不管是什么样的原因，都要从第一天开始计数打卡。例如你每天坚持做手账，就拍手账照片发群里，说明手账打卡 day1。跑步的话就用 App 记录，然后发截图在群里，没有规定一天必须跑几千米，可以根据自己的耐力和体力逐渐递增。**为了起带头作用，我自己也按照规则在群里坚持打卡，而我给自己定的目标是每天做时间管理手账。** 在这 21 天里我对大家的要求不高，只要求坚持完成一件事即可。第一批能够完成的人我会送一份小礼物，而第二批没有。结果你猜怎么样？

第一批被告知有礼物的人， 他们中的大部分都顺利完成了自己的 **21 天计划。** 有的人坚持阅读，用 21 天时间读完 3 本书并写好读书笔记；有的人坚持健身 21 天，晒健身前后的对比照片；有的人坚持背单词，用 21 天时间把四级单词背完……

而第二批没有告知有礼物，只是告诉他们坚持到第 21 天算挑战自己成功，他们当中只有少数人完成了 21 天计划。 大部分人一开始的时候都是信心十足的，第一天群里非常热闹，每个人都在更新自己第一天做的事情。到了第二天大部分人依旧在坚持着，并且相信自己一定能挑战成功。到了第五天的时候，已经少了一半打卡人数，他们由于各种各样的原因中断了打卡，后面又重新从 day1 开始。**随着时间递增，坚持打卡的人数在递减。** 还好有少部分人能够在没有奖励的情况下坚持到最后，我也顺利进行着自己的既定目标打卡。

为什么给自己定了打卡目标后，还需要引入奖励、惩罚制度呢？看完我这个真实的案例就知道，在有奖励的情况下，大部分人还是愿意努力去完成既定目标、愿意去改变自己。所以制订一份坚持打卡的计划，引入奖励规则很有必要。你可以奖励一件自己喜欢的物品，根据设定的目标大小不同，奖励物品的贵重程度也不同。

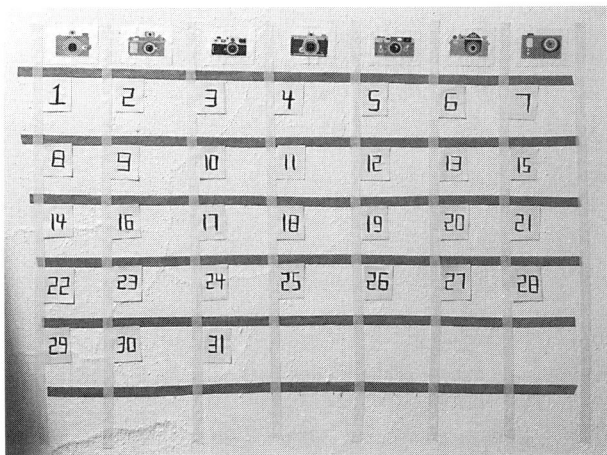

但是在上面这个案例里没有惩罚制度，如果引入惩罚制度之后会有什么样的效果呢？

那么就用我自己的案例来说吧。2016 年的 6 月开始健身，目的不是减肥，而是增强体质。过去的十多年里我都不爱运动，导致身体单薄，天气变化就特别容易感冒、咳嗽，痛定思痛下决心要健身。**为了防止这个目标坚持不下去，特意在奖励基础上设定了惩罚制度。**刚开始规定每周至少健身三次，一次至少 20 分钟；到后面适应了继续加强健身强度，每天不管再忙都得健身，每天至少 15 分钟。先设定比较容易完成的 21 天时间周期，如果无法完成目标就惩罚自己把最心爱的一套限量版书籍送人。如果完成既定目标，就奖励自己一只心仪很久的钢笔。

没错，不对自己狠，将来就要承受更多痛苦。建议大家制定惩罚制度时可以对自己狠一些，不是要折磨自己，而是督促自己努力去完成计划。

一开始咬牙坚持不是为了奖品，而是心里舍不得自己喜欢的书籍送人。想偷懒的时候，脑海里就会冒出自己书即将送人的念头，这对我来说是个坏结果，而且是提前知道的坏结果，自然不想让它发生。没想到后面还真坚持下来了，这对普通人来说或许不是一个大挑战，但对我而言是。过去一直不想挑战自己的弱项，现在有勇气挑战并挑战成功了。

那些流过的汗水、付出过的努力，最终变成奖励，又回到了你身边。

当你不想做一件事、不想继续学习下去时，不妨和我一起进行这份"21 天计划"并引入奖励、惩罚制度。不给自己设上限，不断去挑战自己，尝试那些过去自己不敢挑战的项目，当你一个一个都挑战成功时，不仅仅能够获得成就感，更是让自己越来越优秀。

我是如何一边工作一边学习二外的

我在中文、英语基础之上学习的第三门语言，是德语。

2014年6月大学毕业，来到新的城市开始新生活。每天公司、家两点一线生活，让我感到单调，生活不应该如此，应该有趣才是。大学时曾自学过一小段时间的德语，后来发现自学有很多不懂的地方且发音不准确，便暂停了。

虽然已经工作，但依旧想把德语重新拾起，刚好有周末学校实体课程学习的机会，趁现在有精力和兴趣学德语，2014年9月便报了名。按照学期划分，每周末都有新内容，适合上班族。德语A1、A2为期一年的课程，不管是刮风还是下雨，每个周末我都会出现在教室里认真学习。

从一开始什么都不懂的人，坚持学习完一年的课程之后已经可以看懂一些日常的新闻、网站，也能够进行基本的沟通交流。不敢和很多学霸们相提并论，但这个过程里确实成长为了更好的自己。

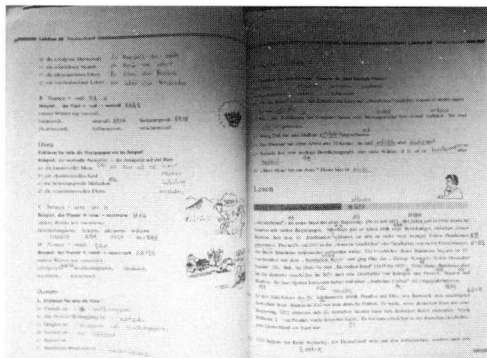

那么，我是如何一边工作一边学习第三门语言的呢？

一、时间管理

工作之后属于自己的时间，比读大学时少了很多，更需要严格的时间管理。纸质的时间管理本上写满的是我每天、每周、每月要做的事情，然后按照重要等级的划分去执行这些事情，我个人不太习惯使用电子的时间管理本。

早上 6:30 起床，8:30 上班，起床后离上班之前有两个小时可以自己分配。起床后一边洗漱一边放德语听力，按照自己的学习进度每天坚持听。吃完早餐之后温习德语单词，以及随身携带一个小本子记录那些经常容易出错的单词。由于在公司附近租房，可以步行上班。有人说羡慕可以步行上班的人，可是也需要付出比较贵的房租，在我眼里时间就是金钱，宁愿在公司附近租房省下堵车的时间，可以做更多有意义的事。

下班之后把其他事情结束，在书桌前挑灯夜战。由于不定时的加班，周一到周五晚上安排不同的复习，例如，周一复习上周所学的通篇知识，周二做阅读理解，周三写作，周四听力，周五再复习通篇一遍等。周末上课学新知识前，老师也会简单地带大家复习一遍上周的知识点。

除了学德语，我更多的时间是在办公室里工作，但我不建议在工作时间内去复习、学习。主次分明，该工作时就努力好好工作，该学习时就学习。

二、放下手机、拔掉 WiFi

高效率的学习需要专注。如果在学习、复习时身边有太多的干扰，则会使得效率降低，甚至是没有收获新知识。当时班级里有 12 个学生，到 A1 学期末结束的时候只剩下了 3 个：一个是要准备去德国留学的，一个是因兴趣爱好学的，还有一个就是我。到了 A2 课程的时候，依旧是我们三个人。

那些多数没有坚持下来的人，课上都时不时会玩一下手机。老师讲复杂难懂的语法时，他们觉得枯燥无聊，就拿手机刷刷微博、朋友圈，反正只是几分钟。可久而久之，学习进度落下了。

高考结束以后，没有人逼你学习、逼你做作业，要想保持和原来一样的努力学习程度，靠的是自制力。

我自己有个习惯：看书或者是学习需要专注时间时，会把手机网络、家里 WiFi 都关闭，没有任何消息干扰我。其实很多时候别人通过微信等社交工具找你时，都不会是太紧急的事，你可以专注把手上事情做完之后再回复他们。真正有急事找你的人，都会立刻打电话且说明来意。

三、坚持很重要

那些渐渐退出德语课堂学习的人，大多都是给自己打退堂鼓。上课缺席了也没有像大学一样会和期末成绩挂钩，迟到几分钟了也不会像公司一样会扣工资……没有了条约的束

缚，人自然会放松很多。于是便有了各种各样的借口上课迟到，甚至不来上课。

课程学习难→这世界上没有不会遇见困难的事。

不想背单词→单词你都不背，何谈学习一门新语言？

可是他们不曾想过，坚持下去或许就会是不一样的结果。

不管做什么事，最怕的就是三天打鱼，两天晒网。兴趣爱好可以促使你去学习新的知识，但长期坚持却需要自控力。

我的德语课程学费是自己挣钱付的，每次课程学习，都觉得一定要对得起支付的这些学费。2014—2015 年这一年里坚持学德语，**不管是刮风下雨，还是外界的诱惑，都不能够阻挡我坐公交车穿越大半个城市去学习的心**。

四、放弃那些无用社交

工作本来就辛苦，下班后不如和朋友吃饭、聊天、看电影，好不容易到周末了，不能睡懒觉还要上课，也不能逛街……

于是便和三五好友相约，一起吃喝玩乐，把学习这件事抛到九霄云外。可是你有没有想过，这样一学期下来，自己收获了什么？有人说收获了友情，收获了一堆物品。可是你想过没有，只需把那些吃喝玩乐 1/3 的时间花在学习上，一个学期下来不仅收获友情和物品，更是收获更多有用的知识。或许这些知识当下看起来没有太多作用，但将来某一天，一定能够帮到你。

在学德语时，周末总是接到朋友们邀约的信息，而我都一一回绝了，和他们阐明之后，大多数朋友都表示理解。不是我不想出去玩，也不是我不想放松，而是我明白当下有更重要的事情要做。我可以抽其他时间和他们聚会，但一定要留出部分学习的时间来给自己。真正的朋友，也会理解你的选择而不是抱怨你怎么又不出去。每个人都有一段忙碌而难熬的时光，你要坚持，相信会有胜利的曙光出现。

人总是趋向于去做那些简单不费脑的事，而去挑战自己时都会考虑成本和精力。放弃那些无用的社交，学会静下心来去认真学点东西。

五、欲速则不达

"他比我厉害，我进度好慢啊！"有人私信问我类似的问题，比自己厉害的人都学得更多，自己也想快速学习达到和他们一样的水平。

《论语·子路》里说："无欲速，无见小利。欲速则不达，见小利则大事不成。"古人很早就总结出来的道理，急求快反而不能达到目的。每个人的学习能力、时间管理方法不一样，不

要和别人比,而是和过去的自己比。现在的自己是否更优秀？哪里还有不足的地方？如果每一天和过去的自己比都是在成长、进步,那就说明方向是对的。

有人为了追求挣更多的钱,忽略了身体健康,到最后挣来的钱都花到医院里了;有人为了获得快速学习技巧而到处打听收集资料,可到头来发现那些踏实努力的人超越了自己。

水静则清,人静则灵。

在这个浮躁的时代里,我们更需要静下心来专注做点什么。

学德语的目的:初中无意中听到德语歌,想学习德语在心里萌了芽。到了大学和不同国家的人交流,渐渐发现自己对德语、法语感兴趣,于是便制定目标先学德语,学好了再学下一门语言。

很多知识、技能都是出于兴趣爱好而学,因自控力、执行力而坚持下去。每个人都有自己的时间管理方法,不一定非得按照某个人的方法去实践。在看过相关资料和案例之后,总结出适合自己的方式才是重要的。

我不是学霸,只是有自己的目标,也愿意花时间去努力。

训练你的自控力、执行力

为什么大多数人觉得自己每天都过得很忙，却不知道自己在忙什么？又该如何改变这样的情况？

你之所以觉得忙碌，但是不知道都忙了些什么，是因为没有做计划，也没有记录自己做过哪些事情。如果你准备个本子认真记录一天中做过哪些事情，自然也知道时间都花去哪儿了。例如你的忙碌，是忙碌在逛淘宝、刷微博、朋友圈？还是忙碌在工作、加班上？还是忙碌在不停和朋友聊天里？

我过去给身边迷茫的朋友这样建议，在他们仔细分析忙碌的原因之后，归纳总结忙碌的原因大概是这几点：(1)工作时间里任务太多，不知道先执行哪一个，导致效率低，一直在忙碌。(2)在业余时间里受工作负面情绪影响，不想学习，于是花更多时间去抱怨和吐槽。(3)听说某某淘宝品牌打折了，于是立刻打开淘宝去逛，不知不觉下班后一个晚上的时间就没了。**其实并不是忙得不可开交，而是不知道时间花在了哪儿，也没有意识到自己的自控力和执行力差。**

自控力和执行力可以通过训练慢慢培养，你愿意与我一起改变吗？

一、想要自控，先学会戒掉手机

手机在我们生活中已经成为一个离不开的工具，谈戒掉又谈何容易？别急，你只是需要在一小段时间里戒掉它，不使用就好。例如当你需要专注时间学习时，可以先尝试把 WiFi、网络信号关闭，手机调震动模式。如果这样还不行，那就把手机锁在抽屉里并把钥匙放在视线范围之外。

许多人会说不看手机的话错过了消息怎么办？**微信、QQ 等消息统一时间回复，重要的事情打电话或发短信通知。**同样，如果对方真有急事找你，不会通过微信而是会直接打电话给你。之前你设置的震动模式在这个时候就起作用了，不会错过真正有急事的电话，也能够控制自己玩手机的时间。

许多人在工作、学习过程中，总是不经意间就点开手机，也许只是想看一看时间，但是不知道怎么就玩起了手机来。解决这个问题很简单，准备一个闹钟或者一块手表就好，这样自己的学习状态就不会受干扰。

当你把学习任务完成时，就可以把手机拿出来啦。

二、延长当下满足时限

一个很著名的案例：研究者给幼儿园的小朋友发糖果，第一种方式是每人可以获得一颗糖果；第二种方式是每人可以获得两颗糖果，但需要等待一段时间直到下次工作人员出现。研究者们发现，选择第一种方式的小朋友长大之后自控力没有选择第二种方式的小朋友强。**因为他们懂得延时满足，懂得控制自己，之后就能够获得更好的奖励。**

当你想玩手机、看电视剧时，不妨尝试去延时满足自己小小的欲望。不断告诉自己去学习，学习任务完成之后再奖励自己享受的时间。

三、约束、调整自己

自律即自由，许多人听过无数次这句话，却依旧做不到自律。自律的范围很广，你可以从学会约束自己三件事开始。例如闹钟响一次就起床、每天晚上 12 点之前睡觉、不吃垃圾食品。用我前面讲过的打卡奖励、惩罚自己的方式去实践，直到 100% 完成目标为止。

约束自己，上课时间不玩手机，上班专注工作时不看微博、微信，不聊天。这样你能够节省下来许多时间，让自己更专注。

学会约束自己并坚持下去，渐渐就会克制住更多的欲望了，随着自我约束能力的增强，也就渐渐变得自律。我写日记这件事一开始也是受老师的约束，被迫形成习惯的，但是当我真正习惯每天写之后，有一天突然不写了确实会感到不适应，不需要别人提醒、监督，我也会坚持做这件事，这就是自律的表现。

四、知行合一

王阳明提出的"知行合一"理念，就是提高自己执行力的一个好方法。许多事情、道理我们都明白，可就是懒得去实践、不屑一顾。想要做的事情就写下来，然后列提纲分解目标，一一去执行。有想法、创意，别让它们只停留在你的脑海里，先记录下来再去思考它们可执行的程度。**不拖延，今日之事今日毕。**

我自己是那种闲不住的人，但不一直都在忙，会调节自己。该忙的时候忙，该放松时会放松。如果是一份工作带给你太多的忙碌，并且没有太多有意义的事情的话，可以考虑是否需要换工作。如果是业余生活太过于忙碌，不知道在忙什么，那就一点一点分析，并用时间管理法改变自己。**知道自己把时间花在了哪儿，自然才能找到应对的方法。**可以准备一个小本子，规划好自己每天的时间安排，根据我前面写过的相关时间管理办法对症下药。

学会记笔记，分类使用本子

离开你的学生时代之后，是否还坚持在使用传统的笔记本和笔写日记呢？又或者是记录每个月的读书笔记。似乎工作越来越忙，而学生时代认真看书学习的时光却一去不复返。

是否想过重新拾起以前丢掉的好习惯，从分类使用本子开始，认真地记录生活，对知识进行整理分类。见过许多人的笔记本里各个科目的内容都有，还见过用笔记本打草稿的学生。这样做其实并没有起到帮助你学习的效率，反而让你的复习过程变得烦琐。**如果你想提升学习效率，就要学会记笔记的方法，以及正确地分类使用不同的本子。**

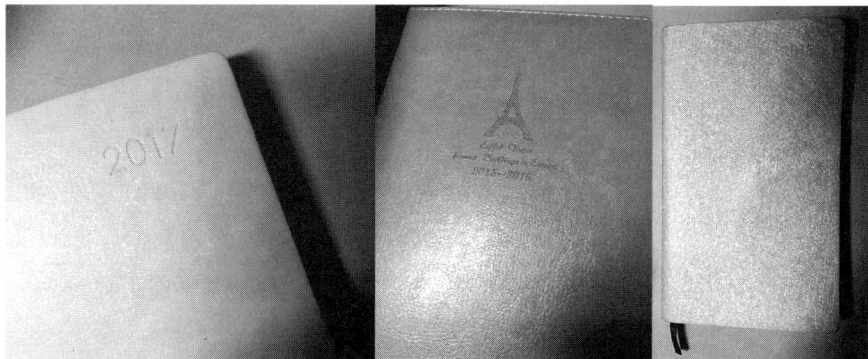

一、时间管理本

市面上有许多种类的时间管理本，可以根据自己的安排来选择适用的本子。我自己使用的是日程本，每天、每周、每月的计划都能够一一列出来，每月开头都有一个小日历，方便记录一些日常的信息，例如，某月某日是朋友的生日，某天早上 9：00 的会议等。

推荐大家使用纸质版的，如果使用手机时间管理软件，自制力差的人很容易分散注意力去玩其他的软件。

使用时间管理本，能够让你每天的生活井井有条，也能够随时提醒自己需要做什么样的事情。

二、梦想清单本

你可以称呼它为遗愿清单、梦想清单、一生的愿望等，只要你拥有梦想，并愿意去实现，都可以把那些梦想一个一个列入里面。

2010年的时候，我在自己一生的愿望清单里写过：至少要学会除英语之外的两门外语、开一家自己的公司、学摄影成为摄影师、至少要乘坐一次热气球、玩一次跳伞、出版一本书……

而现在，2010年的愿望清单里，一些愿望已经实现了，另一些正在实现的路上。梦想清单看似不容易实现，其实它和你的潜意识是相连的，你想要成为什么样的人、想做什么样的事，你的潜意识就会在日常生活中收集这些信息，然后努力朝这个方向前进，这就是为什么"念念不忘，必有回响"的原因。把梦想写下来，然后有目标地分步骤去进行，比一直停留在脑海里要好，而且更容易实现。

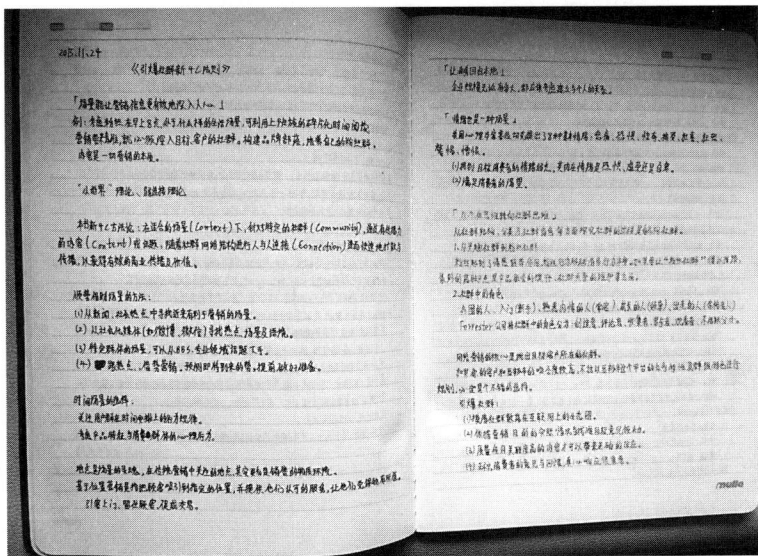

三、读书笔记

是否觉得就算看过许多书，过段时间也忘记了里面讲什么内容？"读万卷书，行万里路"没错，可我们不能忽略读书的质量。不想再忘记书里的内容，你需要整理自己读过的书，建立自己的笔记系统。

市面上有读书笔记本卖，当然你也可以自己动手用空白本做读书笔记。有的人喜欢做书籍摘要时写上出版社、购买日期、阅读时间等，这些都可以根据自己的喜好来收入到读书笔记中。还可以给书籍打分，评判自己喜欢的是哪几本。一个页面里，左边写书籍摘要，右边写读书笔记。

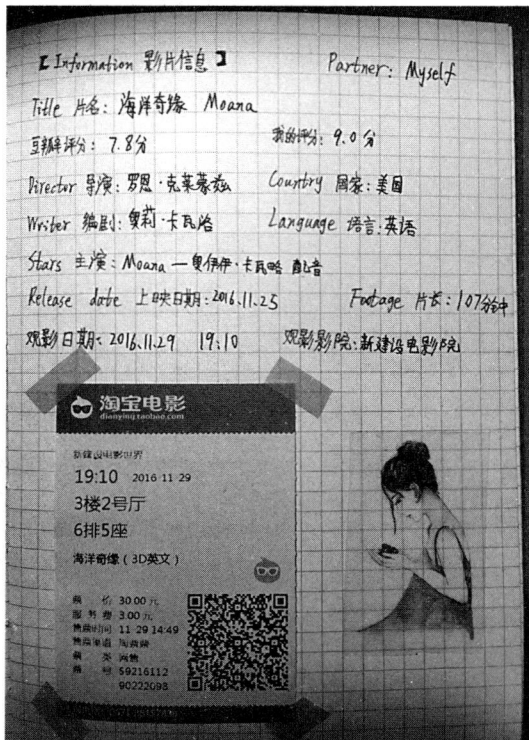

四、观影笔记

喜欢看电影的你不要错过做观影笔记，就算写不了专业的影评，也算是对自己看过的电影有一个认真的记录和回顾。

以前的自己，看过许多电影却都渐渐忘记了里面讲什么故事，和谁看的，在什么地方更是不记得。除非是我非常喜欢的电影还记得一些片段，可我发现这样的感受并不好，当你的朋友在兴高采烈讨论一部你们都看过的电影时，你想半天却找不出适合聊的内容，因为你全忘记了。

我今年开始给看过的电影做笔记，认真记录。里面大概的内容是这些：左边部分写影片名称、导演、编剧、演员表、上映时间、观影时间地点等，右边写影评。影评不规定自己写多少字，只要有所感悟就好，或者就记录一些喜欢的台词。

有次在网上分享我的观影感悟，竟然获得许多赞，这让我感到很意外也很开心。没有专业的影评，但在不断记录这个过程里，我确实学会欣赏电影，然后从中领悟一些道理，是个不错的开端。

五、任务清单

这个本子是为那些突然而来的任务准备的，有了它，就不用担心任务太多而不知道从何做起，也不用担心会遗漏任务，它们都按照不同的重要程度记录在本子上。这也是为什么我一天内能够做许多事情的秘密，管理好你的时间，管理好你的本子，自然就会高效。

你可以自己动手做一个这样的本子，画四个象限。当你把本子上的任务一个一个完成时，成就感也会油然而生。

其实本子不在于多，而在于你如何使用。我出门会随身携带一本很小的本子，临时用。也会带一支笔，能够记录下我转瞬即逝的灵感。当然不只这些本子分类使用，只要你有喜欢学习的某方面知识，都可以专门留一个本子给它，认真记录你学习的过程。

学外语，保持一颗从零开始的心

"我该怎么学日语?""我是先学英语还是法语?""背单词出现困难了怎么办?"还有太多类似的问题,我每天都会在网络平台上收到。**我不能替你们做选择**,你得对自己负责。

想学外语是一件好事情,可是你们认真想过一个问题吗? 当你呱呱落地时,开口学说母语有没有人告诉你怎么办呢? 没错,那时的你是从零开始学说话,并且带有强烈的好奇心。

其实人的潜力是可以学会说好几门语言,只是当你长大了,要做的事情越来越多,学语言的精力便越来越少。**不仅是学外语,学其他的知识也如此,在整个学习的过程里,一定要保持随时从零开始的心**。

一、归零的初心

归零,从头开始。不管你以前学习成绩再好,或者过去取得很多成就,都把它们暂时放一边。学习一门新的外语、知识就是一个崭新的开始,保持谦逊的态度,一切从头学习。

初心,听从你内心的选择。你在纠结先学英语还是法语,先背单词还是先练习口语时,其实都是想要短期内能够成功,却忘记了自己的初心。当你仔细询问自己,内心真正想要的是什么时,就不会纠结了。

我有个朋友,刚开始学英语时特别有激情,到后面取得了一点小成绩之后就开始沾沾自喜,觉得自己英语特别好,不需要再努力了。于是在大学里逃英语课,不认真准备四、六级考试……结果到大三的时候他才发现,自己的英语水平已经落后了一大截,其他人已经顺利通过考试在找实习了,而他却在为四级考试而发愁。之前小小的优越感全无,因为他觉得自己已经不错了,到大学无须学英语也能过考试,但是他却忘记了,大学里的英语考试类型不同的,应该从零开始认真学习技巧,备战四、六级。

不论你学英语还是其他的语言,都应该随时保持初心,随时准备着"归零"从头开始的状态。

二、摒弃得失

很多学外语的人担心的无外乎是:自己付出的努力没有回报,怕学习过程走弯路,时间

太长、内容太难而无法坚持。

患得患失最不好，会失去很多的时间和机会。所有问题，归根结底，都是太浮躁，太过于追求快速学习能够带来名与利。生怕自己努力学了到最后什么回报都得不到，看着身边的人嫉妒眼红。

学习任何一门外语，最基础的目的都是为了能够看得懂、听得明白该语言的意思，进而才能够参加考试，获得相关证书和机会。

困难和弯路都是会有的，别怕。我初学德语的时候，记单词还要记它的词性：阴性（f. ／die）、阳性（m. ／der）和中性（n. ／das）＋单词。例如，der Aristokrat(-en,-en)贵族，是阳性名词，词尾（后缀）的名词为阳性弱变化，其重音在后缀上。相对英语来说，初学者突然冒出个单词分性别，还有强变化、弱变化，我觉得好难，背单词任务量又增加了。

我也犯过错误，也会把单词性别记错，但是这些弯路都是要走的。**没有谁 100％不会犯错，只有在不断的犯错过程里，你才能反思自己为什么会错，错了该怎么改正，以及以后如何避免犯同样的错误。**

曾想过那么难的德语，学好了之后能对我以后的生活有帮助吗？遇见困难时迎难而上，一路过关斩将，不要逃避。后面发现有时间去想为什么那么难、有帮助吗，不如把那些时间花在学习上，渐渐走上正轨之后，这些问题自然就消失了。

三、提问具体的问题

不管你是实体课还是网课，爱学习、爱提问是件好事。可是你们想过没有，大家都来提问我"如何练习听力""口语不好怎么办""四级怎么考高分"之类广泛的问题，你的老师能够快速就帮助你解决吗？

就像你去医院看病，和医生说"我感冒了该怎么办"一样，医生不知道你是风热还是风寒，还是肠胃感冒，也不知道你感冒几天了，医生是无法开一个具体处方给你的。

只有你提问具体的问题，老师才好对症下药。

提问之前，请先思考自己的具体问题，如果是类似广泛的问题可以看我写过的历史文章，没有了再提问。或者自己先总结好具体问题，例如，"老师你好，我今年大三，××专业，四级×××分，学英语的目的是×××。我的口语比较差，不敢开口说，但是词汇量有，请问我能够买什么教材（或者用什么 App）提高我的口语能力？"

越具体的问题，老师越能够快速帮你解答疑问。

在学习的过程里，与其问别人我该怎么练习听力、口语、写作，不如自己去寻找方法。不断尝试，给自己多练习的时间，慢慢地你就不会问别人而是自己找答案了。

去经历、去尝试。

四、学外语是一个循序渐进的过程

没有谁的学习过程里就能一步登天，需要循序渐进的学习和复习。我身边有个会说八国语言的学霸朋友，他已经年过古稀，并不是几个月就同时学会了各国语言，他也是用一生的时间在不断学习、不断进步的。

学生时代，从初中开始一直到大学都有英语课，算起来每个人学习英语的时间断断续续也有十年了。你看，十年的时间看似很漫长，却贯穿在你整个成长的过程里。你担心没有时间学，其实是担心几个月能不能掌握一门外语，却忘记了每一门语言的学习都是循序渐进、脚踏实地来的。

用一年的时间学外语有可能吗？当然有可能。

给自己定一个目标，不要给懒惰找借口，每天坚持学习，每天进步一点点，一年后也可以学会一门新语言，怕的是你没有坚持下去的心。

我的英语老师告诉我：学习就是个漫长的赛跑，有的人刚开始跑得慢却稳步前进，有人跑得快却跑着跑着就累了停留休息。你想做第一种人还是第二种人？心里有了答案之后，便会知道自己该怎么做。

我小时候一直很喜欢的中国女排在夺得第三届世界女排冠军后，袁伟民教练告诫队员们：一切从零开始，把冠军丢到脑后重新研究战术、研究打法。正是这种归零的心态才使女排取得了五连冠的殊荣。

曾国藩说："未来不迎，当下不杂，既往不恋。"这也是一种归零的心态。

亲爱的读者，从决定学新知识、新语言的那时起，把过去获得的一切成就都暂时摒弃吧，像孩子学说话一样，归零，从头开始。

投资学习的钱都会赚回来

有一部分读者在网上提问我："丹妮，我现在想学一门新的语言，但课程费比较贵，又找不到好的自学方法，我该怎么办？""我还是个学生，没有太多钱，但是想学英语，我英语不好，请问我应该报班学习吗？"

大部分人开头都会提到一个"钱"字，以此为借口，说自己一直没有报班投资学习，一直没有进步。没有钱不是借口，大学生可以通过兼职挣钱，工作的人可以把每月收入分出一部分来做投资学习储备金。我不是富二代，大学时候也没有钱，工作后钱也不多，但我花在投资学习上的钱一定是舍得的。

亲爱的，年轻时候投资自己学习有多划算你知道吗？

我朋友 MOMO 当初报名学习了会计基础知识，非会计专业的她三个月努力了之后拿到了会计从业资格证。后来几年陆续的时间里，又报名学习了助理会计师（初级）、会计师（中级）、高级会计师（高级）等课程，严格要求自己和非常努力之后，一一拿到了相关证书。

而她现在可是在著名的会计师事务所里工作如鱼得水，并且职业发展得越来越顺利，现在ACCA 备考中。她当初在纠结要不要学会计，自己是非专业出身，怕比不过别人，也因学费的事情纠结过。我告诉她找好了目标就认真去做，不要怕，学习的钱是一定得出的，没有哪一门学习不费钱。但是现在，她当初投资学习的钱，都在以几倍甚至十多倍的收益回报给她。

我是如何投资自己学习的？

一、图书馆

每个大学都有图书馆，可以自行借阅相关感兴趣的书籍来看。对于大学生而言，这是个省钱投资自己学习的方法。如果你已经工作，可以去当地的图书馆里借阅杂志，甚至有空的时候多跑跑图书馆，在里面自习，图书馆很安静，学习氛围也好，比在家里学习高效许多。

我大学最喜欢的一件事就是业余时间泡图书馆，可以翻看很多喜欢的书籍，也受益匪浅。《简爱》《莎士比亚戏剧故事》《演讲的艺术》等英文原版书籍，就是在图书馆里借阅回来看的。还有一些关于英语学习、英语复习考试的书籍，以及我的摄影自学。

学摄影那段时间，下课了没有其他事，就自己跑到图书馆找一个角落，翻看《摄影之友》

《影像视觉》等杂志，还有《美国纽约摄影学院摄影教材》，没有人教我就自己琢磨，多练习、多拍摄，把照片传到一些摄影网站上和其他小伙伴互相交流、一起进步。

二、实体课程

以前读书时物理成绩不太好，请了老师帮忙补习，一段时间后物理成绩有所提升，比自己琢磨、做练习有效多了。不管你现在在准备英语还是会计考试，或者是其他的考试，建议为了备战相关考试的读者们，某一科成绩不好，一定要舍得花钱去补课，看似费用贵了，但成绩提升了就是在帮助你通过考试，让你尽快获得相关证书。

毕业工作后，我报名了德语实体的课程，每周末大家休息我就去上课。大家都知道，学习外语的费用并不便宜，少则几千，多则上万，对于普通家庭学生或刚毕业工作的人来说，是一笔不小的投资。但是你一定要舍得，没有钱了就想办法挣钱去，抱怨最无用。

我这样想，既然这门语言是这辈子一定要学的，现在也有机会、有条件学，那就多学点。拿着攒了两个月的工资，咬咬牙还是狠心报名了德语"0－A1"的课程，一个学期，每周六早上 9:00 到下午 16:00 的学习。

知识也不是等着有用了才学，而是学了之后发现有用的地方。

三、网络付费课程

关于网课，不管你是在校学生还是已经工作的人，都是非常实用的。网课可以随时随地学习，也可以在跟不上节奏时按下暂停，等这部分内容消化了再学习下一部分。相对于实体课统一的学习进度，网课可以根据自己的学习能力来调整学习进度。

我的"法语 0－B2"课程就是网课，每天跟着学习进度表走，以及安排好合理的学习、复习时间。网课虽然比实体课便宜，但是要学到一定程度也需要花一笔钱的。有人问我："免费的课程是否可以听呢？"当然可以，但是免费的课程大多是试听课，如果要进一步学习，也是需要付费的。

我现在学到了法语 B2 的内容，如果你对一门小语种感兴趣、不以出国留学为目的，建议报名网课的学习。如果是以出国留学为目的，建议报名实体课，相关机构在学习完了之后会给你开具学习证明。因为有的学校需要这个证明，表示你已经学习该语言达到相关课时数，可以申请到该语言国家的留学机会。

同样的适用于其他类型的考试，可以根据自己的条件，结合来选择到底是网课还是实体课。

跟着老师学习的效率，比你自己单独学习要高很多。省什么钱都行，投资自己学习的钱千万别省，要舍得投资自己。**这是一个尊重知识的年代，尊重每一个有才华的老师，有偿付费学习。**

四、每月固定买书

熟悉我的朋友、粉丝们都知道，每月我会固定买一些书，不管是纸质书还是 Kindle 电子书。

纸质书籍一般是购买列入每月阅读计划里的，以及一部分我想收藏的书。我平时在浏览各大网站时，如果有作者推荐的书恰好是我比较想看的，就会写在"本月读书清单"里，然后去网上统一下订单购买。

如果在实体书店逛刚好看到喜欢的，也会买下来。及时阅读很重要，不要等到图书打折、促销时再买。例如，我当初遇到时间管理的问题时，及时买书回来看，立刻就解决了，如果等到打折再买的话，估计那些问题会困扰我很长时间。

Kindle 电子书的内容则看得比较杂，有做美食、旅行、摄影、策划、英语等相关的书籍。例如，像《经济学人》这本英语周刊，付费购买了之后每周都会发送到我的邮箱里。建议有一定英语基础的读者们，有条件都可以看看这本原版的杂志，对了解时事政治、经济金融都有帮助，更是各大出国考试里经常会出现的阅读文章。

看完这些你会问："那现在的你，通过投资自己学习，获得的回报怎么样了呢？"

回报太多了，金钱上的回报也有，最大的回报就是：越来越优秀！

简书签约作者/自媒体/摄影师/咖啡师/钢琴十级/英、法、德语……**我成为一名斜杠青年，做着大多数人想做又不敢尝试的事。**

无论什么时候，都要舍得投资自己学习。短期内看似得不到任何回报，把眼光放远一些，让自己变得更优秀，拥有一技之长，你想要的金钱和回报，时间都会给你答案。你连投资自己学习的钱都舍不得，何谈要成为更优秀的人呢？

学霸都是逼自己前进

在你看不见的地方，总有人在悄悄努力。

钢琴十级、摄影、咖啡师、英语、法语、德语……说实话，不太习惯被读者们称呼为"学霸"，因为比我厉害的人还很多，虽然自己勤奋努力学习，也愿意静下心来专注做事情，我更愿意大家称呼我"行动派"。在从小到大许多人的印象里，学霸似乎天生就会学习，不管他们怎么样成长，都能做到上知天文，下知地理。

可是大家不知道"学霸"们都是暗地里在悄悄努力的。

一、学霸是如何养成的

（1）**学霸都是行动派**。我身边真正的学霸都是行动派，有了想法立即会记录下来，然后去执行。不管最后是否能成功，行动永远是第一步。许多人只停留在了想的阶段，就算真正执行时，也有大部分遇到困难就放弃。

（2）**有自己的时间管理方法**。有段时间清华大学的一个学生作息表在网上火了，因为对方给自己安排每天的时间都是满满当当，没有空闲。有人觉得这样要求自己很变态，没有了休闲娱乐的时间，当然也有表示支持，觉得不这样严格管理自己的话，也不会成为学霸。不管这份时间管理表是否能够被大家所接受，不可否认的是，学霸们都有自己的一套时间管理方法。每个人的方法不同，但是他们都会为了自己心中的目标不断付出时间，直到目标达成。

（3）**学习方法的总结**。他们善于总结方法，也能够随机应变，学会了解决问题的方法，换一个案例同样适用。在我学生时代的时候，许多人都是等着老师把方法、结论写在黑板上，但那些学霸朋友们，已经早就自己学习获得相关方法，之后做出总结。

（4）**10 000 小时定律**。相信大家或多或少都了解过这个定律，并不是非得达到 10 000 个小时，而是当你花费在某个项目上的时间和精力越多，你就越可能成为该领域的意见领袖、专业人士。学霸们不是不喜欢吃喝玩乐，只是他们懂得花时间在做自己感兴趣的东西上，也懂得专注带来的力量。

（5）**至少有自己擅长的一个项目**。学霸不一定是每科成绩都满分，但一定有自己擅长

的一个项目/板块。他们在毕业工作后，依旧保持着在该板块里的优秀。上学时的考试成绩是为了去更好的教育平台学习，而毕业后能证明自己依旧是学霸，至少会有一个擅长的板块，甚至多个板块。

二、学霸们是如何学习的

有人会觉得，学霸们都不轻易分享自己的"秘诀"，生怕别人超过他。其实不是这样的，就算有少部分不愿意分享，但大部分都乐意分享自己的学习方法。

A学霸是我的初中同学，成绩一直稳固年级前三，从未落下。每天除了课堂上的英语学习和练习之外，买了课外的英语杂志、习题来学习和练习。看似与提高初中英语考试成绩无关，但他是为之后能够达到更高水平而努力着。后来他考起了北京师范大学英语专业，毕业后按照自己的意愿成为一名优秀的英语老师。**知道自己的能力，目标也非常明确，剩下的就是踏实前进去实现梦想。**

B学霸是读大学时认识的，大学之前并不知道自己想要什么，为了高分而读书。某天豁然开朗，决定自己要朝金融方向发展，在课余时间开始自学金融相关的知识。也有想偷懒的时候，但是想想几年后达不到自己想要的高度，又咬牙坚持继续学习。后来跨专业考研，非常努力非常勤奋的情况下，考上了！后来他和我说："不掉几层皮，不经历最痛苦、黑暗的时候，不知道自己还有那么大的潜力。"

有一点需要说的是，当你身边都是优秀的学霸时，你也会很努力想成为和他们一样的人。

他们都是身边真实的友人，踏实努力又不失风趣。

三、学霸到底长什么样

是一副书呆子模样，然后带着近视度数特别深眼镜的样子？还是一副乖乖学生，背着沉重书包行走在校园里的模样？

这些只是传统印象里大家对学霸贴上的标签。不否认有这样类型的学霸存在，但现在也有越来越多的"有颜、会学又会玩"的学霸存在。

陈曦是我在今年做采访时认识的一位摄影师：多家机构厂商签约摄影师、会跳街舞、颜值高、美国名校研究生，更是游历过50个国家的旅行达人。每到一个国家，拍摄延时摄影还不说，还自己录制跳街舞的视频，就这样一路从中国游历到世界各地。大学就一路拿着奖学金走过，后面成为摄影师之后，更是靠自己的才华挣钱，实现心中的梦想。学习成绩好，又特别努力。

似乎从小到大就被学霸光环围绕，一路奖学金＋优秀成绩走来。但你不知道的是，他申请留学时困难重重，自学摄影时每天花费大量时间研究，为了拍一张满意照片在严寒中等一个晚上甚至更多，独自出去旅行时相机差点被抢……

采访过程由于有时差，他尽量配合我的线上采访。在答应的时间节点内发送采访稿需要的摄影照片过来，整个过程里没有任何的傲气和不屑。态度特别好，而且很谦逊。

许多人羡慕他，说他活成了大部分人想要成为的样子。

不是富二代，只是他愿意一步一步努力达到自己想要的高度。没有任何成功秘诀，靠的就是拼到底的精神。

四、与其说有天赋，不如说后天努力

灵儿是一名北大毕业的女生，在毕业之际有幸收到了哈佛大学肯尼迪学院的录取通知书，开始了她的研究生学习生涯。许多国际政治名人都是出自该学院的，很多人羡慕她的学霸光环，觉得她是有天赋才能考上北大，进而去哈佛读研。

而大多数人不知道的是，她从小就付出的努力。

当大家在小学放课后玩耍时，她已经在学习更多的知识了，家长并没有逼她学习，而是引导她。家长告诉她，要想以后成为优秀的人，就必须自律、严格要求自己。一次偶然的机会，让她接触到外国交换学习的机会，后来她发现自己喜欢和不同的人交流想法，也不会胆怯和陌生人沟通。回来之后就逼自己学更多英语知识，立下了想当外交官这个梦想，当然我更愿意称呼它为目标。

大学以前只是把大部分时间花在了学习上，也有自己的兴趣爱好，但是她绝不是死读书的类型。考起了理想中的大学之后，参加各种各样社团，丰富自己的业余生活。也是在此期间，认识了许多厉害的人，和他们一起交流前进。见过奥巴马夫人并交流，陪同过联合国副秘书长工作，在国务院实习过……当自己越来越优秀的时候，便可以和优秀的人愉快地沟通交流。

掌握学习的技巧，但更多的是需要自己努力练习才能获得高分的。太过聪明的人会依赖他们的聪明，觉得只需要稍微努力便可达到理想状态，殊不知天赋只占一部分，后期努力才是大部分。

许多人给自己的懒惰找借口无外乎是：他比我聪明、他有天赋等，所以学习好。

谁天生就是学霸？还不是逼自己不断前进。

天赋极好的人是少部分，大部分人成为大家公认的"学霸"，靠的都是付出更多倍的汗水和努力，才成为了学习达人。

学霸们不是有天赋，而是他们明确自己想要的是什么，并分阶段一步一步去完成，他们相信行动的力量，相信自己能做到。

学习
就是要高效
XUEXI
JIUSHIYAO GAOXIAO

第四章
成为"斜杠青年"的步骤

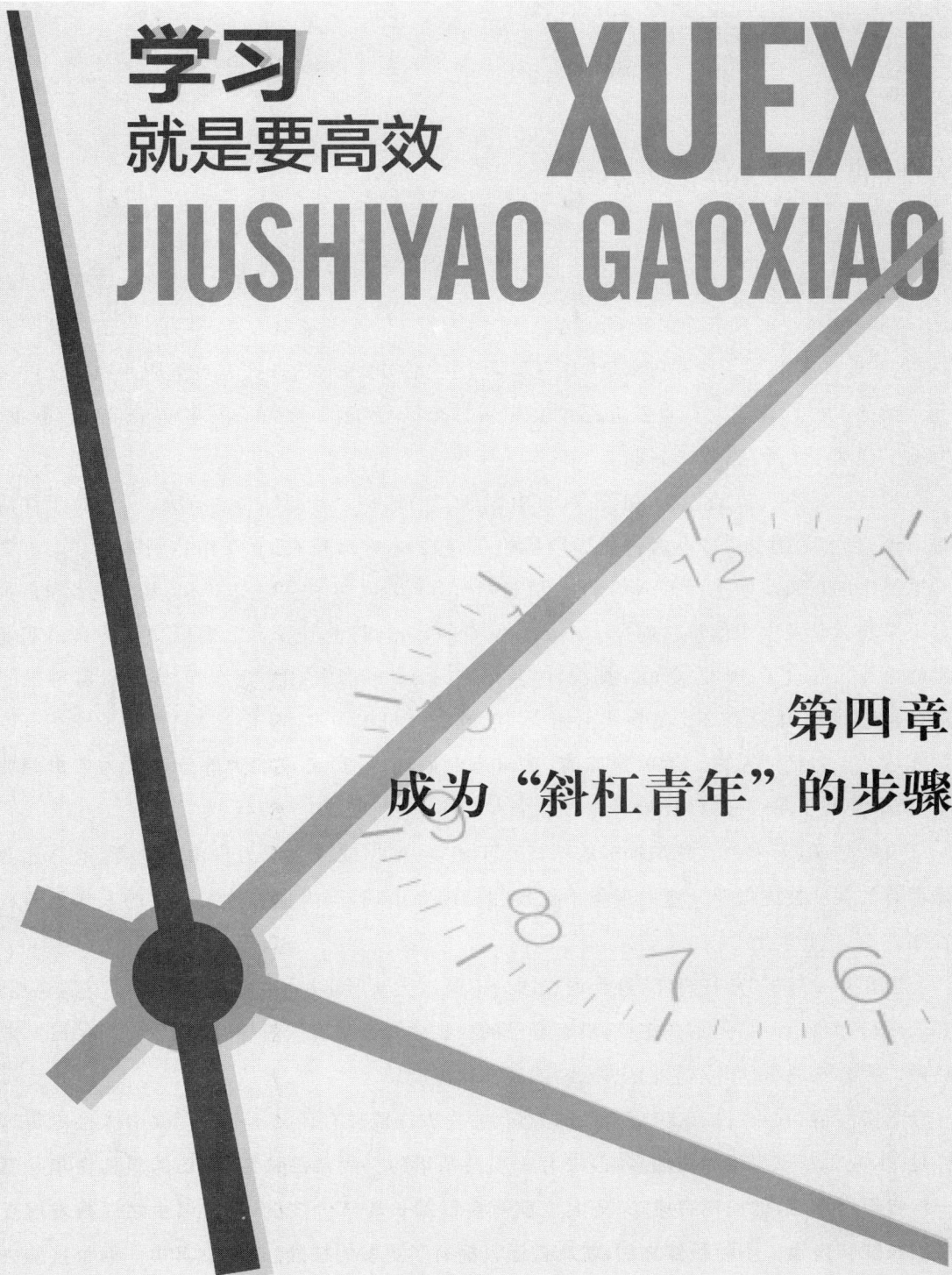

斜杠青年，痛苦并快乐着

"斜杠青年"来源于英文 Slash，出自《纽约时报》专栏作家麦瑞克·阿尔伯撰写的书籍《双重职业》，指的是一群不再满足"专一职业"的生活方式，而选择拥有多重职业和身份的多元生活的人群。这些人在自我介绍中会用斜杠来区分，例如：赵薇，著名演员／导演／歌手，"斜杠"便成了一个人的代名词。

据百度百科提供的数据：在美国，自由职业者的比例已超过了 5 300 万人，希拉里在演讲时说，目前美国自由职业者占职场数量的三分之一，并有望在 2020 年达到二分之一。在全球最大的自由求职平台 Upwork 上，目前就已有近 400 万家企业和 1 000 万求职者在该平台上发布招聘及求职信息。而据 Upwork 发布的数据，目前其平台上进行交易的自由职业者的总收入超过了 10 亿美元。据统计，美国在 2014—2015 年间，远程工作数量就增长了 27％，每 5 个人中就有 2 个是在线上完成了工作。有机构预测，未来全球自由职业市场规模可能达到 3 万亿元左右。**这就意味着，在未来的职场中，员工可能大部分都成为自由职业者，而非受雇于单一一家组织。**

也就是说，未来会有越来越多的斜杠青年出现，他们或许会成为自由职业者，或许还会靠拥有的某项技能创业。这一现象不仅仅在美国会出现，国内也有越来越多的人成为斜杠青年。

近几年来随着"斜杠青年"这个词在国内不断被大众所了解，也出现了褒贬不一的观点。有人觉得"斜杠青年"是不务正业，没有自己的一技之长。也有人觉得"斜杠青年"挺好的，能够做许多喜欢的事情并靠它们来挣钱，或者获得成就感。

其实"斜杠青年"没有错，靠自己的知识、才华去挣钱没有什么不妥。只是有人会觉得这样是"术业无专攻"，虽然技能多，但没有一项最精华的。**我自己认为，真正的斜杠青年是有一份自己的事业，他们没有成功、成名之前有自己擅长的某个技能，靠它谋生之后再发展更多的技能和兴趣。不断积累之后，就比普通人拥有了更多的技能，也能靠其中一两个技能去赚钱或在该领域里有一定成就。**

在"斜杠青年"这个词还没有在中国流行起来之前，我身边的朋友就已经是一名货真价实的斜杠青年了。

　　我身边最早成为"斜杠青年"的是一位认识许久的哥哥,从小我就觉得他和其他人不一样。高中时候除了日常学习之外,他经常看一些关于旅行的文章,也喜欢通过运动增强身体体质。当我在高中为高考而努力学习、不断做题时,他读大学利用兼职的钱开始背包自由行以及学摄影。每年放假回来都能听到他分享在路上的各种趣闻见识,让我好羡慕。而等我读大学开始背包行的时候,他通过工作挣钱去实现潜水、攀岩、爬山的心愿,并利用业余时间开始学金融的知识。依旧继续着一边工作一边旅行的故事,不同的是足迹开始遍布世界各地。

　　看过非洲大草原上野生动物群迁徙的壮观场面,也去过印度的垂死之家做义工,在土耳其乘坐热气球,在澳洲玩跳伞……一边旅行一边拍照,之后把图片卖给图库也能有一笔收入,给相关的旅行杂志投稿赚一部分旅行费用。

　　后来,他辞职了,成为一名真正的斜杠青年,利用自己学习的技能赚钱。

　　开了一家青旅,来自世界各地的人都可以在他这里分享故事。他也分享自己的故事,通过做不同行业的事情、整合行业资源来实现财务上的自由。有客户找他拍纪录片,也有客户找他写文章,之前所学的金融知识在自己的创业项目上也有一定的帮助。

　　其实这个职业的出现并非偶然,而是社会发展的必然现象,也是进步的体现。这种进步使人类摆脱"工业革命"带来的限制和束缚,释放天性。

　　我问他辞职以后最大的感触是什么?

　　他说现在虽然过得挺自由,自己的生活状态也是很多人理想中的样子,但是压力也大。失去了所谓的"稳定",甚至有时候会有上顿没下顿,但是获得了相对而言的自由,不管是精神上还是财务上。

　　也许是受身边的人影响,也许是自己骨子里有那份热爱自由的心,2016年里我也尝试了一段时间的"斜杠青年"生活。

　　大学以前学的钢琴和英语,大学里学过的摄影,以及不断在坚持的写作,在公司里有做新媒体、淘宝运营的经验,都对我成为"斜杠青年"有帮助。

　　在2016年上半年里,我尝试身兼数职:英语老师/中文老师/供稿者/摄影师/淘宝店主……

　　身边许多人不知道我在忙什么,是因为压根就没告诉大家我在做的事。

　　我教外国人说中文、教中国人说英语、教学生弹钢琴;给杂志供稿写文章、卖自己的摄影图片;开淘宝店,贩卖一些自己设计的包包,也卖大众喜欢的包包……

　　这段斜杠青年的生活确实挺自由。不过我对时间管理很严格,每天、每周、每月的工作任务都会量化,自己要达成的目标以及如何分解它。也遇到了很多困难和瓶颈,那些辛苦的过程不多说,都是通往自由路上的垫脚石。

有人问我，做一名斜杠青年容易吗？

非常不容易，不是许多人想象中那样睡到自然醒、数钱数到手抽筋的生活状态，而是每天在不断思考要如何用自己的技能去赚钱，如何不断提升自己。

我有时忙到一天接三个活计，跑了整个城市，也有时着急的项目突然来，于是加班加点做出方案来给客户。没有周末，没有固定上、下班时间，一个不小心你有可能渐渐就习惯没有规律的生活，导致更多的问题……

斜杠青年最多的是时间，最难控制的也是时间。一旦失去了公司里的规章制度束缚，你需要的如果没有强大的内心和抗压能力，没有强大的执行力，不要轻易尝试斜杠青年的"自由生活"。

如果想要成为斜杠青年，并靠那些技能去谋生，首要目的就是解决温饱问题。如果你连存款都没有就毅然辞职去当斜杠青年的话，成功的概率非常低。如果自己没有一技之长，也没有足够的抗压能力，我不建议大家辞职去靠斜杠青年技能谋生。

其实，你并不需要通过辞职去成为一名斜杠青年。**你可以一边工作、一边努力积累，渐渐也能成为一名正能量的斜杠青年，甚至靠其中的一个或多个技能去兼职挣钱。**本章的内容，结合身边真实的斜杠青年朋友案例，以及自己的亲自经历，详细告诉你如何成为一名斜杠青年。

找到自己兴趣所在，悄悄行动

　　许多人忙碌了一辈子，到最后不知道自己真正喜欢的是什么，想要的是什么。也有一部分人，他们目标明确并不断为之付出努力，直到目标开花结果。寻找自己的兴趣这个过程，有短暂几天就找到的，也会有花了很长时间才知道自己兴趣的。摩西奶奶就是后者，她 77 岁才开始拿起画笔，在 80 岁高龄时办了一场个人画展。其实不管什么时候找到兴趣所在都来得及，无关乎年龄，坚持下去才是关键。

一、如何才能发现自己真正的兴趣爱好

　　闭上眼睛，仔细想。**抛开金钱因素，你目前最想学的是什么？** 例如学摄影、学绘画等，那个你当下最想学习的便是自己的兴趣爱好。我自己上小学以前，一直都不明白自己的兴趣爱好点在哪里。家长看到其他家孩子学跳舞，于是就送我去学跳舞；过了一段时间，看到有孩子去学书法，又给我报名了一个书法班；然而这些都不是我真正喜欢的，学习一段时间后便没有坚持下去。直到我看到学姐的钢琴表演，以及聆听许多钢琴曲之后，对钢琴这个乐器非常向往，希望自己有一天也能演奏它。

　　初心只是能演奏一些喜欢的钢琴曲，那时候并没有想过靠它去赚钱。

　　就算你现在已经是一个成年人，没有自己的兴趣爱好不丢脸，只要在平时生活中多用心观察、体会，有一天总会发现的。

　　做你真正想做的事，而不是赚钱的事。我身边有许多创业的前辈，现在都过得不错。而他们最开始的创业都是出于热爱某个行业的某领域，而不是看到哪个行业赚钱，就跟风进去哪个行业。也只有在一个行业内渐渐积累，才会拥有更多资源和人脉，去做更多事情。兴趣爱好本来就是最好的老师，乔布斯就是最好的例子，因为热爱，所以专注。把毕生精力都放在了苹果相关产品的研发里，也正是因为这份热爱和专注，才会创造出苹果公司奇迹般的销量。

二、什么样的兴趣爱好才是能够长期坚持的

　　没有外界的干扰，发自内心真正想学的。父母强迫学习的爱好，一般到最后都不会坚持

下去，因为违背了自己的意愿。我的一位高中同学，自从考过钢琴十级之后便不再碰钢琴一下，他曾经和我说过，有段时间想把家里的钢琴给砸了。因为父母从小就逼迫他学钢琴，每次练琴都有阴影，非常抗拒，他唯一的目标就是赶快结束这场可怕的噩梦，把父母心中想要的钢琴等级证书赶紧获得，而且每到节假日亲戚上门拜访时，父母总强迫他要当着大家的面弹奏钢琴，他内心感到非常痛苦。考完钢琴十级的那天，他和父母大吵一架，把这些年来的痛苦全发泄出来。虽说他这样和父母沟通的方式不对，但直到现在大学毕业工作后，他都没有再碰过钢琴。

所以在选择自己想学的兴趣爱好时，千万要听从自己的内心，不要受到外界的干扰。

拥有自己的一个兴趣爱好，且不说以后是否能靠它成为斜杠青年，就算不能靠它赚钱，也能够陶冶情操。**当忙碌的工作和巨大的压力弄得你心烦意乱时，这项兴趣爱好就能帮助你调整自己。**

三、为什么要悄悄行动

当你找到自己的兴趣所在，并利用时间管理方法去分解执行时，不必张扬，悄悄行动就好啦。

微信朋友圈里总能见得到一类人，他们致力于喊口号：今天发健身状态，发誓从今天开始要健身拥有好身材，可是过不了几天又能看到他们胡吃海喝的照片。坚持不下去之后，过段时间又换一个新目标，那就学英语吧，可这一次依旧没能坚持几天，最终放弃。**真正想做一件事情，从来都不是喊口号，而是有了目标就默默耕耘，直到实现为止。**

你开始学习一门外语、一项技能，切记不要到处宣扬，只需踏实前进就好。如果你让太多人知道了自己的计划，但实际却没有按照预期目标实现，别人或许会认为你是一个意志力不坚定的人。至多告诉身边的几位好朋友或家人，他们是你亲近、信任的人，在你坚持不下去时，能够鼓励你、支持你。

悄悄努力有什么好处？就算最坏的结果是你没有完成目标，也不会有居心叵测的人来嘲讽你。相反，当你目标完成时，会获得极高的成就感，没错，你已经挑战自己成功了。此时宣告大家也会赢得一片掌声，让大家看到你变得更优秀。

兴趣爱好转化为职业甚至是事业，需要日复一日地重复大量枯燥训练，大部分人很难坚持下去，在这个过程里难免会产生想放弃的想法。你需要审视自己，斟酌是否真的需要靠它谋生。其实不把它当职业也挺好的，每天工作完回家之后，可以做点自己喜欢的事情。

找到那件你喜欢的兴趣爱好，并坚持下去，这就足够了。

"专注"的力量

人的一生中不会只有一个兴趣爱好，我们会在不同的阶段想发展不同的兴趣，你需要做的就是每段时间都保持专注，达到一个你觉得满意的程度为止。

兴趣爱好太多怎么办？先专注学好其中一个。

一、专注做一件事

想做一名斜杠青年，想靠自己的技能去挣钱，别忙着辞职，也别忙着羡慕别人在云端飞来飞去的生活，好好把你手头上能做的事情做好再说。如果你想成为一名作者，坚持每周都阅读新书籍获取灵感，然后坚持写作，分享有阅读价值的文章。如果想成为自由摄影师，就每天抽空学习摄影知识、抽空去练习拍照。10 000 小时定律大家都知道，可是真正能坚持下来的又有多少呢？坚持二字，说起来容易，做起来难。

心里有想成为斜杠青年的梦想，可是实际行动却是一件事都做不好。那就先把这个梦想放一放，不妨让我们专注一些。

专注能够带给你行动的力量，你有限的时间和精力在一段时间内都不会被分散。收到过许多人留言说担心自己现在学习某项技能为时已晚，不知道该不该学。其实他们担心的不是时间晚，而是怕自己短期内无法学会，更无法靠它去赢得掌声、一定的金钱甚至升职加薪的机会。**心中的杂念越多，就越无法专注做好一件事**。摒弃掉什么都想要的想法，一心一意做好眼前事。

当你能够专注做好一件事时，相信你未来也能够做好更多事。

二、学习过程中的断、舍、离

不论是生活还是学习，要学会断、舍、离，才能够更好地专注在自己心仪的事情上。以前的我总是喜欢买许多小杂物，凭感觉买，从来不考虑它的实用性，可是到后来我发现那些看似有用的东西就在不经意的时间里占据了我房间的空间。天啊，怎么会有那么多我不需要的东西出现在房间里，我都浪费了多少钱。那些东西丢掉又舍不得，但是留着又不知道有什么用，最后的结局是大多东西都被我送人了，只精简留下那些真正适合自己的物品。

专注学习过程亦如此，有太多我们不需要的东西需要舍去。有读者和我说要同时学法语和西班牙语，我劝对方还是先专注把一门外语学好，至少根据自己的需要学到一定等级水平。例如，是 A2 日常生活交流水平，或者是 B2 准备出国留学的水平。专注学一门新外语期间，就不要想着同时再学另外一门新的外语。**要先舍，才会有得。**你可以把想学的语言、技能都列入一生的愿望中，然后分阶段去实现。

三、分阶段专注

谁都不是一步登天成为一名斜杠青年，而是分阶段、有目标地去专注做好每一件事。在大学里想到的首先是要实现经济独立，而拥有一项自己的核心竞争力是最好的选择，当然你能够拥有多项核心竞争力就更好了。由于大学业余时间里我对摄影非常感兴趣，于是便专注于做这件事。想要靠这个本事去挣钱？坚持至少一年以上。那些摄影师、摄影大师们都是在不断练习拍照过程中，渐渐形成自己的风格被大家所认可的。他们一直在坚持摄影，无论刮风下雨，甚至是用生命在摄影。在我学摄影的时候，一开始没有任何人指导我、教我，给我任何的意见，只能自己上网查信息，看图书馆资料、杂志等。

脑海里也没有想立刻就学会这项技能，只是想着自己一天一天在进步就已经很开心。到后来明白光圈、快门、白平衡等专业词语的意义，也学会在不同场景下调整它们的数值来让照片整体色彩到后来越来越好。**其实当你专注做一件事时，心里就不会有太多杂念，也能够把这件事做得更好。**

学会摄影这项技能之后，我已经大学毕业了，之后才开始学习德语、法语。而学钢琴，也是花费了好几年的时间才学成。你看，成为一名斜杠青年拥有各种各样的技能，外人看来觉

得很酷炫，但其实每一项技能我都花了很长的时间去学习和坚持。

想成为斜杠青年并没有错，但一定要有一项自己的核心技能，而专注学习能够让你拥有它。无论你是否用它去挣钱，这项核心技能都会成为别人认识你的关键。专注学习一项技能必然需要大量时间，但不要怕浪费时间，其实最浪费时间的是三心二意的学习。今天学跳舞，遇到困难了就放弃，明天学画画，觉得每天都要练习好累，于是也放弃，长期这样三心二意是无法学好的。

无论你现在有几岁，自我提升这个过程伴随着你的终生，并不会因为年龄大了就结束。不要被年龄限制，去挑战自己，不断专注学习。

增强执行力，克服拖延

自律人士身上都有的特质：执行力强、做事不拖延。这些特质不仅仅体现在工作上，也体现在生活方方面面中。他们真的是天生就拥有这些特质吗？并不是，许多都是靠后期训练而成。

我刚开始接触摄影时，人像摄影圈子里的摄影师们总是在抱怨没有时间修照片，抱怨自己太忙了，每天到处去拍照，又没有助手帮忙。但事实是，那些抱怨的人没有合理安排自己的时间，也没有强制规定自己每周要修多少套客人的照片。他们大多做事只是凭感觉来，有感觉的那天就多修点照片，没感觉就不修了。这样做事的方法和态度不对，特别是当你把这件事当成你谋生的手段时，必须讲究效率。如果你耽误的订单越来越多，在业界内就会形成不太好的口碑，而人像摄影这个行业是靠口碑吃饭的。

不管你现在是学生还是工作人士，都需要去增强自己的执行力，它们对你在工作、学习、生活中都会起到非常重要的作用。

如何增强执行力、克服拖延呢？

一、找出那些浪费时间、精力的事

要想克服拖延和增强执行力，首先得明白是哪些事情浪费了你的时间。在笔记本或者电子表格里，统计出自己每周玩手机、刷社交 App 的时间，你会发现就是这些不经意的事情浪费你太多的时间。谁都有惰性，休息的时候躺在沙发上玩手机总比站起来去健身运动要有更多诱惑力。我自己的手机里没有下载任何游戏，不是没有玩过，而是因为玩过，知道它有多浪费时间，所以清楚它对我而言没有任何实质性的提升，反而浪费时间和精力。玩游戏也是一部分人浪费时间、精力的一件事。例如，你习惯晚睡晚起，经常早晨醒来都是先玩一会儿手机再起床，那就要找出并改掉这个拖延的习惯。

二、养成良好的生活、工作习惯

克服拖延，从养成良好的生活、工作习惯开始。村上春树在他的书里写过：当他成为职业小说家，所做的第一件事就是早睡早起，彻底地改变生活状态，清晨 5：00 起床，晚上 22：00

前睡觉。

早起和晚起之间间隔的几个小时，可以用来高效处理许多事情了，阅读、健身、写作等都可以进行，只要你喜欢的事；而晚睡，对身体健康而言是不益的，如果你能够做到早睡早起，每天精神状态也会比之前好很多。这也是战胜拖延的一个方法，从一件小事做起。

我刚毕业第一份工作是人力资源管理，负责招聘的我每天早上都要打 50 个以上的电话通知面试者，并做好每天打电话的 Excel 表格记录。而这些事情都必须在一个小时内完成，也就是说，我每个人的电话最多只能用 1 分钟的时间来讲清楚公司、面试时间地点、需要准备的材料等，然后再用 10 分钟的时间把电子表格完成。

三、做好那些重要不紧急的事

人生中的一切美好，都是由重要不紧急的事情组合而成的。 但许多人在心里认为提升自己很重要，但不是最紧急的，今天可以提升，明天也可以提升，所以不断再往后拖延时间。学外语很重要，但是心想学习时间长又困难，不如今天晚上去胡吃海喝，日复一日告诉自己，我明天可以再学的，没事。下班后不想准备会计相关考试，觉得备战过程漫长且辛苦，虽然是很重要的事，但是还有两个多月的时间，不紧急，慢慢来。于是你就形成了一种惯性思维，每到看书学习时就特别抵触，甚至感到厌学，长期下去这些重要不紧急的事情就被你拖延到无期限。

我知道学习这件重要不紧急的事对许多人而言很困难，这个过程里需要花大量的时间和精力去学习、记忆，也会做许多枯燥的练习。但你要想到达新的高度，成为更优秀的自己，就必须克服种种困难。**在成长过程中，每当我们到达一个新的高度时，面临的压力和挑战就越大。** 而大多数人只停留在对流层，这里的气流很稳定，环境也很舒适，但平流层会有更多美好的风景。要想达到平流层，需要经历许多的风雨。

那些看起来光芒四射的人，他们都做好了许多重要不紧急的事，成为更优秀的自己。你也可以通过一步一步实践，成为那类人。

photo by xDn

四、有好的想法就去做

许多时候我们都会有很多不错的想法，但大部分人选择了只让它停留在脑海里。你需要做的就是，先不管是否真正能够实现，但不要让它们停留在脑海里而是去实践。去年有一位朋友和我说她想创业，找我聊聊。听完她的想法之后我觉得不错，便告诉她可以回去写一份详细的商业计划书，我给身边创业的长辈看看是否有合作的机会。她兴高采烈回去之后却无下文，过了一段时间我问她写好没有，她和我说她不知道该怎么写，我告诉她可以去网上查找资料，看看适合自己的案例学习一下。不一定非得要写得特别好，但至少你得去行动才知道怎么写。

又过了一段时间我问她，依旧得到答复是没有写好。原本我已经准备着把她介绍给身边的创业长辈认识，但她一直在拖延这件事，导致无法推进，最终错失了最佳时机。**没有谁的创业之路一帆风顺，也没有谁敢说 100% 会成功，但不管我们是否创业与否，心中只要有好的想法就应该去做。**有灵感就立刻提笔而记录下来，哪怕是几句话也无妨，总比你让它停留在脑海里被渐渐遗忘强。有想学的课程就立刻去学，不要等到学费涨价了又感叹当初报名了多好。

我有一位和我年纪相同的摄影师朋友，不仅学习好年年拿奖学金，而且他在大学时已经是各大机构、厂商的签约摄影师，而他是非科班出身。别人觉得是他天赋好，其实不知道他成功的原因除了努力练习、学习之外，就是有想法就去执行。看天气不错想去拍一组风光照就立刻做计划安排，想去学跳街舞就写到人生计划本里，然后分解到每周。是的，他现在年纪轻轻却已经环游过 50 个国家，每到一个国家除了摄影之外，还会记录一段他在那个国家或城市跳街舞的视频。他过着许多人羡慕的生活，却也比许多人更拼、更努力。

五、利用好"2 分钟和 5 分钟"

别觉得 2 分钟短，也别觉得 5 分钟不能干什么，一分一秒的时间都不要浪费。有许多事情其实是我们 2 分钟以内就可以搞定的，例如，起床、回复消息/电话、倒垃圾、打开一本书准备阅读……闹钟一响就起床，节约出来的赖床时间就可以吃早餐；统一用 2 分钟的时间去回复当天早上、中午的消息，就不会受到突然而来的消息打断工作或学习；不管你是否能够坚持阅读，但你打开书的时候就已经在行动，总比你脑海里一直想着"我今天要读书，但我没有时间，怎么办"要好。

2 分钟以内能搞定的事情就尽量当场搞定，不要拖延和累积。我发现许多人说事情多处理不完，都是由许多烦琐和简短事情组合而成的，由于堆积得太多，到最后不知道应该开

始做哪一件，就像家里太乱不知道该从何开始收拾一样。许多简短事情其实在第一时间里解决掉是效率最高的，如果你累积到后面，又需要去重新思考这件事，浪费了一些时间，而且还会有重复劳动，甚至原本只需要 2 分钟完成的事情，拖延到最后却花了两三倍的时间去完成。

俗话说"万事开头难"，许多人就被这个"难"字给吓倒了，而迟迟不肯去给事情一个开端。或者总是想着等万事俱备时才会开始这件事，殊不知已经浪费了许多时间，甚至会错过许多好机会，而且随着拖延时间越来越长，热情也被渐渐消磨，想行动的欲望越来越弱。

如果你不想去行动做一件事，不妨给自己 5 分钟的时间去开始。心里想着只是试试看，实在不行再停下来休息就好。例如，今天晚上不想去跑步了，不妨就告诉自己只跑 5 分钟，5 分钟以后不想跑了就回家。但实际你穿起跑鞋出去的时候已经不止 5 分钟了，好不容易跑一次，至少要跑得久一点对不对，就算累了可以休息下再继续跑。

每次我不想写文章的时候就会这样做，打开电脑然后告诉自己，只写 5 分钟就好。哪怕只写了几句话，到后面不想写了，也总比没有去执行这件事强。写着写着就会有一些新的想法加入进来，不知不觉就写完一篇文章。**可别小看这 5 分钟，它能帮助你实现从"不行动"到"行动"的突破，打开你的行动模式。**不断克服拖延，就是在行动的路上。

拖延并不是一种病症，它只是人性的一部分。我们不需要惧怕它，也不要觉得自卑，而是需要正确对待，学会改掉拖延的习惯。学霸也是有惰性的，人无完人。我们需要在有惰性、想拖延的时候去把这些念头抛弃，利用正确、有效的方法行动。毕竟，打破原有的模式去行动时，最困难的部分就已经完成了。

学会合理分配金钱

斜杠青年不是用来炫耀的，而是当你学会的技能、知识越来越多，你就成长为一个更好的自己。谁说要像明星那样的人才能算得上是斜杠青年的？**成为斜杠青年的权利人人都有，但你需要知道的是，除了需要发现自己的兴趣爱好，专注学好它之外，合理分配你的金钱，也是成为斜杠青年重要的一部分。**

为什么呢？成为斜杠青年需要学习一些技能、知识，这些都是需要花钱去学习的，就算你不报名相关的培训班，购买书籍学习也需要花钱。并不是要你在某一时间内花费大量的金钱去学习，而是要学会把收入的一部分用作学习资金。

"月光族"里有不少都是把金钱花在除学习之外的地方，我身边还真有这样的女生。她大学里做模特兼职挣了一些钱，可这些钱她并没有花在学习、自我提升上，而是毫无计划地购买化妆品、衣服、包包等东西。大学毕业后她依旧将这个爱好进行到底，选择了一份稍微轻松的前台工作，然后继续兼职当模特，每月的收入不花完不买够东西就觉得不爽。我给她一个小建议：把一部分钱投资到学习上，下班后可以学一门新技能，为以后的自己增值。可惜她没有放在心上，大学毕业两年后，她所在的公司意外倒闭了，她也因此而失去工作。由于这两年里在工作上没有太多的技能提升，她没办法去更好的公司工作，而同龄人里那些在工作上不断提升自己的人，职位和薪水都在不断上涨。就算有一天公司倒闭了，他们也能够靠自身的本事去找下一份工作，而且和上一份工作职位和收入都不会相差太多，甚至越来越好。

我读大学时兼职挣的钱，分配一部分在学习资金上，另外一些分配到旅行经费里。学摄影除了第一台单反相机是父母出钱给我买的之外，后面设备升级换代都是自己挣钱买。当时网络上还没有相关的摄影课程，就出钱去买道具、买书籍来学，也会去图书馆看书。我就靠自己学会的这项技能，在以后的日子里挣到一些生活费。**合理分配你的金钱非常重要，而把钱投资到自我提升上，是一项低成本、低风险、高回报的投资。**

一、投资学习

不要觉得等自己工资高了再投资自己学习，这是个误区。许多毕业生刚毕业的第一年

是最难熬的，更准确来说，是前半年时间，如果你在一座陌生城市工作，房租将成为你工资分配的一项大开销。除去租房和吃饭之外所剩的钱已经不多，那这个时间段里是不是就不投资自己学习了呢？并不是。

在刚毕业这个阶段，你只需要把工资里很小的一部分拿出来购买书籍学习就好。**而且是选择一些工具书、干货书，你需要了解职场、了解如何自学等内容，来不断提升自身的工作水平。**在中国买一本普通的书籍价格是 30～50 元，如果有打折还会更便宜，就算你一个月只买一本书回来看，一年也只花费 360～600 元。每个月拿出这部分钱来投资自己学习，经济压力也不会大。如果你连这小部分投资自己学习的钱都舍不得出，还谈什么逆袭人生呢？

随着你工作经验和能力的不断提升，你的金钱收入也会上涨，这个时候你可以考虑把学习的钱投资到一些相关培训课里。例如，你是会计出身，那就投资学习一些会计类的课程，然后努力考更高级的证书。证书只是能力证明的一部分，但拥有这些能力资格证之后能够给你带来更丰厚的回报。

二、投资健身

健身不是非得去健身房，其实在家里也可以完成。不要觉得在家健身就是为了省钱，更不要和朋友、同事攀比办了多贵的健身卡，健身不在于场地，只在于是否能够坚持。许多人办了健身卡之后，一年去健身房的时间不超过十次，因为脑海里总想着一年时间很漫长，今天不去也无妨。就这样长期给自己找偷懒的借口。

我刚毕业时也很穷，根本没有多余的钱去办一张健身卡，但这并不妨碍我健身。自己买个瑜伽垫，再买一些居家也能用的小型健身器材，就在家里跟着网络视频健身。有人说没有专业教练指导，你会有动作不标准。这个阶段我没有进行一些特别难的动作，因此暂时没教练也无妨。**无论你在家还是在健身房，健身的首要目的是让身体健康，其次是拥有美好的身**

材。只有身体健康了，你才拥有更多去拼去闯的坚强后盾，我们需要拼搏，但更需要一个健康的身体。

后面手臂上渐渐有了肌肉，精神也越来越好，重要的是身体比以前更健康了，该有的线条也有了。当你学会一些基础的健身知识之后，可以考虑购买相关网课或者去实体健身房里健身，无论哪一种方式都没有贵贱之分。

我很欣赏的一位女性创业者是王潇女士，她在忙碌工作之余也依旧坚持着健身，并且还创办了关于健身周边产品的品牌。优秀的人都那么注重身体健康，舍得投资在健身上，我们更应该努力去拥有更健康的身体和美好的身材。

三、投资值得学习的人

那些值得学习的人，或许是你的长辈、朋友甚至是陌生人，把一部分金钱投资到他们身上，你会收获到更多的东西。如何投资呢？你可以请他们吃饭、找个地方喝喝茶或饮料，借此机会多和他们交流；也可以送他们礼物，不需要太贵重，心意到就好，例如一本书、一本时间管理本等，根据不同人的喜好而制订送礼计划。

不要吝啬这一笔钱，你不需要每月都投资，只需在你觉得需要的时候投资即可，也不会是一笔大开销。你和他们交流的过程中能够学到更多的东西，例如商业经验、写作方法、学语言技巧等，而且有些收获到的东西在市场上是你花钱都买不到的。

我每个月都会列一个"见面清单"，把这个月里想要见的人都写在上面，然后一一约时间会见。请他们吃饭或者找个地方坐下来聊天，几个小时的时间里我能收获到许多意外惊喜。不同行业的人有我要学习的不同技能，和销售经理学习他的销售之道，和创业的人学习创业经验，和教育培训的老师学习如何把学会的东西传达给别人……

我一直都觉得，不要去嫉妒比你优秀的人，而是应该向他们学习。他们不是完美的，我也一样，但在不同人身上我都能学习到想要的东西，这就足够了。想要成为什么样的人，想进什么样的圈子，就努力朝他们看齐和学习。

这里只是重点投资到自我提升上的一些金钱分配方法，你还可以学习投资理财，让钱去生钱。在此不做过多介绍，大家可以去网上寻找一些投资理财的书籍学习。

这些投资都有助于你的成长，而且在未来会给你带来许多意想不到的回报。不要再当一个买买买狂人了，从此刻开始，认真规划自己的金钱，学会成为金钱的主人，投资到不同自我提升的领域中。

找回失去的动力

一个人如果长时间保持着高压的状态,会突然没有动力,因为压力太大了,就像气球一样,突然爆炸,突然失去了动力。许多读者说,没有动力的时候会来看我的微博、写过的文章,看完之后便有了动力。那我没有动力的时候会怎么办呢?唯有自己给自己鼓励。

有段时间我觉得做什么事情都没有意义,并不是失败感,而是处于非常高压的状态,想停下来休息一会儿却又不敢停。而许多人之所以感到没有动力,是因为没有找到一个努力的目标和方向,又无法改变现状。

我每次没有动力的时候,会用这些方法把动力找回来,希望它们也能对你有帮助。

一、看看想成为的那类人的资料

你想成为什么样的人呢?是在商界里的成功人士,还是教育界里杰出的老师?每个人心中想成为的人不一样,但既然你心里有一个闪闪发光的偶像,就要努力向他们看齐。虽然不一定能够达到甚至超越他们的成就,但他们会是你前进路上的一个强大动力。

会说八国外语的周总理是我的偶像,我羡慕他能够用毕生精力去学外语。钢琴家理查德·克莱德曼也是我的偶像,我欣赏他几十年如一日坚持弹钢琴成为"家"的这个过程。于是我暗自把他们定成了心中的目标,每次不想奋斗时就想想他们,去查阅他们的资料。**你可以把偶像的照片、经历等打印下来,然后贴在书桌前,提醒自己随时保持自我提升,去成为那类想成为的人。**

我自己就是这样,以前不想写作业了就抬头看看他们的资料,又默默低头继续把手里的作业写完。**人都是有惰性的,不可能像机器一样一直保持着高速运作,张弛有度,才能够在漫漫人生路上修行得更好。**每次心里这样想着,只要不断努力保持稳步前行,就会离这些偶像的境界更近一步。

二、出去走走,看喜欢的风景

高压力、高强度的工作环境,时间久了难免会让人产生生活不过如此的想法。但其实生活有很多种,我们无法改变现状,但是可以抽空去过不一样的生活。**体验过不同,会更容易**

找到自己喜欢的、想要的是什么样的生活。

有人会在一开始就和我说："我没有钱出去走走，怎么办？"有钱就去周边或者外省、外国旅行，没有钱就在目前的城市走走。没有钱没关系，怕的是你没有那颗想努力挣钱的心。

就算你没有钱，可以花两元的公交车钱坐车到城市的彼端，或许你会遇见一座公园、一片空地等，这些都是你放空自己的方式。远离了高压力的环境，去感受神奇的大自然，压力只是暂时的，一切困难、挫折都会过去，认真感受生活并活在当下才是最重要的。

如果有时间和精力，在经济能力允许范围内能够走得远一些，你可以感受不同地方的文化风情。旅行的意义不在于你去过多少地方、拍过多少照片，而是在于这个过程里你的所见所闻，能够帮助你成为一个更好的人。你不会因为一件小事而纠结，也不会和朋友因为一点小矛盾就让友谊的小船说翻就翻。

多出去走走，寻找自己奋斗努力的动力和意义。不想做一只井底之蛙，就要大胆跳出原来的小圈子。

三、逛街，但不要随意买买买

理性消费是前提，在你没有动力的情况下，去逛街吧。

你甚至可以不买任何东西，就去那些喜欢的品牌店里看看也好。我不倡导过度消费，也不倡导品牌至上，一件物品，不管贵重与否，适合自己才是最重要的。在逛街时发现一件你垂涎已久的物品，或许它只是很普通的一件衣服、一套书籍，但对你而言就是特别的。你会发现这就是你奋斗的动力，努力学习、努力工作和挣钱，就是为了能够在未来某一天买下自己喜欢的物品，不要在意旁人怎么看，只管努力奋斗就好。

遇上自己喜欢的物品，并不是让你当下就要买下它即刻享受，而是给自己努力奋斗的动力，去想象自己通过努力挣来的钱买下它、拥有它的场景。然后回去为了实现这个目标继续努力。你甚至可以看父母喜欢的东西，然后在心里默默许愿，通过努力一定要拥有它并亲自送到父母手中。

我自己没有动力的时候，就会去看看家装店，以及一些喜欢的化妆品、服饰等店铺。看到那些精致的家装物品，质量好又美丽，这就是我理想中想要的温馨舒适的家。于是就告诉自己，你要努力，为了以后能够过上更好的生活，你值得过更好的生活。女生或多或少都会喜欢一些化妆品，在适当的年龄用适当的物品就好，买自己能力范围内的，会更有动力去奋斗。男生可以去看看球鞋、运动器材等喜欢的东西，甚至是一辆汽车，不管怎么样，都要为之而努力奋斗。我不提倡自制力不强的人超前消费，这样只会让自己过多背负着还债的重担。

切记不要和别人攀比，不然会受到太多物质欲望的控制，而变得渐渐失去了初衷。不要

成为物质欲望的奴隶,而是要成为它的主人。

四、打电话给好朋友，约出来见面聊天

也许现在暂时没有动力的原因是学习、工作上的烦恼,也有可能是长期憋屈着许多话没有说出来。这个时候打电话给你的好朋友,没有钱请对方吃饭也可以找个喝饮品的店坐下,甚至可以约在你们家。

不要觉得没动力是一件丢脸的事情,所有人都会遇到这样的情况,这只是人生中的一个小小低谷,只要能够走出来,一切都会变好的。

如果不是有必要的话,尽量不要打电话给父母诉说你没有动力的情况。大多数情况下,这样做只会让父母更担心你,特别是独自在外奋斗的年轻人。这个时候打电话给好朋友,只要讲出来就会好许多,也能够让他们帮你分担一些压力。真正的好朋友不会在你最低落、困难的时候丢下你,当然你也要感谢那些在你最困难时帮助过你的人。

好朋友开导你之后,你的状态就会比从前好很多,也更容易找回以前的动力。

五、阅读或跑步，灵魂、身体总有一个在路上

没有动力的情况下,尝试着去跑步或者阅读书籍吧。给自己树立一个跑步的目标,每周跑多少千米。一开始尝试着慢慢跑、短距离跑,到后面渐渐给自己增加跑步千米数和时长。在你跑到快坚持不下去时,再多往前跑一小段时间,你会发现其实克服眼前的一些困难没有想象中那么难。生命在于运动,村上春树29岁开始写小说,怎么也算是大器晚成了吧,更何况是从33岁开始跑步,而他在跑步中渐渐找到了动力。"自律、专注、严格和节制。"这些品质正是我们需要的,不管做什么事,坚持最重要。

大学里有段时间我忙得不可开交,学生会、社团、兼职各种各样的工作任务,让我阅读的时间几乎没有,而那段时间正是我觉得不知所措的时候。不想如此忙碌,却又不知道如何开始改变,后来我的一位朋友建议我去看看书,重新思考自己想要的是什么。我买了几本喜欢的书籍回来看,在阅读过程中让我感到了心静,不再纠结于太多当下的烦恼,也学会了放弃一些东西。

后来辞去了学生会的职务、远离了社团活动,只保留了兼职,其他课余时间都专注于自我提升。当你明白内心想要什么的时候,目标也会渐渐变得清晰起来,也找回了奋斗的动力。

没有目标、没有动力,这些都只是暂时的情况,只要你调整过来,一切都会朝好的方向发展。想学什么就赶快去学,想去哪里就努力挣钱去,别怕来不及,拥有了目标,再加上行动,和过去自己对比你就已经成长了一大截。

我们一辈子总得做点有意义的事情,不断去丰富生命的厚度。

远离患得患失

人们总是在纠结要不要去做一件事，怕自己投入了大量时间和精力可最后没有获得好的回报，怕自己选择了一条漫长路程，甚至怕自己走弯路。想要创业却又担心创业失败，想做投资获得高收益却也怕高风险，于是你变得小心谨慎，虽然心里想着许多事却不敢去做。

曾经收到过许多读者在网络平台上的私信，都遇到过类似的问题。大概是有 A 和 B 两种选择，两个都有利有弊，不知道该如何选择和权衡，让我帮忙做选择。总是在患得患失，可是我不能替你们做选择，不管最终结果如何，你都要承受自己选择之后的结果。

成熟的标志之一，就是学会自己做决定。

或许你没有发现，在这样的患得患失过程中，许多机会都会悄悄错过。在纠结要不要报名一门网络课堂学习，担心自己没有时间学，担心学不好，终于下决心却发现已经截止报名了。到底要不要出去旅行，等想明白时已经错过了去一个地方的最佳时机，或者错过了特价机票。这些只是很小的案例，在创业过程里，如果你一直在纠结做不出决定，会失去合作机会、更多利润等。

成为斜杠青年不是短期内的目标，而是一个长期努力的过程，更不应该纠结到底要不要学一门技能。就算你以后不靠这门技能去谋生，但在这个过程里你也成为更好的自己了，并且越来越优秀，也是一件值得开心的事。

短暂几天内想要改变或许会有些困难，但你可以尝试下面几种方法，来帮助你做决定。

一、把你犹豫、纠结的事写下来

人的一生中都在不断做决定，小到今天中午吃什么，大到我要不要考研、要在哪一座城

市工作等。但买一本喜欢的书、吃一顿不贵又可口的餐饭,这些事你很少会纠结,是因为它们的"试错"成本非常小,在你自己心理能够承受的范围内。但是需要支付一定数目金额、承担一定风险时,人们往往就开始犹豫和纠结,生怕一步走错就无法挽回全局。

总是在脑海里纠结做决定的话,不如把那些事情写下来。你不一定写下来就会立刻做出选择,但它有助于你仔细分析选择的利弊,以及分析你能够承受多大范围的风险等。

(1)你当下纠结的问题是什么?(提出问题,一个一个罗列出来)

(2)为什么会一直纠结不做决定?(分析问题,列出具体原因)

(3)我能承受的风险范围是什么?

(4)最晚什么时候做决定?(给自己一个截止日期,帮助你解决纠结)

(5)完成这件事需要的时间。

在我没有辞职成为一名自由职业工作者之前,我也纠结过。担心辞职后没有了每月固定的收入会影响到正常生活,甚至收入不如从前;担心父母会不理解我,进而演变为反对我……

最晚一个星期内最后一天做出决定,不管是否辞职成为自由职业。

许多担心的事情一直在我脑海里不断重复出现,让我迟迟不敢做出这个决定。后来我把所有的问题按照上面的步骤都写下来,然后一点点分析。一直没有下决心的原因就是太多的担心导致我觉得这风险太高,而我自己其实是有一定存款的,就算最坏的打算半年内没有任何的收入,也能够支撑我房租、吃饭的开销。我也相信凭借自己的技能不可能半年内没有任何一笔收入进来的,那么就解决了风险问题。然后给自己规定了半年时间去靠自己的斜杠技能挣钱,半年后不管结局如何都先暂停,继续去学习商业领域的知识,准备未来的创业,这样就定好了时间节点。

就算到最后我失败是最坏的结果,但在这个过程中我也学习和成长不少。那你还在纠结什么呢?后来我开始制订详细的辞职后半年的自由职业计划,如何靠自己的技能去挣钱。

在此要和大家说明,不要轻易尝试自由职业,除非你有很大的把握能够保证自己最基本的生存,以及保证自己非常自律,否则很容易失败。

二、不给自己留后路

许多人之所以在纠结,总是会想着给自己留条后路,但有时候不留后路能够让你更果断去做一件事。

我觉得自由职业、创业这个过程是很磨炼心智的,你都没想到会有那么多困难,每天醒来总是担心第二天自己的小事业就会失败。**每天会遇到许多棘手的事情,没有人帮助你,只**

能自己硬着头皮解决。若是你想放弃，所有之前的努力都会前功尽弃。但也正因为这个过程，经历过人生中的低谷和许多困难挫折，你会变得更优秀，也会更拼。

自由职业那段时间，不善言谈的我许多时候都是硬着头皮给自己勇气去谈合作的。这个合作谈不下来怎么办？谈不下来就会损失一笔生活费，失去一个体现自己价值的机会。我不能给自己留后路，必须想办法去拿下这个合作订单，当然是通过正规途径。

不会再像以前那样因为一个小问题而逃避，而是来一个问题就解决一个，来一堆就解决一堆，直到解决完为止。

三、做最坏打算，尽最大努力

你有过没有收入一段时间吗？当然有，自由职业和创业都是一样，可能今天一笔钱进账，明天就会失去甚至还亏本，当然你也更能体会到世间更多的人情冷暖。**每次都告诉自己，做这件事最坏的结果是什么，然后拼尽全力去把它做好。** 没有订单的时候，我不是坐在家里等机会来，而是出去走动寻找合作的机会。有时候也会觉得真不如上班时候舒服，至少那时还有朝九晚五的生活，而现在休息日都在外奔波。但这就是有得有失，得到了相对自由一点的生活，肯定要付出一些代价。

我从来不后悔在自由职业那段时间里经历过的事，它们都对我现在创业有帮助。创业路上就像游戏里打怪物一样，越往后的关卡，你会遇到更多复杂的怪物。

许多企业家在创业初期，经历过许多困难挫折，也有太多次的大起大落，但他们一直都没有放弃创业的念头。

现在你做一个决定，或许和他们相比是非常小的决定。那就尝试着用前面写过的方法分析清楚之后，给自己做最坏的打算，然后尽自己最大的努力去拼搏。不要怕犯错，更不要怕失败，这些经历都会成为你前进路上的垫脚石。

四、追求长期回报

许多人在纠结是否做一件事时，是因为在短期内看不到太多回报，甚至在短期内是无法获得回报的。例如读书这件事，在短期内就是看不到太多的回报。许多人都在提问当下做哪一个行业赚钱、开发哪一种类型的 App 内容赚钱等，大家都在追求短期回报，却忽略了真正能够带给我们更多财富的是长期回报。

李嘉诚现在富不富？当然是非常富有，但他在年轻时是非常贫穷的，努力的他一边打工一边读书不断提升自己，是因为他在追求长期回报。**读书这件事能够让他接受更好的教育，获得更多的机会，但这项投资的回报周期很长。**

　　自我提升也是一项回报周期长的投资，许多人只看到眼前的利益而看不到未来的回报，于是在纠结要不要自我提升，体现在生活中许多方面上。例如要不要坚持跑步、要不要每周读一本书、要不要学好英语等，这些事情当下不做也无妨，对你的生活不会有太多影响；但若是坚持做下去，将来一定会成长为更好的自己。

　　对于那些能够让你获得长期回报的事情，不要纠结，尽自己的努力去学习、做好它即可。不慌不忙稳步前进，时间会给你答案。

　　冰冻三尺，非一日之寒。要想改变，首先学会向纠结说"不"，和过去那个患得患失的自己说再见，行动起来，去成为更好的自己。

"优秀"是一种可以培养的习惯

与其去羡慕他人的优秀,不如通过努力成为一个优秀的人。

成长的过程中,或多或少会听见身边有声音这样说:"优秀的人、富二代那么多,像我这样没有钱、没有背景的人努力了又有什么用?"

可是你却忘记了一点:优秀的人,也是曾经花了多少年才变优秀;富二代家庭通过几代努力,不断积累才有今天的成绩。

努力当然有用,只是自暴自弃的人最可怕。

大多数人觉得努力无用,是因为短期内他们看不到任何努力能带来的结果,于是便觉得努力无用。不断努力可以让你变优秀,前提条件是找对方法,然后坚持。许多人从来没有尝试过让自己"变优秀",他们害怕难、害怕失败,殊不知"优秀"也是可以培养的习惯。

对你而言,什么样的状态是优秀?

是每天坚持跑步 5 千米? 还是每天坚持写 800 字的日记? 每个人对自己优秀的状态定义不同,我们也没办法用统一的标准去衡量。因此,想要变优秀的前提条件是你得了解自己,什么样的状态对你来说是优秀的。

今天考 80 分、明天考 90 分和今天考 98 分、明天考 99 分(满分 100 分的情况下),和过去对比都在变优秀。只是前者的进步空间更大,而后者进步空间很小。

(1)明白自己的不足在哪里。你知道自己的不足,同时也想做点什么事情改变它,就有了想要变好的欲望。有自知之明并愿意去改变,你已经进步一大截,在变优秀的路上。人无完人,我们穷尽一生,只希望到落幕时能够过得精彩,少留一些遗憾。

(2)行动起来去改变。行动不是三天打鱼,两天晒网,更不是拍个照片发社交网络上说我要开始行动了,而是心中有目标,不断努力付出并坚持下去。有人问我:"工作了学钢琴还来得及吗?""我是两个孩子的妈,零基础现在学英语还来得及吗?"无论你现在是学生还是已经工作,任何时候行动都来得及,年龄不是行动的借口。

(3)战胜拖延这个敌人。懒惰是人类与生俱来的天性,我们并不是机器人,也有需要休息的时候,但休息过度,渐渐就变成了懒惰、拖延。要想战胜拖延这个敌人,就需要不断强迫自己去按时、按量完成既定目标。这个过程里会很痛苦,你会有无数次想放弃的念头,但是

当你战胜拖延时，就完成了一次蜕变，也会获得巨大的成就感。

如何培养"优秀"这个习惯？

首先，你要明白一点，参照是否变优秀的对象是你自己，而不是别人。只有和过去的自己对比，才知道今天的自己是否变优秀了，如果你选择和他人对比，有可能你没有努力的情况下就比别人略高一筹，也有可能你非常努力了可还是比不上别人优秀。只有和自己对比，了解过去的你是什么样，现在的你能够做什么去改变，才能够在将来成为你喜欢的那类人。

其次，从定一个小目标开始。不积跬步，无以至千里。不要小看"定小目标"这件事，它正是你变优秀的开始。例如，坚持 21 天每天早起。我相信这个目标是有一点难度，但是绝对不会给你太大压力，反而早起还让你每天都精力满满开始新生活、变优秀。**当你真正行动起来时，最困难的部分就已经完成了。**许多人战胜不了拖延，是因为没有明确目标，没有给自己下最后的通牒，他们往往都等待别人来给截止时间。

给自己制定一份时间长度表。要想完成目标，就得给自己制定一个时间长度表。一方面是为了督促自己坚持，另一方面也方便自己分解目标，在实践过程中不会感到压力特别大。这份表你可以用空白纸张画，也可以在电脑上绘制，根据自己的个人习惯来制定。

例如你可以制作成这样的格式，完成目标后可以打钩并写上花费的时间，按星期去计算，如表 4-1 所示。你还可以发挥自己的想象力，动手制作了这份时间长度表。

表 4-1　时间长度表

目标 ＼ 时间	星期一	星期二	星期三	星期四	星期五	星期六	星期日
早起英语听力	√ 30 分钟						
21 天跑步计划	√ 40 分钟						
每天睡前阅读	√ 20 分钟						

当你看到自己每一天的时间都分配在让你"变优秀"的事情上，也能够井井有条坚持实践下去时，就不会感到焦虑了。因为你正在发现自己每天正在以分钟的形式去变优秀，而不是一直让"变优秀"这个想法停留在脑海里。焦虑的来源是没有行动起来，随着时间的流逝，看到自己不但没变优秀，反而成为自己不喜欢的那类人。

完成一个阶段目标之后，再学会制定更大、更有难度的目标，然后分解。例如我在写书的时候，给自己定的大目标就是至少要写 10 万字，这个目标是在我坚持每周写 3～4 篇 3 000 字文章的基础上。写一本书不容易，三个月 10 万字的目标，分解到每天就特别容易实现了。这样我的压力也不会太大，每天抽空写，也能写得出干货来，而且写完了还有时间来修改。

有研究说 21 天可以改变一个习惯，但要想在某个领域成为意见领袖或者是非常杰出的人，需要的是长期的坚持和积累。而这个过程里存在着大量的枯燥练习，许多人都坚持不下去半途而废。这个世界上很多事情都遵循着 80/20 法则，想要成为那 20％的少数人，就要努力去挑战那 80％的大多数困难、挫折，才能够到达少数人的顶端。

21 天坚持做一件有意义的事，和以前的自己对比是一个小改变、小优秀。

长期坚持做一件、多件有意义的事，和过去的自己对比是一个巨大的改变、更大的优秀。

不管你变优秀的目标是什么，无论如何不要和别人对比，而是和过去的自己对比，如果有进步，就说明你没白白花费这些时间，已经变得比以前优秀了。

戒骄戒躁,向内寻求答案

"每次看到你非常努力学习就会有动力,可是和你相比就觉得自己好渺小,什么都不会。英语不好,也不会演奏乐器,我感到很烦躁,想要改变这样的现状,却不知道该怎么办。"每次在网上收到类似留言时,我会告诉他们:**不要向外寻找答案,而是向内。不要和别人做对比,而是要和过去的自己做对比。**

这是一个追求成功速度的年代,今天谁又获得了 B 轮投资、谁又突然成名,都在潜移默化地影响着我们的心态。我曾经也被它们影响过,在我刚开始在网络平台上写文字时,我总是很羡慕那些有粉丝、有转发评论的博主,感叹自己什么时候才会有这样的成就。

每次都花大量的时间去关注那些数字,只会让我无法专注写好自己擅长的内容。看到有什么热门的内容,大家就会去追热点从而获得一些关注和阅读量。

没多久我就意识到这不是我想要的,我想要的是给大家输出自己学习、时间管理方面的一些心得感悟,而不是去写一些热点事件来获得关注。

当我真正专注于自己擅长内容写作时,奇迹也在一个接一个地发生。不再去看其他人怎么样,而是关注着我怎么样,文章哪里不足需要修改的地方、排版是否简洁美观。

写过几篇关于外语学习的文章之后,陆续收到许多读者反馈说文章对他们有非常大的帮助。也有许多读者受我的影响,开始认真去学一门喜欢的语言。坚持不断写干货文章之后,那些文章也陆续被不同的大号转发,而这是我之前所羡慕的。不骄傲也不浮躁,继续保持更新文章的质量和频率,让我渐渐在网络平台里拥有越来越多的读者。而每次收到留言说我的文章对他们有帮助时,心里就会特别开心,也是促使我不断更新的动力。

我们总是在向外寻找答案,希望变得和别人一样,却发现方向越来越偏离,忘记了自己的初衷是什么。

答案,向外寻找不如向内寻找,不断询问自己你擅长的是什么、现在能够做的是什么。然后过段时间和过去的自己对比看看,是否有成长和进步,只要是朝正确的方向前进、有进步,那就是对的。

同龄人里,我算是考驾照比较晚的人。在我的家乡,许多孩子都是高考毕业后的暑假时间,只要年龄满 18 岁就把驾照考了。为什么呢? 这是一项技能,在未来生活中能够帮助你。

而我却到大四快毕业时才硬着头皮把驾驶证考了，不是年龄没有到，而是我害怕开车。曾经目睹过车祸现场，血腥的一幕让我一直难忘，心里总有个阴影不敢开车。

直到快大学毕业了，家长和身边亲戚不断在催促我考驾照，告诉我学成之后有什么好处，不学的话有什么弊端，最终我才不情愿去报名。一起学车的小伙伴年龄都比我小，还开得比我好，每次轮到我练习时都特别烦躁。为什么别人很快就学会的，我连个倒车入库都学不好？让我学外语、学乐器我可以学得很好，可是学车就不行，自己觉得很沮丧。**我一直在和其他人对比，却忽略了和以前的自己对比，已经是一个巨大进步了。**

我忘记了最开始自己连方向盘都不会用，忘记了自己不敢踩油门，其实与之前对比，在心理上已经克服了学车这个障碍。

后面教练和我说："你不要觉得自己能力不够，别和其他学员比。开车这件事讲究的是稳，只要专注好每一次的练习就够了。"

倒车入库，学会看车窗旁的镜子和后视镜，掌握好什么时候该打方向盘。每次其他学员回去之后，我又单独留下来再练习。我到现在依旧清晰记得，练习一段时间之后第一次不压线，步骤没出错的情况下把车顺利入库时欣喜的心情。**当你的注意力都不在外界，而在自己身上时，你会明白该怎么做、怎么练习才会有提高。**

学员里有一位早已学会开车的男生，每次练习驾车时他总是觉得自己技术娴熟了，不用再反复练习，于是一次结束就去旁边坐着休息。我一直保持着自己的节奏、速度去练习，渐渐竟然成为教练这一批学员里驾车技术最稳重的人。到后面教练夸我的节奏保持得很好，也没有像其他学员那样忘记打转弯灯或者忘记车启动之前按喇叭的。其他学员对我的进步很意外，来问我是如何做到的。我把自己的方法告诉他们，或许我这样是笨鸟先飞，但我只专注于自己的进步时，心态调整好确实有进步。

对于大多数人来说不难的考驾照这件事，对我而言是克服了心理阴影，挑战自己。最终以科目一100分、科目二98分、科目三100分、科目四100分的成绩一次顺利通过驾照考试。

这两件事情都让我深刻感受到：不受外界影响，不盯着别人进步的速度，而是专注于自己的成长节奏，不断向内寻找答案，会有许多意想不到的收获。

不浮躁，不焦虑，内心平静，然后保持稳步前进才是最重要的，与大家共勉。

学外语，根本不用拼智商

在我开启了人生中第四门外语（日语）之后，发现学语言会上瘾。有人问我：学一门英语都让人觉得头疼了，你是不是智商很高，可以记住那么多语言的单词和发音。还是有什么诀窍？

我没有什么诀窍，只是咬牙坚持，讲真的，学外语还真的达不到拼智商的程度。虽然我没有测试过我的智商，但我觉得大部分人的智商都差不多，除非你是那种过目不忘或者大脑特别发达的人。**学外语根本拼的就不是智商，而是坚持。**

一、学外语，先把听力练好

不拼智商，拼努力和坚持，首先从听力开始。

自己初中刚学英语时，其实是不喜欢的，因为觉得学一门外语好难，内心拒绝学习新的语言。后来是遇到一家外国人和他们聊天，渐渐开启了我学英语的这道门，发现了一个全新的世界。

我那时上学英语听力还是用磁带播放，大家上学都没有手机，更没有 App 听力可以下载，所以模仿英语发音完全靠听。一边不停回放课文内容一边模仿，直到觉得发音相似了为止。所以现在许多人让我推荐听力练习材料时，我还是首选推荐课本的内容。**你连课本的听力都没有熟悉、弄懂，还谈什么学习更高级的知识呢？**

为什么你身边英语口语好的人，听力也不会太差，秘诀就在这里。听力和口语都是相互作用的，但是听力好不一定口语好。想要练好口语，必须不断模仿才行。

二、外语成绩是怎样拉开的

外语成绩渐渐和别人拉开距离，是从你不愿意背单词、记语法开始的。背单词难，学语法也难，可是因为难就放弃了真的好可惜。我初中刚开始学英语时，最开始背单词是被老师逼迫着，每天都要听写单词，写不出来就罚抄。我可不想被罚抄，所以每天都会花时间去记单词。但是有同学不愿意背，而且罚抄过程也没有用心背，只是去完成抄写这个动作。

在你上课思想开小差的时候，同龄人已经记住了几个语法知识；在你放学回家玩游戏时，同龄人已经用这个时间背完了一个单元的单词。差距就是这样一点一点拉开的，某一天

考试时你会发现，对方的外语成绩已经超越你一大截，而你还是在原地踏步。

不想背怎么办呢？每次我都告诉自己，背完了这批单词我就可以和外国朋友更顺畅地沟通交流了。 因为每次打开邮箱看到我的外国朋友写的长篇邮件时，我都觉得好想看懂是什么，而不是一直都看不懂的状态。

三、你还达不到拼智商的程度

凭许多人学习的状态，还达不到拼智商的程度。 许多人抱怨自己学习成绩不好，抱怨自己没有天赋，却不曾真正为了学习努力过。我上学的时候，每天晚上 22：00 下晚自习，晚上回去还有一堆作业要做，而为了省时间给充足的睡眠，我会在课间休息时就把一部分作业完成了。非常努力去做练习题、学各科知识，也能够保证成绩的稳定。

如果你拿出高考时候的拼劲，我相信你学任何一门外语都不是问题。当时我们班里有个男生，高中前两年大部分时间都在玩，没有花心思好好学习。高三的时候拼了命地补习之前学过的知识，在后面的月考里成绩一次比一次好，但是他说好后悔之前没有好好学，现在才领悟。**大部分人的智商相差都不会太大，非常相似，成绩的好坏，考证是否能通过，最终拼的是你努力的程度。**

不要出什么问题都怪智商不够高，学会承认自己不够努力，没有什么丢脸的。知道不够努力之后，就要花比之前更多的心思去努力。

四、学习根本就无捷径可走

考试作弊、办假证，这是无法避免的，而这类人的心态就是，我不努力，不认真学，但是可以走捷径获得成绩、证书。真的有那么容易吗？这些都是自欺欺人罢了。考试作弊，侥幸通过就会有下一次，直到被老师发现为止。好一点的情况是给你记过，以后观察，坏情况直接就是开除学籍，甚至会在你人生路上留下污点。

我当 HR 的时候，曾经面试过办假证的人。对方因为在大学里一次考试中作弊行为而无法获得学位证书。没有学位证的大学生，很难找工作，对方为了获得工作的机会，去办了一个假学位证。入职前 HR 都要做背景调查，当我去网上查无此证时，给领导反映，领导毫不留情就说不录用这个人。最基本的诚信都没有，何谈好好工作？

不管是学任何一门学科，都是没有捷径可走的。那些看起来像捷径的方法，最终会害到你。

以许多人现在的努力程度，真的还达不到拼智商。放下你那颗浮躁的心，认真坐在书桌前好好学一门外语，到最后，你会很感谢曾经努力的自己。

真材实料地去学习一些知识才是硬道理。你有多努力，未来就会有多少收获。

学习
就是要高效
XUEXI
JIUSHIYAO GAOXIAO

第五章
与其抱怨，
不如行动起来改变

什么都想要，就什么都得不到

有大学生问过我关于学习新外语和自己专业如何取舍的问题。

大概是这样的：想选择自己喜欢的韩语，却又怕学了之后对未来没有帮助。选择辅修金融的话如果能考个证书，至少以后是升职加薪的，但是却没有任何兴趣。那么有没有方法，既顾及兴趣爱好，又能够获得金融类的相关证书，还能顺利拿到本科商务英语的毕业证书……

亲爱的，你在短时间内想要的东西是不是有点多了？

如果你什么都想要，就什么都得不到。

大学时我的专业是人力资源管理，和毕业后从事的工作以及现在的创业都没有太多关联。当初凭兴趣爱好而学的摄影、新媒体知识，也没有想过要通过它们就立刻变现，甚至靠它们养活自己。可是最后反而是那些看似"投资没有回报"在几年后给了我丰厚的回报。

我是如何选择和取舍的呢？

一、先学好本专业，再发展兴趣爱好或辅修

人力资源管理虽然不是自己喜欢的专业，却也努力让自己学好，在班里成绩名列前茅。而大学课外的时间里，我用来研究摄影、学习新媒体，我一个人泡图书馆看摄影书籍，看新媒体相关的知识，也学习如何排版、如何设计，提高我的审美能力，因为这些都是相通的。

你连本专业的知识都学不好，谈什么学好其他的知识？一个人的学习能力是可以运用到很多知识学习上的，而现在流行的"斜杠青年"能够身兼数职，也是因为他们的学习能力、综合能力强。但是你不了解的是，许多人都是先专注做好一件事，之后才发展更多事。

二、认真对待每一种所学知识，未来你会感谢它们

我当初专业课、经济学、统计学、心理学等课程都是认真学习的，人力资源管理学习的知识有点杂。而很多同学因为觉得它们枯燥无聊，就此放弃，选择了逃避。那些知识我深知枯燥，在当时也用不到，但在未来一定会用到。2010年大学入学，在六年过后的2016年创业时，那些过去所学的知识帮了我大忙。

人力资源专业知识，帮助我面试应聘者，构建人事部的框架。

经济学、统计学知识，让我学会了解实时动态并进行系统分析，用数据来判断自己的想法是否正确，而不是拍拍脑袋就做决策。

心理学知识，让我不断分析自己出错的原因，未来如何避免犯同样的错误。

大学里的时间别浪费，多学点知识，看似现在用不到，但相信我，未来你会感谢它们的。

三、放下功利心，打开心扉地学爱好

周杰伦凭借着对音乐的兴趣爱好，几十年如一日地专注做好音乐，最终成为华语乐坛上的一颗璀璨之星。

"趁早"品牌创始人王潇，凭借着对时间管理的热爱，想要让更多人合理利用时间，创办了"趁早"品牌，贩卖时间管理的相关手册、便利贴。经过几年发展，成为一个庞大的社群，全国各地都有自己的组织，最终成为当下最热门的社群之一。

而他们最初都是根据兴趣爱好去做一件事情的，并没有立刻就知道自己做这些事情，会成为明星、会因为自己的兴趣爱好而创业……

我大学时因兴趣爱好所学的摄影、新媒体知识，现在也帮助了我不少。

我们太过于在乎得与失，一点点的挫折就让我们感到了失去，却不曾反问过自己：你是真正地热爱它吗？还是只想通过它去获得金钱的回报？

放下你的功利心和得失心，你能够更好地去专注做一件事情。

四、静心，会让你变得更专注

过去的我，也曾经遇到过类似的问题：想要同时做好很多事情，追求完美，可是到头来却发现，什么事情都没做好。后来的我学会静心，先专注做好一件事，做好了、完成了之后再去做另外的事情。

例如，我曾经想一口气学会德语、法语甚至更多，想掌握八国语言。后来我有目标地分阶段去进行，也做好时间管理。哪一阶段学习德语，要用多久完成计划，完成之后再学法语，并且学而时习之，学习新语言的时候又继续复习旧语言，不让自己忘掉所学的知识。

就这样一年一年地分解我的大目标，2014—2016 年中我用工作之余的时间学习了德语、法语，并且顺利结课。

人静则灵，水静则清。

当你面临很多问题需要做决定时，不妨先让自己静下来。想清楚自己想要的是什么，现阶段能够做什么事，量力而为。把这些问题都想清楚了之后，你的心里自然就有答案了。

当你站在人生的十字路口，不知道如何做抉择时，可以用一张空白的纸和一支铅笔，在纸上写下来这些问题：你现阶段的困难和挫折是什么？现在做什么事情能够让你获得成就感？未来一年里想要做什么？自己能够做什么？如何通过分解目标，去把这些事情一件一件都实现？

当你把这些问题想清楚、整理好之后，相信你就不再那么迷茫，也明确自己努力的方向了。

我不能替你做决策，决定权在你手里。

如果你在有限的时间里什么都想要，到最后就什么都得不到。

只有你才能拯救你自己

几乎每天我都会在网上收到许多类似的提问，说完了自己的烦恼和困惑之后，都会加上一句"我该怎么办？"

例如，"大四了四级还没过，好担心拿不到学位证，怎么办？""我讨厌现在的这份工作，想换新工作可是又没有存款，不敢离开，我该怎么办？""你好，我是大一的新生，请问参加社团会不会耽误学习？可是不参加的话是不是简历上就没有亮点？怎么选择呢？"

每次看到大家的提问，我都在想，为什么你们觉得我能够帮你们做选择，并圆满解决问题呢？别人最多只能给你一个参考的意见，而真正能够做选择、拯救你的只有自己。**长大成熟的一个标志就是：学会独立决策，以及承担后果。**

大多数人想要得到过来人的经验，希望借此可以少走一点弯路甚至不用走弯路就能到达彼端。可是，有些事情还是要自己亲自经历过、体会过才完整。别人如果一来就和你讲学一门新的外语特别难，需要花费大量时间和精力，听完之后你或多或少心里会打退堂鼓。但是不是因为难，所以我们就不去经历而选择逃避呢？就算别人告诉你一些学习方法，你却不去实践，又怎么知道自己的水平几斤几两？

不要指望能够让别人来拯救你，想要改变现状只有从自己行动开始。

一、学会自己找答案

学生时代，老师传课授业大多使用的是填鸭式教学。你也不需要做选择到底学不学这一门课，因为你没法选。做完作业之后都会有一个标准答案来告诉你是对是错，于是渐渐你就习惯了这样的模式。而那时遇到不懂的问题还可以问老师，老师会帮你解开疑惑，可是当你面临毕业、面临工作时，甚至未来许多大大小小的决策，你会开始迷茫不知道该怎么办。

在这个时候，先别忙求助于别人，学会自己找答案。是在大城市工作还是回老家？上网查询你想在的那座城市一些资料，以及想要面试公司的资料，再把老家你能够做什么样的工作列出来。这样你心里就会有一个答案了，想要有更多职业上升空间和高薪水，大城市机会多一些。想要一份稳定工作、没有特别大的压力，可以考虑回老家。这里的选择没有对错之分，只有适不适合自己。

只要你遇到了问题，都去自己先找答案，实在自己没办法解决的情况下，再去寻求别人帮助。寻求别人帮助的同时，你可以把自己找过的答案告诉别人，这样你的问题就不再空旷，别人也更能理解你、帮助你解决问题。

也许你忘记了学生时代语文老师教你用字典时的情境，但你不会忘记老师的用意：以后遇到不懂的生词或汉字，都可以用查字典的方法去解决这个问题，而且在解决问题的过程中，你也会学习到一些新句子或者和它意义类似的词语。

二、少说"我不会、我不行"

在我刚刚接触职场时，领导和我说过的一句话给我留下了深刻印象："新人刚来会有许多不懂的地方，但千万别觉得自己不行。不会可以学、可以问，不要习惯给自己找借口。"

没想到第一天我就遇到许多棘手难题，这些问题以前我从未处理过，也不知道该怎么办。确实有想过放弃，甚至觉得这份工作不适合自己，但转念想想如果现在遇到点困难就退缩、逃避，以后还谈什么升职加薪？**不论你是工作还是学习，遇到困难、问题的时候一定要少说"我不会、我不行"，这实际上也是给自己心理暗示。**长期暗示自己不行的话，你的自信会越来越少。要多给自己正面、积极的心理暗示，渐渐养成遇到问题不逃避的习惯。

而那位教我的领导，如今已经小有成就。不找借口、不说自己不行，拼命想办法解决问题而不是把更多问题抛给领导解决，努力成长的情况下，半年后我开始带新人了。后面自己做事时也总是告诫自己，不要在一个新的领域说我不会，而是努力学习这个领域的知识。我大学的专业是人力资源管理，和现在跨界做过的许多事情都不是一样的，而我不介意自己是非科班出身，因为我相信非科班出身也依旧可以做好科班出身的事情。

三、多做多练习

工作经验和学习经验都有一个共通的地方：多做多练习的话，你会进步得很快。学习无论是哪一门学科，只要你掌握方法并愿意练习不同难度的题，掌握了解题技巧之后都可以拿高分。工作上亦如此，Office 软件多操作练习几次之后就会熟练很多，写工作报告多写几次就知道如何写，不懂得和客户交流多谈几次就知道该从什么话题切入……

许多人会以自己不是科班出身为借口，而不去认真做一件事。总想着自己不是专业的，干嘛要做得非常专业呢？为什么不给专业的人去做？学习和工作与兴趣爱好不同，兴趣爱好是你自己喜欢的自然就会去多练习，但学习和工作大多数情况下是被动的，让你感到很烦躁，也不愿意去做。

其实只要利用前面给大家讲解过的学习方法和时间管理方法，把自己的工作和学习练

习计划做好，坚持下去渐渐就好了。

谁都想下班回去什么都不做就躺沙发上休息，谁都想成为闪闪发光的人，但那些成功人士和学习达人们，其实休息时间很少。不是他们不想休息，而是有许多事情等着他们去做，而他们也明白时间很公平，如果要想成为更好的自己，就要花时间去不断练习，这就是勤奋。**他们的成功、学习好，都是长期持之以恒的勤奋。**

下次别再抱怨别人为什么比你聪明了，这世界上聪明人其实很多，但长期勤奋的人很少。少去想一些走捷径的办法，踏踏实实沉下心来去做事，多做多练习，只会给你带来更多好处。

四、享受解决问题的过程

解决问题的过程很辛苦、很困难，我为什么还要享受它？不是要让你享受这些痛苦，而是让你享受这段经历。非常努力、非常拼的情况下，完成了过去一直没办法解决的问题，这段经历带给你更多的是有向前一步的勇气，而不是像从前那样不断退缩。

我自己遇到问题时是这样解决的：

（1）这个问题我是否能一个人独立解决？ 是，那就规定好时间，在有限时间范围内去解决掉它。否，需要团队合作。那就告诉团队里的人，哪一部分内容需要他们的帮助，哪一部分我可以自己解决。和他们有效进行沟通并及时感谢，而不是用命令式的口气去告知对方。

（2）解决问题我需要哪些工具？ 例如学习上的问题，那可能我需要的就是电脑、图书资料、听力材料等。工作上的问题，可能需要的是电脑、专业书籍、U 盘、应用软件等。把这些工具列出来，能够提高我处理问题的效率，而不是等突然遇到问题时再去寻找工具。

（3）画一张时间列表图，方便督促自己解决问题。 例如写一份公司的商业计划书，需要 2 天的时间去查找资料、2 天的时间搭建大框架，至少为期 7 天的时间去填充内容，以及不定期地修改直到完成为止。那就给自己画一张时间列表图，告诉自己哪一个阶段应该解决什么样的问题，就不会手脚慌张不知道从何入手。

我就是用这样的方法去解决所面临的问题，这些是我工作后遇到一些困难、挫折之后自己想办法解决的历程，也希望通过我的方法能够帮助到迷茫中的你。不要抱怨问题，学会去解决问题，行动起来改变。

每个人都会有迷茫的时候，希望有个人能来告诉自己该怎么做，或许就能够少走一些弯路。但事实是，路是自己走出来的，**没有哪一条路是绝对正确且笔直通往未来，在前进的路上会不断遇见困难和挫折，而这些最终都会变为通往最终目标路上的垫脚石。**

我相信当你自己去经历、去感受之后，不会再轻易问别人怎么办了，因为真正能帮助你解决问题、拯救自己的，只有你自己。

方法和努力同样重要

由于我自己在网络上分享关于语言学习的干货比较多，经常会看到读者提问类似的问题："我制订了 21 天背单词计划，可为什么 21 天以后还是记不住多少单词？""我看了许多干货书籍，为什么自己还是没有提升？"没错，你是很努力地去学习、去看书了，可是回过头仔细想想，你真的找对方法了吗？

真正的找对方法，不是说看过多少本有用的书、学过多少知识，而是这个方法能够让你真正学进去了，把知识记忆在脑海里。许多人只是在完成这些待做事项而已，并没有反思过自己的方法对不对。看书的时候是不是看完就过了，从来没有做过读书笔记？就算做了读书笔记，是不是就放一边再也没温习？

如何找到适合的方法，提升自己的自学水平呢？

一、学会筛选有用书籍

要看你是学习哪一门技能，职场、语言、摄影、绘画，三百六十行，行行都有自己的方法。**你可以用搜索引擎在网上找到这个技能相关的介绍，然后再整理一份大家推荐关于这个行业、技能的书籍清单。**不是所有的书都要买，这时你要学会划去那些不是真正需要的书。去查看网上对那本书的评价，看看那本书的目录里是否有自己需要的内容。然后从中挑选出你需要的，把不需要的果断划去。第一次列书单，最多 10 本书一次就足够你使用了，如果等你看完之后觉得还有其他适合的书籍，再购买第二次。

你也可以准备一本小的笔记本，用来记录学习该技能的一些心得感悟和读书笔记。每一页上，左边写读书笔记，右边写心得感悟，还可以自定义排版版式。

接下来就是要学会精读和泛读一本书。有些书籍一整本都需要精读，并认真记录好笔记，最常见的教材类书籍就如此；而有些书只需要精读部分内容，记录精读部分的笔记，其他内容泛读即可，例如干货类型的书籍；有些书泛读即可。

我自己做雅思考题阅读那部分的内容时，老师就说过要学会精读和泛读。考试是先看一遍阅读理解中提问的内容，然后记住其中的关键词，再回到阅读中找答案。而平时做练习，泛读理解大概意思完成试题之后，要回过头来精读文章。文章里哪些词汇是雅思考试里

的高频词？如果没记住就摘抄到单词本里想办法记。精读每一句话并理解它的意思，用到了哪些语法；从精读中来了解每一年雅思考试的侧重点……

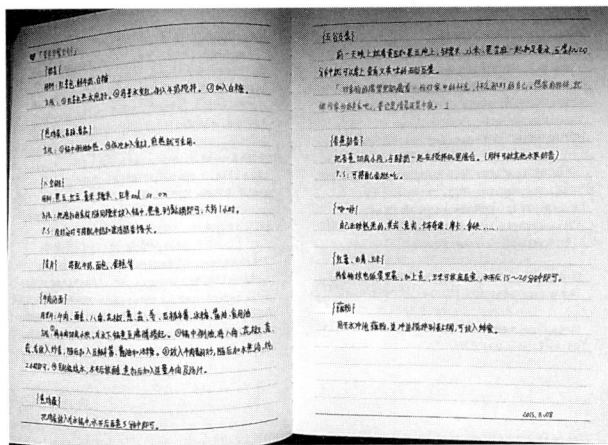

看书也如此，哪些部分是对自己学习这项技能非常有帮助的就精读，甚至可以摘抄精华句子在本子上。但是先别忙摘抄句子，你可以用铅笔先做记号（过后可以用橡皮擦掉），等这本书看完以后再回头写读书笔记。**写读书笔记的过程，就是在帮助你回顾整本书的框架和重点掌握的知识点，你已经从书中输入了一些知识，而这些知识现在你要用自己的语言输出。**

当你用到这些知识时，从自己的读书笔记里来寻找即能快速回忆起来，也相当于再次复习。

二、理论和现实结合，并适当调整

每个人的学习、阅读方法不同，我们不应该一味照搬别人的方法，因为不一定所有方法都适合你，你需要调整为适合自己的。例如，时间管理里面的"番茄工作法"就不适用于我，工作、学习25分钟，然后又休息5分钟，30分钟为一个周期，不断循环重复。在写作的时候，我不可能只写25分钟就停下休息，因为我灵感来了停不住，更怕停住休息之后回来就没有灵感了。工作时候也不可能真的就工作满25分钟，然后出去透气5分钟，有时候忙起来一个下午都不会休息。但是我可以选择性地使用这个方法，并加以改进。那就是告诉自己，不管怎么样，工作和学习一段时间后都需要休息。

同样，我在这本书里写过的所有方法，你也可以和自己的实际情况结合做出适当调整。一开始做不到高强度的学习，那就从每天进步一点点开始，甚至可以从做读书笔记开始。不

一定所有方法你都能够掌握，但学会几项并认真实践之后有所收获，这就足够了。

三、多观察、多思考

许多方法是在不断实践中总结出来的，而过来人把它们一一列出给新人，希望能够帮助他们。**在原有方法的基础之上，你注意多观察、多思考，也能够总结出适合自己的方法。**开头提到的背了 21 天单词却依旧记不住的读者，后来经过我详细了解情况是背单词方法出了问题。我推荐他去买了一本关于背单词方法的书，并告诉他少抱怨、多思考为什么记不住。后来他看完并再次实践时发现是没有复习，所以只有第一层浅记忆，看到单词似曾相识，可就是想不起来意思。反思自己出现的问题之后，改变学习方法，不断加深记忆，后来他顺利完成了自己 21 天的背单词计划。

有人在学摄影时，会死记硬背相关的参数，以为这样就能够做到拍出好照片。其实参数更多时候需要根据实际情况来调节，可以先拍一张照片来测光，然后再根据实际情况调整光圈、快门、白平衡等参数。不用背，当你拍摄得越来越多，勤于思考，就自然会明白什么情况下参数该怎么调整。

这些总结出来的方法是你在原来的基础上，经过自己一次又一次实践后得出的，会更适合自己。掌握了方法，换汤不换药，即使你零基础去学一门新技能或新知识，也能够按照自己的步伐来认真完成它。

其实大学毕业以后我比以前更爱学习了，因为能够有更多的选择，并且深刻知道学习带给我的好处。对我而言，学习这个过程会伴随着终身，每一年都在成长和不断学习，只要和过去的自己相比确实变好了，那就足够了。

要努力，要找到方法并非常努力，以后才会看起来过得毫不费力。

行动是最好的解药

身边的朋友总说我是他们的"小太阳"，每次没有动力就会来和我聊天寻找动力，然后有想行动的想法。也许是他们在我身上看到了不一样的生活，看到了努力确实会有回报，也或许是我积极向上的生活态度在无形中影响着身边的人。

自己的微信签名栏里一直没改过的一句话是："执行力，知行合一。"在我看来，一个人愿意静心学习、踏实努力，无论在什么年龄都保持这样的心态是最难得的。知道一些知识和道理，也愿意踏实行动，让执行力发挥作用帮助自己前进。

有一位行动力强的朋友是什么样的体验呢？你在他身上听不到抱怨声音，但是看得到他努力的身影。不去吐槽而是和你谈论最近的收获，你能够时刻感受到对方积极向上、勇往直前的态度。当然每个人都会有喜怒哀乐的情绪，只是他们在经历困难挫折的时候不会轻易去妥协。

我以前也特别羡慕那些充满正能量的人，他们是一颗温暖的小太阳，有感染力，能够影响到身边的人。以前的自己总是把许多想法停留在脑海里而不去行动，渐渐就被遗忘了。例如，想看一本书，却到最后都没翻过，想做一顿饭，最后停止于不想洗碗而放弃……

后来呢，我是怎么改变的？

一、去接近那些正能量的人

受一位执行力特别强的朋友影响，我开始想要变成和他一样优秀的人。我高中时他读大学，他能够和许多朋友谈笑风生，也可以独自一人认真完成实验室的任务。能够年年拿奖学金的同时，也保持着寒、暑假单位优秀实习生称号。我也想成为和他一样闪闪发光的人，于是便学习他做事的风格。他随身会携带一个本子和一支笔，记录灵感和一些新鲜事，有想法就去思考，然后执行。典型的行动派例子，我就学习他做事的风格，不想坚持的时候就把榜样从脑海里"搬出来"督促自己。

正能量和执行力都会在人与人之间传递的。榜样鼓励我去给杂志投稿，就算失败了也知道自己哪里不足。如果当初不勇敢行动迈出第一步，也许现在就不会有勇气了。而我也会去鼓励读者，想学外语就去学，想弹钢琴就去弹，**学会了知识和技能，它们就是你的，谁都**

抢不走。

近朱者赤，近墨者黑。去接近那些优秀的人，向他们看齐。选择一个或多个他们身上的优点进行学习，渐渐地你也会成为一名行动派。

二、不断重复你的行为

以前生物课上学过大脑的构造以及是如何运行的，当时老师就强调只有不断做练习题，才能够加深你对这个知识点的记忆。**成为一名行动派也一样，需要不断去重复你的行为。**例如性格内向，那就不断面对镜子练习，想象着自己在和别人沟通交流，需要怎么说话比较恰当。在这个不断重复过程中，大脑就加深了那些说话句子的印象，等你真正去开口说时就比没有预演的情况好很多。以前我是个很内向的人，完全拒绝和陌生人沟通交流，通过不断训练自己、不断重复开口说这个行为，渐渐开朗起来。

可以结合着前面写过的时间管理方法来制订一份行动打卡计划，每天完成一次行动就打钩。

三、不给自己留后路

人们或多或少都会给自己设定一个保护机制来预防风险，但你在改变自己的过程中需要把这个保护机制移出局。给自己留后路的情况下，会让你觉得就算这件事做不好，我还有其他选择、其他事可以做。

不给自己留后路，才会一次拼尽全力。龟兔赛跑就是个最典型的案例，兔子跑得特别

快，乌龟则慢慢向前走，兔子想着以乌龟这么慢的速度等我醒来再跑也不迟，不如就睡一觉。正是因为它给自己留了后路就没有全程跑到底，等它醒来的时候才发现乌龟已经到达终点，而这时感到懊悔也来不及了。

我以前班里的一位同学，他的英语成绩还不错，准备出国留学，可就是输在了给自己留后路。他说就算出国留学考不上，还可以准备国内研究生考试，反正都有机会。于是在大三准备雅思考试时，他没有拼尽全力去复习，而是把大量时间花费在打游戏上。到了考试前一周才意识到马上就要考雅思，这个时候再准备已经来不及了。最终结果也是不如愿，考了两次都只是刚刚 6 分（满分 9 分），要想去好的学校，成绩还达不到。于是他准备国内研究生考试，而这次依旧给自己留后路，考不过的话还可以毕业出去找工作。可他依旧是按照之前的态度去对待国内研究生考试，结果不出乎意料，没有考过。多少人给自己留了后路，却最终反被后路耽误。

在行动过程中确实会有很多痛苦、困难挫折出现，但你不逼自己一次，永远都不知道自己的潜力有多大，能够完成多少以前不敢想的事情。在改变自己的行动路上不留后路，才会有更多的奇迹发生。

和许多成功人士相比，我的经历不足挂齿，但我希望通过这些年来的实践和经验帮助到迷茫中的每个人从中走出来，勇敢去做一些喜欢的事，成为那类想要成为的人。减少抱怨频率，停止做什么都是三分热度的行为，从现在开始，悄悄行动，直到开花结果。

见识比拥有奢侈品更重要

一个人无论在什么样的年龄里，见识越广，就越能接受许多事物，也更能够理解和包容。毕业工作之后，远离了学生时代的无忧无虑，身上背负的压力越来越大，许多人不断重复着两点一线的生活，渐渐停止了学习。

见过一些同龄的女孩子工资不高，省吃俭用几个月就为了买一个奢侈品包包。可是她们购买了一个不符合自己目前收入的包包之后却舍不得用，要么就是用得小心翼翼，生怕包包被刮到、弄坏。为何舍得大手笔买一个不符合目前身份的包，却舍不得把一部分钱用来读书、学习、旅行，去不断增长自己的见识呢？等到自己的收入和奢侈品定价匹配时，再使用也不迟。

无论在什么年龄，见识都比拥有奢侈品更重要。

不仅仅是能够在饭后多增加一些谈资，更重要的是让自己成长。见识的增长伴随着我们终身，是一件长期的事情，怎样在忙碌的生活中不断增长自己的见识呢？

一、制订旅行计划

这个世界是一本书，不旅行的人只读过其中一页。读万卷书，行万里路，不断去阅读这

个世界，你会感受到不同国家的文化、饮食、习俗等精彩之处。不一定要每年都出去旅行，可以根据自己的时间和金钱来决定。我大学以前没有离开过云南省，国内不同地方的许多风景以前只在电视上见过，而当我真正开始用脚步去丈量这些土地时，感受到的是无穷的魅力。旅行不是有钱人的专利，我们每一个人都可以去旅行。感受过敦煌璀璨的文化，见过广阔的大海，看过一望无际的沙漠，也睡过机场，坐过马车。坐长途火车时欣赏窗外的风景，节奏也能够慢下来。当我在大学里用有限的假期去感受中国不同地方的文化时，以前所有的烦恼都消失了，也不会因为一件小事在心里耿耿于怀。**旅行让我觉得这个世界很美好，而不是只有眼前的，还有许多未知的旅行在等待我，而为了下一次更远的远方旅行，我也愿意脚踏实地去努力工作、努力学习。**有钱就住酒店，钱不多就住青年旅舍，重要的是出去感受、去经历，不断增长自己的见识。

二、去实习、去兼职

不同于父辈工作的时代，那个时代是工作选择了他们就一辈子，而现在的我们有更多的机会去选择工作。工作以前的校园生活其实很单纯，而进入社会后你会面临各种各样的烦恼和问题，比在学校里要经历更多的暴风雨。不要让自己一直活在象牙塔里，还是学生身份时，在不影响自己学习的前提下，有机会就去申请实习或者兼职，你会更接地气。

把学校里学会的理论知识和现实结合，更能增长你的见识。在工作中学习为人处世的方法，学会和不同性格的人打交道，而工作中受过的委屈能让你体会职场的残酷，当你把酸甜苦辣都经历过以后，你就会越来越厉害。**见识是非常重要的，它会帮助你正确理解自己在这个世界中的位置，以及和其他人的相对位置，它会给你勇气和判断力。**

在这个过程中，你能够真正明白自己的工作能力有多强，还有哪些不足的地方需要改进，比你在象牙塔里成长得更快。

三、不甘于现状

看不到山外面的山，便以为眼前的山是最好的山。直到你见过更美的风景、去过更远的地方，你对这个世界的认知开始改变，你想去探索更多未知的事情。因为不甘于现状，想要努力改变，努力增长自己的见识。

有见识，并不代表了解到世间万物一切真相，但是能摆脱对眼前事实的认定。以前觉得自己一辈子都会在这座城市待着直到终老，可当我发现外面的世界既精彩又残酷时，我还是义无反顾选择了去外面闯。我不甘于现状，不甘心一辈子就这样过去，我想做一些选择，并且想让未来的自己有更多的选择权。和一位读过很多书、行过很多路的朋友聊天时，我问他这几年在全世界到处跑，最大的收获是什么？他回答我："长见识。以前只在书本上读过其他国家的介绍，但实际情况会有些不同，你会更能感受到那些不同带给你的惊喜，也更能和平地和自己相处，不会轻易就陷入自己的小情绪里无法走出。"

多读书、多看科技、科学相关的报道也是属于增长见识的一种方式，在生活中许多事情也能够让我们长见识。

你见识过的、经历过的事物，会让你改变对以前许多事情的看法。你不再简单地用"地域、血型、星座、属相"等标签去判断一个人，也不会轻信别人口中对一件事物的评价，而是学会去自己判断。你会形成比较端正的三观，也不会一直只追求物质生活，而是开始对精神生活向往。你对世界的看法不再像从前那样，也更能接受和包容这个充满爱和暴力的世界。

见识看不见、摸不着，但却能够在言谈举止中感受到。在生活中和有见识的人相处，你会感觉很舒服，没有尖锐的言辞和夸张的说法，和对方聊天你感受到的是有料又不失风趣。会发自内心欣赏对方，甚至想成为和对方一样的人。

不以物喜，不以己悲。见识帮助你理解你在世界中的地位，让你既不盲目高看别人，也不轻易小看自己。

买一件奢侈品，最多只能给你带来几天的愉悦感。如果你的收入达不到它的价格，之后它带给你的焦虑要远远大于那短暂的愉悦感。不如把这份愉悦感兑换成增长见识的机会，去飞向一片更广阔的天空。

跳出舒适圈

　　每个人心里都会给自己留个预设好的舒适圈，每当想偷懒的时候就会跑到里面躲起来。越来越多的人意识到需要改变，需要跳出原来的舒适圈，可是说起来容易做起来难。

　　躺在沙发上看电视剧多舒服，不看书、不复习可以玩耍的时间过得好快，无聊时逛淘宝买东西有愉悦心情，可是过后呢？想着报名已经两个月的网络课程却还没学习，想着下个月要还的信用卡，心情又不好了，就这样日复一日循环。每次都是发誓再也不要过这样的生活，要远离舒适圈，可最后又控制不住自己低头妥协。

　　认识的一位姐姐，大学里除了学习成绩好之外，还在学习创业的相关知识，大二自己开淘宝店卖服装并成立了一个小团队。团队里有学设计的同学负责新款的研发，有耐心的同学负责客服，用心经营一年之后渐渐也有了一些人气。她们也因此获得了自己人生中的第一桶金，而这位姐姐大学毕业后继续在服装行业打拼，也混得如鱼得水。就在我们都羡慕她的时候，她突然辞职并零基础转到旅游行业了。许多人不理解，说她好好的升职加薪工作不要，要去一个全新的行业工作，她说这是为了跳出舒适圈。

旅游行业学习了一段时间之后，她开始自己的第二次创业：做高端旅行项目。市场上大多跟团游的旅行项目都是潜在各种各样的乱收费现象，而纯玩价格适中又无强制消费的在当时还比较少，她看准了这块市场，立刻决定做高端旅游。就在事业如日中天的时候，她突然选择了考 GAMT，去美国读 MBA，没错，她又继续开始跳出自己的舒适圈了。**不满足于现状，不断去突破自己、挑战自己，越来越优秀。**去美国留学是有原因的，一方面她想学习更多的知识，另一方面她想开拓美国这边的高端海外游市场。

也许大部分人看来这位姐姐已经很拼很厉害，但她的现状让她觉得还是过于舒适。而一部分人的舒适圈可能是背完一本单词书、坚持早起××天。要怎样才能合理、有效地跳出以前的舒适圈呢？

一、把你的舒适范围圈出来

每个人的舒适圈不同，但都是源于对未知将来的恐惧。是公众演讲会紧张，还是没办法坚持做事？你不知道演讲下一秒是否就会被观众赶下台，或者不知道自己能够坚持做一件事几天，都是在恐惧那些最坏的结果发生，但如果不去做这些事一直待在舒适圈里，就不会有最坏的结果发生。把你的舒适圈范围找到，并圈出来，有助于你明确自己下一步的目标。人无完人是没错，但是不断去挑战自己直到成功的过程，会让你越来越自信。

当然你不需要一次性把这些事都解决，可以分阶段有目标地进行，找到范围是为了明确自己最迫切需要解决的事是什么。

二、从 1 开始，逐个击破

你刚开始不需要立刻就变成一个优秀的演说者，只需要告诉自己有这个决心跳出原先的舒适圈，这就是你的"1"。我曾经在很吵闹的环境里也坚持写作，规定自己每天要完成的任务就必须完成。如果我因为恐惧环境吵而担心自己写不出文章，那可能到最后就真的写不出文章来。我就告诉自己，不管在什么样的环境里都有这个决心要写作，一定要坚持下去。

例如，今天只练习了 5 分钟的演讲，那下一次就比上一次多练习 1 分钟，这对于突然要长时间练习来说要好很多，你在逐步给自己一点点远离舒适圈。慢慢你就会发现，自己的耐力不断在增强，也不再像从前那样焦虑，因为你已经行动起来了。

我第一次跳出自己的舒适圈是去天津读大学，从来没有离开过家乡，也没有独立生活过。大部分大学生可能和我曾经的情况一样，许多人都是在大学里渐渐学会独立面对生活。不怕大家笑话，我到学校第一天就想家想得哭了，远离了以前有家人呵护的舒适圈，而现在

的任何事情和决定都得自己来。而后来渐渐习惯了独立生活之后就觉得一切都好了，离开原来的舒适圈没有那么困难。

三、压力和动力并行

我越是忙碌的时候越容易动力大，忙碌的间隙碎片化时间也利用起来读文章、听听力等，而在忙碌着做一件事时就专注做好，这个过程中我的压力和动力都是并肩而行的。更多时候是高压力陪伴着我，但是转念一想目前的压力都是暂时的，都会过去，就咬牙坚持下去，如果压力实在太大就调节自己。有段时间我坐在电脑面前却什么都写不出来，压力特别大，许多内容都是写了又删掉，后来不断给自己动力，告诉自己一定要跳出舒适圈，不能等灵感来的时候才写作，这样等下去的话不知道什么时候才会更新下一篇文章。

跳出舒适圈，没有压力和动力都不会促使你前进，适当的压力给你紧迫感，而想想完成任务后的情境就是动力。它们就像天平的两端，互相平衡了就是最好的状态。

四、不要怕失败

有人迟迟不敢跳出自己的舒适圈，是因为怕失败，怕身边的人得知失败以后数落自己。可是，没有谁一辈子都会一帆风顺、不经历失败。马云最初创业做互联网的时候大家都觉得他是骗子，他的公司也经历过大起大落才最终步入正轨，这个过程中不知道失败过多少次，但是他并没有想放弃。他也是在跳出自己的舒适圈，不断挑战自己、不断前行。

失败并不可怕，但你要学会总结失败的原因。失败的原因有可能是方向、决策出错，或者因为一个疏忽的漏洞，不管怎么样，都要好好总结失败的原因，以后避免。我第一次尝试开淘宝店也失败了，货物堆积着卖不出去就赔本，这并不丢脸。后面自己分析是哪些环节出错了，文案和照片是不是没吸引人？客服环节是否说话得体？合作快递的送货速度是否能保证？货物的质量消费者是否满意？各个环节都仔细分析一遍之后，我决定重新选择供货商，更改宝贝描述里的文案和照片，让货物的质量更好，以及让顾客打开界面时就能立刻发现它们喜欢的物品。而再次运营淘宝店时，店铺的访问量明显高了许多，货物也比之前卖得更好。

跳出舒适圈的过程中，不要因为一次失败就觉得自己不行，甚至是自暴自弃。多尝试、多总结原因，一切都会慢慢朝好的方向发展。就算最终结果是失败，但是回过头看看，你曾经努力过、奋斗过，不后悔，这也比没有去经历强。

只有当你勇敢跳出一次舒适圈以后，才会明白潜力是无限的，才能成为一个更优秀的人。一次又一次去挑战自己，不断丰富生命的精彩程度。

学会延时满足

越来越多的年轻人成为"月光族"，无论他们是学生还是已经毕业工作，每个月的生活费一定要花光为止，甚至还要透支下一个月的生活费。当你和他们提议去进行自我提升，买几本书、报培训班学习时，他们一本正经告诉你："我没有钱。"因为钱都花光了，所以没有钱再去投资到自我提升上。

可是否反思过，真正的原因不是没有钱，而是过度消费了？看到一件喜欢的衣服便毫不犹豫买下，一年来却只穿过几次；买了一堆化妆品却没有用过几次直到过期才想起来；收集了几双跑鞋可始终迈不出跑步的步伐……大多数人只为了满足当下的购物欲望而使用金钱，等到花完用尽时又懊恼自己的冲动消费。最终不仅把金钱花完了，也在不断买买买的过程中把自我提升的时间给用完了，于是他们给自己找借口说我没时间、没钱去自我提升。

自我提升是刻不容缓的事，与其一直活在过度消费的烦恼中，不如从学会延时满足开始行动改变。**当你腾出时间和金钱去投资到学习、时间管理中，生活才会越过越精彩。**

与大家分享过如何合理安排每个月收入来自我提升的方法，如果忘记了可以打开前面的章节看。在这里主要分享如何改变，学会延时满足。

一、三思而后"买"

在你购买一件东西之前，请慎重考虑。不管你是否有钱能够买下它，你都需要问自己一句话："这件物品，我现在真的需要吗？"因为许多冲动消费买回来的东西，不一定是当下我们真正需要的，今天 9.9 元包邮，明天 5 元秒杀，积少成多，一个月内就买了许多不需要的东西而花了许多钱。如果把这些不需要的消费支出都"砍"掉，就会有多余的钱来购买书籍、学习的课程。**当下只买自己真正需要的，而不是立刻就购买自己想要的。**

以前我特别喜欢收集各种各样的小本子，被那些精美的设计所吸引而不自觉购买了许多。可我渐渐发现，这三年内我根本用不完这些本子，就算我每天都在写日记、写读书笔记等都用不完。怎么办，丢了又可惜，送人又舍不得。重新审视自己的问题之后，我决定不再购买任何好看的本子，直到我那些买回来的本子合理用完为止。如果再购买新的本子，就双倍罚自己送人。

把想要的和需要的区分开，想要的东西在未来可以买，况且也不是不买生活就过不下去。现在必须学的技能和想学的技能也如此，区分开，把现在必须学的技能学了并掌握，未来再去学那些自己想学的技能。

二、使用倒计时日历

德国的朋友和我说，他们国家商店里会贩卖一种叫"倒计时日历"的巧克力，每天只能打开其中一个盒子吃掉一个巧克力。这样做的目的在于让孩子学会延时满足，不要在一天内就将巧克力全部吃完。如果提前吃掉了明天的巧克力，那明天就没有巧克力吃了，所以孩子一口气把巧克力吃完的话，这个月内都不会再有可以吃的，父母也不会额外再购买一盒给孩子。

我们也可以用这样的方法，给自己倒计时去拥有一件物品，控制自己的购物欲望来实现延时满足。

在月初的时候给自己制订一个购买计划：**本月真正需要的东西、随时出现并想要的东西。真正需要的东西分别填写到不同日期里去购买，而那些随时出现并想要的东西则规定购买的价格和数量。**

例如大部分女生喜欢买化妆品、包包、衣服，就给自己规定每月或者每个季度购买的数量。例如，衣服每月最多只能买一件，不超过×××元，否则下个月就不能买下一件。不要觉得这个方法对自己太苛刻，它能够帮你有效筛选出最想要的衣服，延时满足的同时也减少了不必要的开支。一个月一件新衣服，但是却是你最想要、出镜率最高的，经过深思熟虑之后选择的衣服，不会轻易压箱底。购买其他物品时也用这样的方法，来实现延时满足目的。

太容易得到的东西就不会非常珍惜，让你觉得费尽心思才得到的，反而会更想珍惜。 使用倒计时日历，减少不必要的开支，增强延时满足感。

三、少看购物 App，多看新闻

说实话，无聊时逛逛那些购物 App 打发时间是最坏的选择，你在无意中看的时候，手指不自觉就会把许多商品收藏起来或者直接加入购物车。对于意志力比较弱的人来说，下一步很容易就是提交订单并付款。许多人没有意识到自己把商品加入购物车后会增加消费的机会，每次你打开那个 App 到购物车界面时，它都会出现并不断暗示你，这是你喜欢的东西，它已经在购物车里了，你为什么还不带走？这也是为什么许多商家会在商品描述里加一句"为了避免喜欢的宝贝下次找不到，请提前加入购物车哦。"的原因。**感官上不断加深你对这个物品浏览的次数，潜移默化中在不断强化你需要它的感觉。** 要想延时满足，从减少使用这些购物 App 开始，把购物欲望降到最低，也就不会乱花钱，更不会因为乱花钱之后没有钱来进行学习投资。

从现在开始把新闻类 App 放在前面，购物类 App 放在后面，感到无聊又不想学习时，多去看看当天的新闻。我对经济、商业感兴趣，就会比较侧重看与之相关的新闻，不断收集我需要的信息。国家对年轻人创业有什么样的扶持，了解动态并跟着大方向走，才可以保证自己创业可能性高一些。不要只关注娱乐八卦，多看看新闻去了解今天中国、世界上都发生了一些什么事情，哪些事情是值得我们反思的，哪些事情背后能够领悟出一些道理。当你专注在思考这些时，也就不会有多余的心思去打开那些购物 App，买一些没有必要的物品。

四、只在特定日子送自己礼物

我的一位亲戚是个购物狂，经常变着花样给自己送礼物，不管是否有节日，对她而言，只要想买天天都是节日。而这样不断购物的后果就是，每次我去她家都能看到乱七八糟的客厅和卧室，而她总是带着歉意对我说："家里比较小，所以看起来有些乱。"而她的卧室里，堆着许多买回来没穿过还有吊牌的衣服，那些衣服如果换成钱的话，应该也好几万元了吧。

下次想买一件东西作为礼物送给自己时，就告诉自己不要随便买，等到特定日子时再买。减少以礼物为借口的购物，除非遇见那些非常令你怦然心动的物品。**这样做的好处是，和经常送礼物给自己相比，一方面延长了憧憬的时间，想想在特殊日子里收到礼物这件事就会充满了期待；另一方面是会有更多的仪式感，一年中只有那么几个重要日子才会送礼物给自己，那必须好好挑选。**

而送给自己的礼物也不一定和过去一样都是衣服、鞋子、包包等物品，可以尝试着送自己一本书、一次瑜伽体验课、一次轻松的旅行、一门语言学习课程……

学会延时满足，和过去不理性的消费习惯挥手告别，才会成为更好的自己。

不忘初心，方得始终

在学外语的这几年里，陆续被问过许多问题，其中被问过频率最高的就是："你学多国外语的目的是什么？你的初心是什么？"在不断快速成长的时代，我们似乎奔跑得太快而忘记回头去看看最初的自己，渐渐与初心背道而驰。

学多国外语的初心仅仅是因为小时候的一个梦想：成为一名会说八国语言的人。我知道说出来后许多人第一反应是怎么可能的事，或者这是在做白日梦吧。所以这个事一直没和别人提起过，直到我学会三门外语之后才有勇气说出来。毕竟我已经在实践的路上，也明白自己这一生一定会实现这个梦想。**初心不需要告诉大家，默默放心底守护好它，直到它开花结果**。

小时候我们想做一件事，大多是发自内心的喜欢，然后去开始。而长大后我们想做一件事，大多数情况下往往是迫不得已或者是其他因素而去开始它，那种非常喜欢、非常想要做一件事的初心不见了。"你学它干嘛？又不能挣钱。""学了有什么用？""学费那么贵，值得吗？"也许你想学习一些不能立刻变现的技能和爱好，却因为用金钱衡量这个标准，成为身边人反对你的原因。你开始质疑自己，我是否要去做这件事，继续跟随着初心还是就此放弃？

原本你只是喜欢写作，却被他人说写作又不能挣钱，就算能挣钱也得成作家，于是你渐渐放弃写作。喜欢唱歌的你，却被别人说唱得再好也不能成为歌星，渐渐放弃唱歌。太多外界的干扰，让我们不能做出正确的选择，心里一直在衡量做这件事到底值不值。到后来的某一天，你看到那些最初和你一样坚持下去的人，突然实现了以前共同许下的心愿，而你却因为中途放弃错过了。"如果当初坚持下去该多好……""要是没听其他人的话就好了……"你感到懊悔，也想重新拾起最初的梦想，可你忘记了这个世界上"如果、要是"最无用。

你有没有想过，其实漫漫人生路上，陪你颠沛流离走下去最多的，是自己的初心。

十年前的我从未想过会有许多读者喜欢我的文字，甚至在他们很迷茫的时候给他们带来力量，那时候的初心只是想通过文字去记录生活。每天做完作业后打开日记本写，或许是一篇读书笔记，也或许是自己写的一些生活感悟。也没想过要靠写作谋生，互联网写作分享也没有开始盛行，只是一直保持着初心不断写下去。那些难过的、开心的情绪没有人分享时，就用钢笔写在日记本里保存起来，这样就可以一直保鲜下去。用钢笔写日记是学生时代

就保留下来的习惯，直到现在工作了也依旧坚持着，那支陪我写了好几本日记最后坏掉的钢笔，即使搬家了也舍不得丢，朋友说我就舍不得这些老物件。**可是，它们分明是陪伴我走过来的物品，它们见证了我保持初心不断前行的过程。**家乡是一座小城市，身边许多人不理解我为什么要坚持写作，在他们看来这是一件不赚钱又浪费时间的事，有那个时间不如去准备国考，考个好单位。可是他们不明白，当我把自己学习的心得感悟写出来分享，有读者实践后来给我反馈对她有帮助时，我内心无比激动。写作这个过程能让我不断保持输出，会有更多动力不断输入内容给自己。

一杯好的咖啡取決於溫度與壓力，
好似生活面對壓力保持熱情。

Aug. 07
2015

by: 映刻時光·ink time

　　初心有时候不被理解很正常，我们需要**过滤掉嘈杂的声音，继续保持不慌不忙的节奏大步前进。**而当我在写作这条路上越走越远时，自然就远离了那些原地踏步嘈杂的声音。每当有人来问我该怎么办、怎么做选择时，我不会直接告诉对方答案，而是通过提问，引导对方一步一步自己得出答案，而最终的答案大多数其实都是心里已经想好的，只不过没有勇气去实现而已。当你站在人生的十字路口面临做选择时，不妨多问问自己哪一条路更接近你的初心，然后义无反顾走下去。

　　最初我选择独自出来闯时，父母不太能接受这个现实，我知道他们是爱我、想我，希望我留在家乡会少受些委屈。**可我的初心是毕业后要去闯、不断积累工作经验，以后要有自己的事业，**我又何尝不希望一直活在父母的呵护下，当一个无忧无虑的小孩。刚毕业那会儿过得特别惨，一个人在陌生的城市什么都没有，工资不高且每月都要支付一半薪水的房租。没有朋友，受委屈了找谁说都不知道，生病自己去医院打针……

　　那时候想过要放弃，甚至产生过想回家的念头，可我仔细想过那不是我想要的生活。回老家没有大型企业，中小型公司也很少，回去我没有其他选择，只能考公务员或事业单位。不是这样的选择不好，而是它们不适合我。既然在这个年龄一无所有，也没有担心会落魄到什么程度，反正现在都已经很落魄了，不如努力拼搏试试。**坚持初心是一件特别困难的事，你随时会冒出想放弃的想法，但后面又会冒出无数个坚持的理由。**

　　工作上受委屈多了就自己躲在被子里哭，哭完第二天还是爬起来继续上班；独自居住，晚上听见外面一点声响就醒来，告诉自己不要害怕，却彻底失眠一夜；下班后迟迟不肯离开公司，宁愿在公司里看书、学习也不愿意回家的原因是，不想独自面对那个租来空荡荡的房间。就这样一边流泪一边继续努力工作，熬过了头半年时间，省吃俭用加上兼职，熬过去之后生活总算有一些好的事情开始发生。认识了一些真心朋友，也在下班后尝试着去和不同老师谈合作，渐渐在陌生城市算是有了一些归属感和安全感。

再后来有幸认识了一些正在创业的年轻人，志同道合的我们在不断沟通之后合作，我也尝试着跨界创业，去一个全新的领域从零开始学习和工作。**一次又一次想放弃时，就回想着自己的初心，然后再告诉自己，多坚持一下，坚持不下去再说。**

坚持自己的初心这些过程里辛苦吗、难过吗？难过到哭不出来，那些别人看似不太可能的事我都在咬牙坚持着，是因为我相信努力的意义，也相信踏实做事绝对不会错。那些看起来活得毫不费力的人，背后其实都付出过许多汗水和泪水，也为了是否坚持初心而纠结过、迷茫过。无论你遇到多少困难或挫折、收到过多少鲜花和掌声，请务必要坚持自己的初心，继续努力走下去。

不忘初心，方得始终。

上善若水，
一滴水中看到不同的世界。

和自己握手言和

　　我们总是忙着抬头去羡慕别人的优点，然后又拿自己不完美的地方和别人的优点对比，于是越来越觉得自己不行。可是人无完人，在荧幕前闪闪发光的明星，卸下一身光环回家之后也要面对不完美的自己，只是他们在大众面前展示出的形象让你感到非常完美。

　　并不是让你为自己的拖延懒惰找借口，而是学会接受自己一些不完美的地方。你羡慕别人的身高，但自己却无法改变，那就学会接受它而不是抱怨。觉得自己不够好看也不要觉得自卑，其实每个人在这个世界上都是独一无二的，学会接纳自己，和自己握手言和。

　　每个人生命中都会有一段低落的时光，大多数人称呼它为"低谷"，走出去了就会迎接光明，走不出去则会一直陷入在里面。有段时间我给自己的压力特别大，工作上和下班后要做的事情非常多，时间管理本上的日程排得满满的。忙碌的背后我突然感到不知所措，为什么要给自己那么大的压力？为什么自己不敢停下来休息？在那段时间里，工作上、生活中都有许多不顺的事情，负面情绪比较多，但一直都是自己承担着。不想见朋友、不想说出自己的心事，也许和我从小习惯了什么事都自己扛着，不想因为自己的负面情绪而影响到别人。**许多人觉得我很坚强，但他们不知道的是，越坚强的人就像含碳量高的钢铁，含碳量越高硬度就越大，特别容易断裂。**

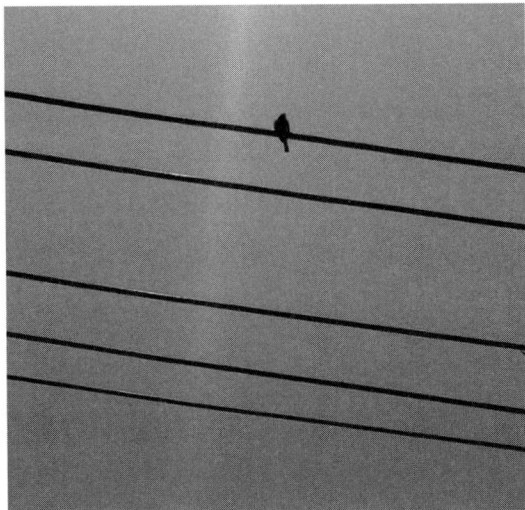

　　父母从小教育我要做一个独立的人，经济、人格都要独立。而工作以后为了更快通往财富自由之路，我比许多身边的同龄人都要拼。当他们下班吃喝玩乐时，我在学习；当大家周末休息时，我在兼职。下班之后准备讲课的 PPT，网络课程进行完之后又继续学习，直到困了再睡觉，周末兼职完接着奔波去

by: 映刻時光·ink time

Sep. 09
2015
+

孤獨的樂章·

谈合作。而长期在这样高强度的学习和工作状态之下我感到好累，休息对我而言已经变得越来越奢侈。收入也变得比以前相对多一些，一个人在陌生城市里生活得渐渐有些安全感。**可人不是机器，可以一直不停歇进行工作，就算机器也会超负荷运转之后出现问题。**我开始经不起天气变化，一点点的天气冷热交替我也会感冒咳嗽，而且恢复需要好几天。直到有次咳嗽咳出了血，把自己吓到了，我突然好绝望，为何会成现在这个样子，生命如此脆弱。**长期以来我就像一根弦，把自己绷得太紧，在承受不了巨大压力之后，有一天就突然毫无预兆断裂。**

后来去医院调整了一段时间，渐渐康复。而去医院之前我就发誓等我好了之后，一定要学会和自己握手言和，不再给自己那么大的压力。**挣钱虽然重要，但是身体健康更重要，身体健康就是数字"1"，而财富、权利、名望等都是数字"0"，缺少了那个"1"，后面有再多的"0"都没有用。**也是在医院静养的那段时间里，我思考了许多关于人生的意义、生与死等问题。出生在哪里是我们不能选择的，但是靠后天的努力可以实现一些心愿，人生不断奋斗过程里需要压力，但是我们在紧绷自己的同时要学会放松。人固有一死，或重于泰山，或轻于鸿毛。既然有一天终究会离开这个世界，那就在离开之前做许多有意义的事，不让自己白来这世界上走一趟。学会调整自己的频率，接受自己的不完美，不再每天都给自己那么大的压力。

与之前忙碌到没时间休息不同，我开始把自己成长的节奏放慢一些，也开始学会和朋友适当地倾诉那些"负面情绪"，然后一起把它们忘记。恢复之后依旧进行着学习和工作，但我会适当安排休息时间出去走走，哪怕只是散步也让自己大脑放空，只享受那一刻行走的感觉。

我们太想在年轻时就赢得想要的一切，想要自由，想要财富，想环游世界，却忘记了这些都需要时间去不断积累。太多的欲望只会让我们过得越来越累，许多人怀念小时候的无忧无虑，不如说是小时候没有那么多的欲望和压力，所以我们会比现在更容易感到开心。我们身上的有些压力是来自父母和社会，而有些压力则是来源于自己，而后者的压力我们相对而言比较容易去改变。人生总是要经历许多大大小小的磨难，工作和学习特别累的情况下就停下脚步放松休息，才会有更多的力量去前进。

我和你们一样，告别了学生时代之后就得学会如何挣钱养活自己，我们唯有不断努力前行，才能够越走越远。年轻的我们，还有许多梦想等着去实现。但是千万别被眼前的压力给打垮，学会接受真实的自己，学会和不完美的自己握手言和。

成为那 20％的少数人

1897 年，意大利经济学者"帕累托"偶然注意到 19 世纪英国人的财富和收益模式。在调查取样中，发现大部分的财富流向了少数人手里。同时，他还从早期的资料中发现，在其他的国家，都发现有这种微妙关系一再出现，而且在数学上呈现出一种稳定的关系。于是，帕累托从大量具体的事实中发现：社会上 20％的人占有 80％的社会财富，即财富在人口中的分配是不平衡的。**后来人们把它称作"二八定律""80/20 法则"，只有少数人能够成为富人、精英，但他们却掌握着 80％的财富、知识等。**

我以前从未想过要成为那 20％的少数人，这是实话。那时候还没有互联网，也没有渠道了解到这个定律，我唯一能想的就是好好学习，争取下一次考试分数更高，让未来有更多机会。

直到高中有一次无意中在杂志上介绍"80/20 法则"的一段话，大意就是：

- 这世界上 20％的人掌握着 80％的财富，80％的人掌握着 20％的财富。
- 20％的人用脖子以上赚钱，80％的人用脖子以下赚钱。
- 20％的人做事业，80％的人做事情。
- 20％的人计划未来，80％的人早上起来才想今天干嘛。
- 20％的人有目标，80％的人爱瞎想。

你更愿意成为哪一类人呢？

不是让你成为那 20％掌握 80％财富的人，而是去不断挑战自己，有目标也愿意行动成为 20％少数人，过着精彩的生活。

那年我 15 岁，只是告诉自己，这辈子不一定要挣很多很多钱，但要成为一个有目标、有事业的人。而现在，除了眼前忙碌的工作之外，有空会进行自己的兴趣爱好：钢琴、摄影、阅读、旅行。大部分人觉得这是文艺青年的生活，可我不觉得自己是一名文艺青年，只是在坚持着自己的爱好，努力成为想要的样子。

在大学里摆过地摊、情人节卖过鲜花、开淘宝店、兼职当老师，这些大大小小的兼职在不断丰富我的阅历。并不觉得这些兼职是丢脸的事情，靠自己的努力去挣合法的钱，然后投资到旅行中去不断增长见识。也正是在这个过程中不断与社会接触、明白人情冷暖、学习商业

知识，而这些经历都对我毕业之后的工作、创业有巨大帮助。

在我大一的暑假时间里，白天在家看书学习，晚上拖着有轮的箱子出去摆摊。以前的同学知道这事之后认为我肯定穷疯了，不然怎么会到了去摆地摊的地步。当时只是想体验摆地摊是什么样的感觉，没管他人怎么想。**带着计划和目的，我先去观察了本市人流量多的步行街地摊上都有什么样的物品贩卖**，看那些小商贩如何与人打交道。观察下来发现女生的饰品、衣服等最受欢迎，款式不错且价格便宜。上网查看了这两类物品的批发价格，给自己定位贩卖头饰、耳钉耳环等饰品，一是我的成本不允许我囤积大量的货物，二是衣服要分尺码且款式太多，我无法保证所有衣服都符合大众审美。保险起见，先批发一些网络上销量高的饰品来试水，看看哪些会卖得比较好，就知道顾客需要什么产品。

我观察到那群摆地摊的人中，没有谁想办法把新客人努力变成回头客，只是有客人来了就吆喝、招呼下。而那些愿意购买地摊上小玩意儿的人，大多都是学生或年轻人。摆摊人也没有标明物品价格是多少，只有当有顾客来询价时才被动告诉顾客价格。**于是我在纸板上写下自己的 QQ 号**（特意申请了一个专用号），**并告诉顾客添加后下次购物时报 QQ 号能够送小礼物一个。**那时候还没有微信，更没有现在的扫二维码支付功能，我想得也很简单，让顾客添加 QQ 号就可以看到我的 QQ 空间动态，如果有新物品到了大家也就能第一时间知道。**这是我真正意义上第一次接触商业，用到大一学的市场经济学和营销学的知识，理论和现实相互结合。**不要觉得在大学里所学的知识没有用，你只管认真去学，然后有机会的时候去实践。

我分区域写好了价格标签，5 元、10 元、15 元的物品按照区域放好，这样顾客就能一目了然知道我这儿价格便宜，也知道自己钱包里的钱可以买什么样的东西。那时候网购在我的家乡还不是那么盛行，而且大家认为网购有风险。况且我卖的这些小物品要凑够××元才包邮，不如在线下买一个自己喜欢的就好。**就这样恰好遇到了机会，用 20% 少数人的想法去开拓 80% 的市场。**

由于和顾客年龄相仿，选的款式大众能接受且价格便宜，摆摊一周后贩卖出去了一些东西，也添加到一些顾客的 QQ 号。我的回头客数目明显要高于周围摆摊的，而且会带着身边的朋友来购买。之后又建立了 QQ 群，有上新的物品就发图片到群里，告诉大家有喜欢的可以先预定，几天之后来找我拿货。**这样既节省了摆摊的时间，也抓住了回头客的心，重要的是我不用担心进货回来的物品卖不掉。**渐渐我不需要去摆摊了，只需要晚上在 QQ 群里发图片即可。后来我的同学们对我刮目相看，摆地摊原来还可以这样做。

经历过这件事，我明白了不要相信 80% 的人说你不行，要想让他们对你刮目相看，就用 20% 的人的做事方法去行动，证明给他们看你可以。

情人节卖玫瑰也是偶然间的想法，这个节日玫瑰价格翻 10 倍卖是很正常的，但是我发现本地市场上的玫瑰花束没有创意，这意味着我去做有创意的花束，用相同或更低的价格售卖是有潜在市场的。问了身边许多同学、朋友，如果用相同质量、更低价格的创意花束，是否能接受，大部分人说可以。**因为目标顾客就是和我们年龄相似或者稍微比我们大一些的年轻人，算是提前做了市场调查，预估事情失败的可能性。**但是我没有进货渠道，于是努力去寻找有进货渠道的"合伙人"，通过朋友介绍认识了一位年龄相仿的人，他家专门做鲜花市场，能够保证进货价格便宜。

和对方沟通之后一拍即合，我们开始了情人节贩卖玫瑰花计划。那时候没有微博、微信、自媒体等网络宣传平台，于是我们就在本市几个活跃贴吧里发帖。为了让帖子看起来不那么像广告，也是防止贴吧吧主删除广告帖，我用心写了软文并附上事先准备好的样图。告诉大家一样的品质，更低的价格，不一样的创意，我们可以送货上门，给心爱的 TA 一个惊喜。没有在线付款功能，我们就说可以货到付款，只要提前预订即可。预订的客人留下地址和联系电话之后，我们都会认真记录。**那时没有想过用这样的方法是否能真正卖得出去，只是用 20% 的少数想法在不断寻找创意。**

对方是男生，考虑到送货上门的安全性，由他去送货，把预订顾客的花束送完之后我们一起去卖其他的。情人节那天一大早就起床去修剪玫瑰花，手指也不小心被玫瑰身上的刺划破，一整天都在外面奔波……其实在贩卖过程中有遭受过别人的白眼，也有许多只问价格不购买的人。**但这些都不重要，重要的是你之前觉得不太可能的想法，在你一步步行动过程中真的就实现了！**

有了这次摆摊小小的"创业"经历，我体会到挣钱不容易的同时，也想进行更大规模的"创业"，后来大学期间我开了一家淘宝店。由于之前有饰品的进货渠道，我决定继续做饰品类目，同样先去观察同行是怎么做的，学习别人优秀的地方，发现那些不足的地方并努力寻找解决问题的方法。**遇到问题不是逃避，而是去思考怎么解决。80% 的人是怎么解决的，如果我是那 20% 的人，我会怎样解决？**虽然那家淘宝店在大学毕业后就没有经营了，但在经营的过程中确实学会许多知识。**其实想要成为 20% 的人并不难，多留心观察生活中的事物，多思考和实践。**

而我没想到的是，在我把这些过去从事过的兼职、小小创业经历写进简历里之后，收到了许多心仪公司的邀请，让我有机会能去这些公司实习、工作。而在我 2016 年的斜杠青年生活期间，也利用曾经开淘宝店的经验，又重新运营了一家新店铺。**你看，过去所学会的知识、技能，都会在将来的某一天帮你一个大忙。**

这些都是自己的真实经历，和大部分人的兼职、创业故事相比或许逊色很多，但过去这

些经历告诉我：**不管你现在、将来创业是否会成功，重要的是去经历，努力成为那 20% 的人，努力按自己的意愿过一生。** 就算最坏结果是失败，也有一颗愿意从头再来的心，创业失败没有了钱并不可怕，因为有能力东山再起。

当然，一个人的时间和精力都是非常有限的，要想真正"做好每一件事情"几乎是不可能的，要学会合理分配时间和精力。而我写这本书的目的也在于此：**授人之鱼，不如授人之渔。教会大家高效学习、时间管理的方法，有自己的一技之长，不断努力奋斗，用行动去证明自己能行。**

一起加油，成为自己心目中那 20% 的少数人。

在变得越来越优秀的路上，有我的陪伴，你不孤单。

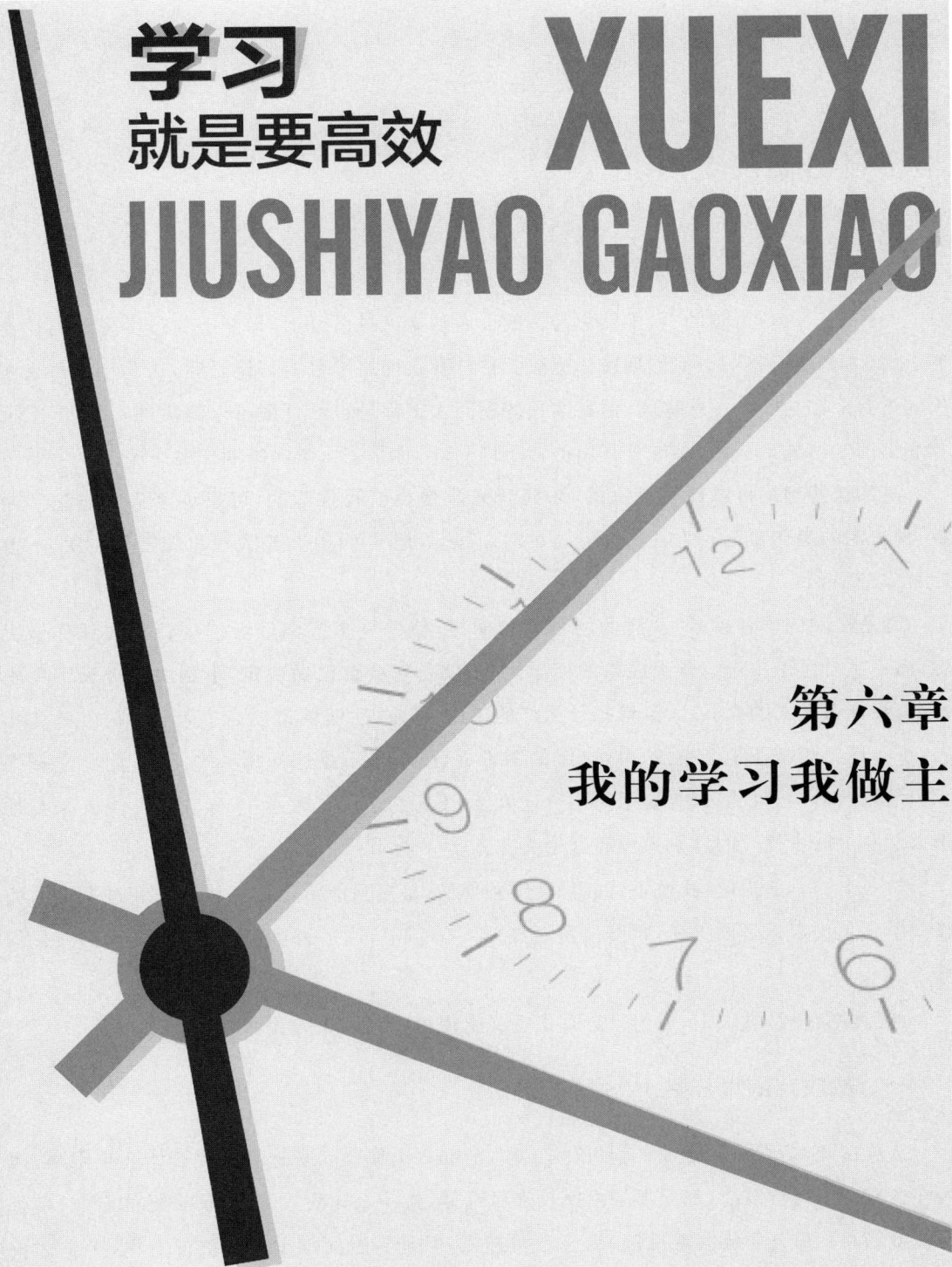

学习
就是要高效

XUEXI
JIUSHIYAO GAOXIAO

第六章

我的学习我做主

学会自己做决定

写作是一件很奇妙的事，虽然你与你的读者从未见过面，但是却能够通过字里行间让他们了解你，你也能够明白他们现在的想法。自从我在网络平台上写作之后，这几年中每天在不同平台上都会收到一些提问，但其实这些提问大多都是自己百度可以解决的。例如，求推荐靠谱的学习外语网站，求推荐好用的背单词 App，你是怎么学咖啡制作的……

其实这些都是可以自己解决的，来问我无非是相信我推荐的，可是许多人却忘记了一点：做决定的是你自己。一直把希望放在别人身上，是不可能的，别人只可能帮你一次，不可能帮你一辈子。

越是接触的读者越多，这样的问题就越明显，似乎许多人已经习惯了让别人帮你做决定，而不是自己做决定。**长大成熟的标志之一：就是学会自己做决定，小到决定今天下午吃什么、买什么款式的衣服，大到选择什么样的工作、朋友、生活城市。**许多人年龄已经是成年人，可心理年龄却还是个小孩。做决定的困难部分在于，不是选择哪一个结果，而是选择去承担结果背后的责任。因为要承担的责任大了，不想自己一个人承担，希望有一个人来帮忙担负起身上的责任，可是，别人没有这个义务。

学习上的一些决定，我也不可能都帮得到你们，最多只能给你们一些建议和过来人的经验。但真正决定是否要报名培训班、是否要学一门新语言、是否要进行时间管理的人，是你自己。

如何学会自己做决定，成为一个真正意义上懂得担当的大人呢？

一、从放弃依赖开始

从现在开始，无论你吃饭、学习还是工作，全部都由你自己来选择。一开始会很困难，因为许多人在读大学以前，都习惯了由家长来做选择，买什么样的衣服、读什么样的专业、是否报补习班等。最开始你会想反抗，想自己做选择，但是到后面你发现反抗没有用，于是你放弃了挣扎，渐渐不自己做选择。当然也有的家长是尊重孩子的选择的，不是所有家庭都这样。无论过去怎么样，从现在开始，你必须重新选择，必须所有事情都自己决定，你已经不再是一个幼儿园的小孩子了。

要不要上英语补习班？要不要学其他国家的语言？要不要……这些全部都由你自己来做决定。**在学习这件事情上，先不说学费的问题，让我们从认真问问自己开始：你是否真正喜欢这件事并且能够一直坚持下去。**如果能，确定自己做出选择了之后不会后悔，也不会把责任推卸给任何人，那就义无反顾地去坚持你想学的东西，然后再去想办法解决学费的问题。不要觉得学费是最头痛的一件事，最头痛的是你自己没有勇敢做决定。如果暂时没有钱，可以先自己买相关书籍回来自学，或者找银行贷款，找亲戚借钱，或者向父母写借条，保证学完之后在什么时候把学费还清。而且我相信，你真正想学一门知识并且把它认真学好了，大部分父母也是愿意花这一笔学费的。

从心理上不再依赖父母开始，从自主选择想学的知识开始。我真正意义上能够自己做选择买东西，如衣服、鞋子、包包等，是在经济独立以后。准确来说，是上大学以后，那时候开始自己想办法去兼职，父母给的生活费只用一部分，其他想要买的东西努力自己去赚钱。但是从小到大，我在学习方面是有自己选择权的。想学习什么乐器、什么知识，上什么学科的补习班，父母都会全力以赴地支持我，只要我能够学好，能够有所收获。

当你尝试着想去问别人"我该怎么办？""我该怎么选择？"的时候，不妨尝试着不要立刻开口去问，而是听从自己的内心，做出最正确的选择。

萬物既有歡喜處，
心安既是歸處。

二、学会承担责任

选择背后意味着是承担相应的责任，而之前的许多责任都是父母在帮你承担着，你从来没有为自己该怎么选择而感到烦恼，但是现在你需要学会自己来承担所有责任。 例如，衣服以前是父母帮你买，就算不喜欢了、不穿了也是父母承担出钱的责任；选择去吃什么，就算不好吃了也是父母出钱；选择上哪一所大学、什么样的专业，父母替你做选择了，你就有抱怨不喜欢的权利，但是别忘了他们最开始的想法也只是希望你选一个好的专业，能够在毕业之后有个好工作。

不管过去父母怎样替你做选择，但是工作以后呢？你要和什么样的人谈恋爱、和什么样的人成为朋友，这些都是要自己选择的。总不能到结婚那一天，父母帮你选择结婚对象、帮你决定什么时候生孩子吧。

不要怕做错选择，你们都还很年轻，有许多试错的机会。 我当初第一次学除英语之外的外语时，有没有纠结过呢？肯定有，当时报名学德语之前，我就在纠结到底要不要学。那时我身边都没有学过德语的同学，我也没办法问其他人。当时我也怕自己的选择会是错误的，毕竟一年还是要花几千元的学费，而且还不能退，对于一个刚刚毕业才工作的年轻人来说，是一笔不小的开支。而之后的学习过程让我明白，当初自己的决定是正确的，如果没有学德语，也就不会有后面学习法语的想法。因为不去开始的话，心里会一直恐惧和担心学一门新外语付出的时间和精力，最后能否和回报成正比。但最后我想明白了，就算是选择错了发现自己学不好德语，至少我曾经也尝试过、努力过，不会后悔。与其一直纠结，不如当机立断。

有些错误的选择是必须经历的，不去经历就不会成长。 我自己在衣品上就曾经犯过许多错误，花了几万元的钱买了许多衣服，试错了许多次之后终于知道什么样的风格适合自己。如果我当初不花这些试错成本，现在依旧会是一个乱买衣服、不知道自己适合什么风格的人。那些看起来花掉的冤枉钱，其实一点都不冤枉，在这个过程中我知道什么衣服面料最舒服，衣服的制作过程都是什么样的。刚创业的时候也做过许多错误的选择，而这些选择也让我赔了几万元，很心疼。但是没有经历过这些错误的选择，以后我依旧还会经历的，到那个时候要交的"错误学费"就会更多。**承担试错的风险和责任，能够让你渐渐成长并懂得担当。**

三、没有所谓正确的选择

"丹妮姐，我大四了，到底是考研还是找工作呢？""丹妮姐，我特别想学一门乐器，但又怕自己学不会，我到底要不要学？"**这些选择其实都没有所谓的对与错，每一条路都有它的美**

好和背后的辛苦。如果我告诉你，去考研吧，工作太辛苦了，但是到后面你会发现考研一样辛苦，每天做大量的练习就算了，还要担心是否能考上心仪的大学、专业。但是我告诉你，别考研了，工作去吧，能挣钱，后面你也会发现工作非常辛苦，每一分钱挣得都不容易。

不管你选择考研还是工作，都要经历一段很难熬的时光。考研的难熬在于你要与许多人竞争一个专业的有限名额，稍微放松一下不努力就会失去这个机会。而工作的难熬，是在于你要面对更多工作上错综复杂的情况，但这些情况你从来没有处理过，却不得不逼自己硬着头皮去处理。

不管你选择学还是不学一门乐器，你都要去学习其他的知识。只是，你选择了学习该乐器之后能让自己感到开心，并且真心诚意想要去把它学好，那么这对于你而言就是对的选择。**没有哪一种选择就有直接答案告诉你：你会成功的，选这条路肯定没错。**

所谓的选择正确还是错误，其实每个人心里都有一个标准。觉得选择是正确的，无非是感受到了精神上或物质上的回报；而觉得自己选择错了，大多情况下是觉得投入了大量时间和精力却没有成效、没有回报。

如何才能做出自己觉得是正确的选择呢？就是问问你自己的内心，做了这个选择是否会后悔，如果不会，那就放心大胆地去执行这个选择。

每天我也在面临着各种各样的选择：是选择继续以前的朋友圈，还是大胆去拓宽新圈子？是选择放纵自己吃喝，还是选择每天坚持健身？

我知道自己不喜欢过一眼就望到头的工作，因此我会不断去挑战自己。

你不可能让别人帮你做决定的，能够承担风险和责任的只有你自己。你最多只能够听一听别人给的意见，但最终做决定的那个人还是你自己。

考证真的那么重要吗

　　还记得我大一刚入学时，大四的学姐学长总是用心良苦地对我们说："一定要好好珍惜大学时光，有空就多学一些有用知识，多考以后工作上用得到的证书，不要等大四毕业时知识没学到，什么证书都没有，也没有社会实践经历，白白浪费大学四年时光。"而当我毕业时，也是真诚对学弟学妹们说类似的话。也感谢当年自己认真听进去了这些建议，没有白白浪费大学时光。大一上学期认真背四级单词、做练习，把四级通过，下学期依旧努力奋斗，把六级给考过了。高中时代的我们，只用专注学习、把考试成绩提高就好，但是到了大学，除了知识的学习之外，考证也成为必需品之一。

　　关于是否考证这个问题，不仅仅是现在的学生感到迷茫，我身边许多已经工作的朋友都会陷入这个迷茫之中。当然，也有许多人真正发自内心想要去考一个相关证书的时间，是在工作之后。因为他们意识到，有这个证书至少可以升职加薪，至少可以在最坏的情况（公司倒闭之后），靠这个证书找到另外一份工作。

每天路過的樓梯，换個角度欣賞，也會發現好風景。

Aug. 14
2015
+

by: 映刻時光·ink time

一、考证的确重要

考证当然非常重要，中国人口那么多，13亿人里面从来都不缺乏优秀人才。当你去面试的时候，面试官首先要在网上筛选一下简历。试想一下，你和另外一个面试者都是同样的条件，但对方比你多了几个专业证书，面试官会邀请谁来参加面试？肯定会优先考虑证书多的那位，不要觉得面试官偏心，这就是事实。**你说那些知识你都学过、都会，可是你拿什么来证明呢？**你们拥有其他相同的条件，但对方比你多了几个专业证书，至少可以证明他

学习过相关内容,并通过考试来证明已经掌握。你说:"我们班里的某某在大学里一个证都没有,甚至挂科没有拿到学位证,但是毕业后人家去了好单位。"那万一别人是富二代呢,或者他家里有关系早就打点好了一切。他不考证可以有份好工作,但是你不考证做得到吗?做不到的话还是乖乖看书学习去,要多学一些有用知识,把该拿的证书拿到手。我们大部分人都是普通人家的孩子,没有背景和财富,更是需要拼实力,而证书就是证明你实力的一部分。

证书不是必需品,但它很重要。因为它是你面试时通往好单位、好工作的敲门砖,没有证书,你连那个门槛都跨不进去。不仅仅是在大学里需要考证,毕业工作后更需要考相关的证书,因为会涉及你的工作升职加薪。

二、大学里、工作后应该考哪些证书

无论在什么时候,考证都是对你学习态度和工作能力的一种证明。在大学里,非英语专业的学生,英语四、六级是最基本的证书,如果能四、六级口语考了更好,特别是在大城市里许多外企面试时都对英语有要求。毕竟你去外企面试时,不想一开口说英语介绍完自己的名字之后就不知道该说什么了吧?英语四、六级这个证书必须考,不仅仅是因为大部分学校规定要四级、六级通过后才颁发学位证,而是这个证书能够证明你最基础的外语能力。其次是计算机二级,这个在很久以前就是几乎每个大学生都有一个的证书了。

当然,除了四、六级和计算机考试之外,你还需要考一些其他的证书。例如,我学的是人力资源管理,要考人力资源管理师的相关证书;学会计的同学最起码要考会计从业资格证,有能力以后可以考注册会计师等。不考证可以吗?当然可以,如果你在某个领域或学科上特别优秀,可以靠它挣钱养活自己;又或者你是富二代、家里有关系和背景,就算你没有相关证书也能继承家业或找到一份不错的工作。不要再纠结是否考证了,有些专业证书现在不考,以后工作也要考的。既然早晚都要考,不如趁早就把那个证书拿到手。**学会的知识就是自己的,谁也抢不走。**

由于每个人的专业不同,就需要你考一些不同的证书。在大学里根据自己的专业,咨询老师自己的专业考哪些证书对以后找工作会有帮助。

工作后,考证的优先程度应该是:先考能够让你谋生的证,再考你自己喜欢的证。例如,我自己是很喜欢咖啡制作的,但是我工作一年多之后才考了咖啡师相关的证书。你必须先谋生,有自己的一技之长挣钱,才能保证接下来有一些时间和余钱做自己喜欢的事、考喜欢的证书。我以前新东方的同事,非常优秀的一名雅思老师,也是先考了一些英语相关的证书谋生,工作几年之后才去考自己喜欢的潜水证。

三、不要盲目跟风考证

我的一个大学同学是考证小达人，人力资源管理专业出身的我们，大多数同学都考了这个证书。但是她不仅考了人力资源的证书，还考了会计从业资格证、证券从业资格证、心理咨询师等十多个证书。虽说技多不压身，但是这些都和她想要从事的工作没有太多关联，就当我们以为她要从事她所持有的其中一个证书的行业时，大学毕业的她却最终选择报考了家乡的公务员考试。这位同学并不是为了将来职业发展去考证，而是她喜欢通过考证来证明自己的考试能力。**我很支持大家根据自己的实际情况去考一些证书，通过考证这个方式来充实自己的业余生活，不断提升自己。**但是不支持大家盲目跟风去考证，这样不仅浪费了时间、精力、金钱，更重要的是，这侧面反映出了你对自己的学习和职业是没有任何规划的。

不论在学校里还是已经参加工作，证书都不是乱考的。你要首先做好自己的职业规划，然后再查询这个职业、行业里考什么证书吃香。有个学妹在毕业几个月后问我要不要考个英语导游证？因为她听家里的一个亲戚考了这个证之后，每个月接外国团队挣钱比较多。我问外语专业的她将来是否要做导游，她说没有这个打算，既然现在和将来都没有这样的打算，就没有必要考。"那你将来想从事什么样的职业？"我继续问她，之后得到的回复是想从事书面翻译相关的工作。她现在虽然没有从事翻译工作，但由于大学的功底还在，现在复习英语笔译考试还不算太晚，只是她很迷茫到底该考什么证。英语笔译的挣钱速度没有英语导游快一些，但笔译这个行业做好了依旧能挣钱。说到底，还是要认真规划自己的职业，不要犹豫和纠结去考那些能让你在职业发展上"增值"的证书，越早拿到越好。

每个行业都会有一两个吃香的证书，但是你得想清楚自己是否适合。今天注册会计师火，你就考这个证，明天也许人力资源管理就火了，你也想考那个证。如果是盲目跟风考证，我个人觉得不如不要去考这些证，先把你自己的专业课学好了，或者先把你的本职工作做好，不要为了考证而丢掉更重要的当下学习过程。当你做好、学好以后就会更清楚自己的学习、考证能力。

要麼讀書，要麼旅行，
身體和靈魂，
總有一個在路上。

Jul.29
2015
4

by: 映刻時光·ink time

四、如何高效备考，顺利拿证

首先要安排好自己的时间。如果你现在是在校学生，恭喜你，你现在比职场人士拥有更多时间去备考，别浪费了大好时光。考证肯定是越早越好，但是如何区分时间呢？如果你在大三、大四的时间准备考研或者公务员、事业单位等工作，那考一些有含金量的证书就尽量安排在大一、大二的时间。随着时间的推移，到后面你要忙的事情会越来越多，备考的时间和精力就会越来越少。

如果你准备大学毕业以后出国留学，大一、大二尽量把四、六级通过，然后就用心准备雅思、托福等考试。当然以上情况都不是，你准备毕业就踏入职场，那么你的考证时间相对来说就充足许多。

当然已经工作的人也别慌，一边工作一边考证的人也有许多，你不是一个人在奋战。工作后只能利用上班前、下班后的休息时间来考证，具体如何安排时间，可以参考本书中前面写过的下班后时间管理的内容。**虽然工作后考证不及学生时代的时间和精力，但是千万别觉得自己就没希望了**。我毕业第一年也是一边工作一边学习德语的，下班后赶紧跑到培训学校，在楼下匆匆忙忙吃完饭赶紧上楼听课，下课回家以后时间都晚了。简单复习又赶紧睡觉，第二天还要早起上班，虽然很辛苦，但是却过得无比充实且开心。

其次是提前做好每年的考证计划。入学后的首要任务就是准备英语四、六级，还有其他重要的证书也可以一起趁早考。把每年考证的计划都列出来，网上查找精确报名、考试的时间，记录在你的时间管理本中，并用显眼的颜色标注出来。寒暑假里的时间可别浪费，做好计划可以用这段空闲时间来安排相关考证的复习。因为这段时间既不需要你上课，也没有像高中那样寒暑假时间都留给了一堆厚重的试卷。此时的你可以全身心投入考证学习、复习当中。

工作后，明确自己未来几年要从事哪一个行业，需要具备什么样的能力和证书，也是同样地做好考证规划，只是备考时间变成了工作以外的时间。我不赞同利用上班时间去看书备考的行为，该工作时就拿出认真工作的态度，不要为了备考把自己的工作耽误了，到最后工作和考证什么都做不好。

把准备工作做好之后，接下来就是利用书中写过的时间管理方法、学习方法来实践的时候。备考时间段里，调整好自己的心态，推掉无效的社交，关闭 WiFi 和一切社交软件，专注学习或做练习。

第一次没有考过怎么办？分析自己没有考过的原因，不给自己找借口，下次更加努力继续考，直到考过拿到证书。我的阿姨当初差几分没有考上大学，最终读了一所中专学校，不

是名校又非会计专业出身的她，找了一份行政工作谋生。她想转会计工作，老板给她三个月的时间，三个月后如果拿不到会计从业资格证就自动走人。或许你会说这有什么难的，但是她真的就自己下班后一点点学习，入职当天就筹备着考试，由于筹备时间早，也提前报名了，所以在她和老板提出转岗的第一个月之后就顺利拿到了那个证书。

哪有那么多的天赋和好运气，想要的每一份证书都是用汗水和努力换来的，一分耕耘，一分收获。

认真分析自己的能力，规划好自己的职业方向，就勇敢去考证吧。不要在意旁人的眼光，就算他们不相信你能通过相关考试，也不要理会他们。等你拿到证书就是最好的解释说明，让别人羡慕去。

请相信，你现在每一次努力的付出，在将来一定会有收获。

考研还是找工作

　　我今年大学毕业工作第三年了，却依旧很清楚记得大学刚入学时班主任和我们讲过的话。他当时就和我们讲，考研这件事越早决定越好，等你大四再来决定的时候就比较晚了。这句话的意思不是说让你大一就磨刀霍霍准备考研了，而是让你有这个决心，才能够不断保持优秀学习，到考研的时候功底好。那大二、大三才决定考研是不是就晚了呢？并不是，只要你真的下定决心，能够熬过考研痛苦的时光，从来都不晚。

　　但是许多人到大三的时候才会来考虑这个问题：我到底毕业后是考研还是找一份工作呢？我身边那些大一就考虑清楚自己要考研的同学，大四毕业后基本上都考了，因为他们的目标非常清晰，并愿意不断付出时间去奋斗。而那些大一就想好毕业之后要先工作、后创业的同学，现在也或多或少有一份自己的小事业了。当然这只是我身边的案例，用他们来举例说明就是要告诉大家：你的人生目标越早清晰越好，你就会不断朝这个方向去努力前进。**每个人都会在不同的时期面临着站在人生的十字路口做选择，我到底是往哪一个方向走最好，但其实都没有最正确的道路。**

by: 映刻時光·ink time

Sep. 22
2015
+

　　关于考研还是找工作，我当时是这样想的：没有想清楚自己读研到底喜欢哪一个专业，不想浑浑噩噩度过自己的研究生时光，不如毕业之后先工作，等工作以后想考研了也有机会。所以我选择了毕业之后工作，这一工作的时间就是三年，在 2017 年初的时候，我觉得未来两年内我可以去读一个 MBA。**因为在工作的过程中我发现，自己对商业和管理非常感兴趣，尽管大学人力资源管理专业学过一些管理学的知识，但我仍然觉得自己需要去深造。但是我从来都不觉得这个时**

是誰在藍色的天空里，
譜寫了一段《快樂還是愛傷》樂章？

候读研已经晚了，恰恰相反，我认为是最好的时候。管理学的许多理论，你学过之后不去实践就不知道哪些真正适合自己。只有经过实践、反思，然后再继续学习，才会真正达到知行合一的境界。

如果一直都犹豫不决考研还是工作，该怎么办呢？

一、考研

先从自身的情况来分析，你是否热爱目前所学的专业？你的学习成绩在班级里怎么样？如果你的成绩在班里还不错，自己又有很明确的目标想去继续在某个领域深造，就可以选择考研。或者你觉得本科学校不够好，心里有名牌大学的梦想，想继续学习去提升自己的学历，也可以选择考研。再或者是你不喜欢目前的专业，想通过考研有二次选择的机会，去学习自己真正喜欢的专业知识，那考研也是适合你的。**考研不适合什么样的人呢？不适合想逃避找工作这个问题、想再继续在学生时代玩几年的人。**别笑，许多大学生考研的原因就是在逃避现实问题，他们想继续待在相对于社会而言比较温和的环境里，没有残酷的竞争和工作上巨大的压力。我上学那会儿身边就有许多这样的同学，他们参加考研纯粹是去"打酱油"。快毕业了面临着就业的压力，想想还是能逃避就先逃避，不如选择考研。但是由于他们考研的决心和意志力不够，也没有一个明确的考研目标，所以在准备考研的时候许多人都是三天打鱼、两天晒网的状态，最后的结果当然是没考取。

在考研期间，有人早起晚归宿舍，是为了去图书馆看书复习考研，而有的人晚起晚归是去网吧打游戏，就算最终结果没出来之前，你也能看得出谁是那些真正想考研的人。**工作这个问题，你迟早还是要面对的，逃不了。**就算你一时逃避考了研究生，但是研究生毕业之后还是要面临找工作的。哪怕你考到了博士、博士后，最终的工作问题还是逃避不了的。

那如果想好了要考研也愿意付出努力，到底要不要报名培训班呢？

我自己的建议是：先分析自己各科的成绩，薄弱的某科、某几科可以去报培训班，强项、分数高的没有必要去。虽然考研培训班费用很贵，但如果是能够切实帮助你解决掉学习中的困难，自己成绩能够提升的话，那些报名费还是值得的。**只是要睁大眼睛，好好挑选培训机构，避免被骗钱。**

二、工作

既然想好自己不考研了，那就毕业后踏踏实实去找工作。**在大二（甚至大一）的时候就可以开始关注着网络上的校园招聘了，这个时候不是要让你真的就去工作了，而是先了解不同工作的要求。**许多招聘网站上对于不同岗位都会有详细的工作职责说明，你可以选择一

些自己感兴趣的工作去查看,也可以各种行业的工作都看看,了解一下大致是做什么的。

我收到过许多大学生读者关于工作的留言:大多都是要真正找工作的时候才发现自己很迷茫,根本不知道自己想要做什么工作,也不知道该怎么选择。**中国有句古话:防患于未然**。找工作也如此,你要提前准备,到真正面对的时候才不会手忙脚乱。毕业之前,平时花点时间去了解一下,到找工作的时候就大概知道自己想要做的、适合做的工作是什么了。关于如何找工作、如何写简历、如何面试等的内容,大家可以自己用搜索引擎来查找,网络上有许多资料。我自己本科学的是人力资源管理,大学毕业也当过面试官,在此就多提醒大家一句:毕业之前能去实习就一定要去,有实习经历能够更快适应新工作。

许多刚毕业的大学生都会有这样的感叹:"毕业了之后才发现还是学生时代好,不用操心太多,只要好好学习就可以。"我刚毕业那会儿也这样感叹过,是的,工作之后面临的最大压力就是挣钱养活自己,你不能再依靠父母的钱来维持生活了。而工作几年之后你要面临着结婚、生子的压力和责任,那时候已经不仅仅是钱的问题了。**人生中总是有各种各样的问题,在不同时期出现,我们不可能一直逃避,都要学会勇敢面对。**

不要怕去找工作,不要把时间浪费在过多的担心上。工作中遇到问题了就解决问题,该加班的时候还是得加班,渐渐你就会处理问题越来越得心应手,也能够在加班的过程中学到更多工作上的知识。

三、工作一段时间后考研

有一些人是在工作一段时间之后才明确自己想要在哪一个领域继续深造的,我就是这样的人。不想稀里糊涂就去读研,也不想稀里糊涂就研究生毕业,选择在工作中渐渐摸索和前进,不断寻找自己真正想要研究的方向。

但是工作一段时间之后再考研,最大的问题就是时间和精力。你的时间和精力有很大一部分被工作所占据,要么你只能选择一边工作一边复习考研,要么就选择辞职专心备考。这两种选择都有风险和压力,前者是时间和精力不够,后者是要提前储备好辞职以后的应急存款。无论怎么样,你都要考虑清楚,虽然这两种选择都没有错。我很喜欢的一位创业女性王潇也是这样的人,她工作一段时间之后也才发现自己真正想要读研的领域,花了比学生时代多许多倍的时间和精力,最终考上了心中的学校。

我有一位好友,学酒店管理专业,研究生也继续在此领域深造。她高考填志愿的时候就是自己选择的,在查阅了大量的资料之后她确定自己喜欢这个专业,毫不犹豫报名了。当时在我家乡那样的小城市,许多家长都觉得学会计、金融才是最吃香的,她能够仔细分析清楚该专业的优势,以及和家里人认真沟通,我觉得对于当时的她来说已经很棒了。后来选择考

研之前她特意去找一份和本专业符合的实习工作，在进行实践之后她确认自己很喜欢这个专业，于是也没有犹豫就继续选择读该专业的研究生。这位好友最终被美国康奈尔大学酒店管理专业录取，当年她们学校就只有她一个人考上了这所世界名牌大学。

但是她并没有毕业之后就立刻去读研，而是申请了延期两年再入学，并向学校解释清楚她的原因："我想在酒店管理的工作中实践两年，把以前学过的理论和现实结合起来，然后再来继续深造。"她也确实按照自己的想法一步一步实践着，如今的她在某国际知名酒店工作，并准备今年去实现她当初的研究生承诺。

学历固然重要，但它并不代表你能力的全部。不要为了考研而考研，而是心里真正想清楚了自己要学习的方向，然后再做选择。

不从事所学专业的工作就是白学吗

2016年12月底我办线下活动的时候,在活动散场后有一位学医的学弟向我诉说他的苦恼:"自己喜欢的是摄影和旅行,想在毕业后从事和摄影相关的工作,可是父母却强烈反对。父母觉得好不容易学医了,毕业出来工作稳定,收入也不会太差。他们觉得我如果去做摄影工作,大学的专业就白学了。"他问我是否可以给他一些建议,因为我现在所从事的行业、所做的事情,都和我大学专业没有太多关联。

这让我想起了当年的自己,其实许多人都会有这样的困惑。

一、为什么会有这样的问题出现

能够自己选择专业和工作的孩子是幸福的,但是还有许多人是不能够自己选择的,有一部分原因是迫于家里给的压力。我毕业那会儿也面临过同样的问题:父母希望我从事所学的人力资源管理专业,或者考一个和它相似岗位的公务员工作,这样的话我的大学专业就没有白学。当然,这只是父母的想法,他们不管你是否喜欢,但是你要相信,他们之所以这样考虑的原因都是出于爱你。大多数孩子都是普通家庭,父母挣钱供孩子读完大学不容易,他们只是希望你从事所学专业的工作,以此觉得没有浪费你大学四年所学的知识,没有浪费那些辛苦挣来的学费。

由于父母那辈人和我们的成长背景不同,造成了我们两代人在某些观念上会有差异,我们不要去责怪父母。在父母那个年代,有一份稳定的工作就是非常了不起的。但是现在时代不同了,随着中国经济发展得越来越好,各种各样的工作机会也越来越多,年轻人有了更多的选择。但是,"不从事所学专业就等于大学白读了"这个观念我是不认同的,因为所学的知识终究有一天会用得上,而且说不定在某个时候就会帮你一个大忙。父母之所以理解为你白学了,是因为在他们那个年代,学什么领域的知识就是做什么工作。**但是现在时代不同了,很少有人一辈子都在同一个岗位上做同样的工作。**有可能你刚毕业的三年内是在传统行业,而第四年就去了互联网行业,到后来你就自己创业了。

父母为你规划好的未来不一定适合你,但他们这样做都是出于爱你,不想让你经历太多的风和雨,因为他们经历过的磨难太多了,只希望你这辈子能够安稳过就很好。

二、从来就没有白学的专业

学习任何一个专业，都不可能白学，除非你真的大学四年里都没有好好学习。 我当时只是觉得自己不适合人力资源管理，但没有因为不适合这个专业就不好好学习了，该上的专业课我都会去并且认真做笔记，把专业知识弄懂，考试的分数也不错。而当我真正做该专业的工作时，又在工作中学习到了许多书本上都没有的知识。虽然我现在早已没有从事这个行业，但过去所学的人力资源管理知识，对我现在都有帮助。至少在我转行去其他公司面试的时候，我知道简历该怎么写能够获得面试机会大一些，面试过程中应该注意什么以及如何让面试官留下好印象，我也知道该如何合理地谈薪水等。当我自己创业之后，懂得运用人力资源管理的知识去选择合适的合伙人、一起工作的小伙伴。而曾经学过的管理学、经济学知识，也在实际工作和生活中有所运用，这些专业知识都没有白学。

有一位学经济学的朋友，大学毕业之后去新东方英语当了一名雅思老师，我们也是在新东方认识的。她从小到大都非常喜欢学英语，毕业了之后无意中去新东方的面试让她爱上当英语老师这种感觉。她觉得比经济学有趣多了，虽然经济学专业是她父母选择的，但是她可以选择自己喜欢的工作。每天站在讲台上传道授业的感觉让她觉得人生非常有意义，尽管许多时候她都讲到嗓子发哑。

她的父母一开始也非常不理解，但是到后面看到她成为一名优秀的英语教师，并且做这份工作发自内心的开心时，也就渐渐接受她的想法了。我的父母最初也不能接受我这样的想法，他们希望我成为一名公务员的想法泡汤了之后，也就没有逼着我去考。在我做自己喜欢的事越来越好之后，父母也渐渐理解了，**其实父母只是希望你能够把日子过得好一些，不想看到你受苦而已。**

三、我们该怎么解决这个问题

所学的知识和想要从事的行业没有冲突，只要你学会和父母好好沟通，解决这个问题。

要想和父母沟通放弃本专业，去一个自己喜欢的行业工作，你最起码得了解那个行业的情况，不然怎么让父母放心呢？你可以去查阅大量该行业、岗位的资料，然后整理成一份1～2页的 Word 文档打印出来。别弄得字数、页数太多，父母看不完的，有相关的图表、数据最好也附在里面，更能说明行业的前景、现状等。**用数据和行业专业的知识来说话，就比你凭口和父母讲要强有力得多。**

沟通完之后再告诉父母，你大学四年里其实没有白学。**这个时候你的四、六级成绩、期末考试成绩、各种各样的专业证书就发挥作用了，它们是最能够证明你大学四年没浪费学习**

时间的工具。所以前面提到的考证到底有什么用，这里就发挥了其中的作用之一。你要学会告诉父母，自己大学里有认真学习，并且掌握了相关的知识，就算现在暂时不从事所学专业了，将来要是想从事的话，还是有资格和能力回到所学专业的。还可以和父母写一个保证计划：一段时间内如果做自己喜欢的行业、岗位没有任何起色的话，再回到所学专业上来从事相关的工作。

当然如果这些做法对促进与父母沟通都没有效果的话，你不妨去试试父母觉得好的工作，或者自己所学专业领域的工作。亲自经历了之后才知道自己到底喜不喜欢，花半年到一年的时间去经历，到时候再跳出来做自己喜欢的事情也不迟。**总之就是要，自己的学习、工作自己做主，并且不管做什么决定都要学会自己承担后果和责任，不要推卸到父母身上**。

学习的目的，最终都是学以致用。不管你是现在用得到，还是将来用得到，总有一天学过的知识都会对你有帮助的。不从事过去所学知识的相关工作，不代表白学。

学习到底有什么用

随着互联网发展得越来越迅速，出现了许多新兴行业：新媒体、直播、电商平台……而许多年轻人对这些新兴行业都不陌生，或多或少身边都有人在从事相关的工作。互联网创业看起来似乎变得越来越容易，许多人想跃跃欲试。

之前在百度上看到一个提问，是这样的：×××你好，我听一些做直播的朋友说，当主播只要你人气稍火一点，一个月就能有两三万元的收入轻松入账，真的是这样吗？如果是真的，那我为什么还要读书学习呢？直接去做直播多好。

我猜这可能是一个学生提的问题，或者刚刚步入社会工作的人提问的。因为但凡对互联网直播行业有所了解的人就会明白，直播赚钱没有你想象中那么容易。**这个问题里最致命的不是在于赚多少钱，而是当下许多人觉得读书、学习没有用。**如果还是一位学生提问的话，那她在当下必须树立好正确的教育观念了，否则她可能会因为想要当主播而浪费了大好的学习时光。

为什么觉得读书、学习没有用呢？你不读书、不学习的话，某一天被别人骗了都不知道，还以为自己赚到了。不可否认金钱的魔力，但是许多人在金钱的诱惑下也会误入歧途。这个世界上有的人赚快钱，不管用什么手段和方法，只要火一把，能够捞到一笔钱就行，之后就销声匿迹。而有的人则是赚慢钱，刚工作前面几年的时间里一直都在积累，等到机会适合了才会爆发出来。赚快钱的诱惑特别大，许多人都想去走捷径，但是到最后你会发现，想走捷径的人最终无捷径可走，反而那些踏踏实实的人才走得更远。

一、学习、读书是为了提升自己

中国上下五千年历史里，从来都没有停止过学习。如果大家停止了读书、学习的话，就不会有现代文明的生活了，那可能现在依旧过着原始生活。只有不断学习，才能够在掌握大量知识的情况下，进行自主创新。正是因为我们从小到大都在学习各种各样的知识，才对这个世界有所了解，才有了分辨对与错、好与坏的能力。

腹有诗书气自华，你饱读诗书，整个人的气质、言谈举止看起来都会不一样。读书、学习，接受了更好的教育，让你的三观端正、思维变得开拓，你才不会因为有一点外界的小诱惑,就迷失了自己的内心。接受高等教育并不代表一个人的综合素质,但是在接受教育这个过程中,受周围学习环境的影响,确实会对个人的观点、做事方法等有影响。这也是那么多人想要努力考上名牌大学的原因,名牌大学里的学术氛围更好,自律、爱学习的人也会更多,重要的是你和一群优秀的人在一起,也会逼迫自己不断变优秀。

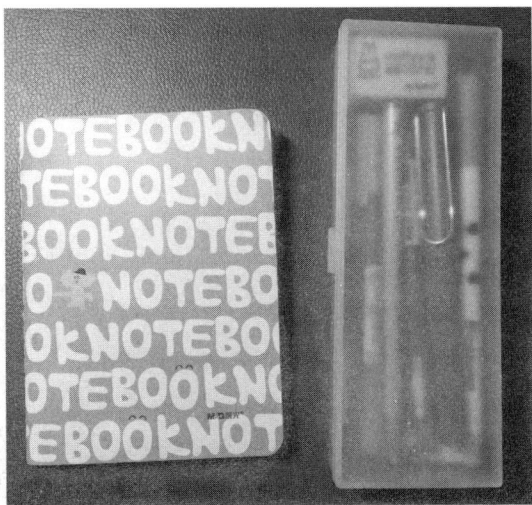

我在读初中的时候,家乡那座小城市就有一些学习成绩不好的同学辍学了,他们当时和我说的理由很简单:我不爱读书学习,不如早点步入社会。而这些人现在在家乡的生活,过得也不太好。就算是小城市,现在找工作也渐渐开始对文凭有要求了,你没有一个专科以上的学历,要想找一份正式的工作在我们那座小城都比较难。而那些同学现在都很后悔当初没有好好读书,如果稍微努力一点,考了高中或者中专学校,或许现在的命运就不一样。他们现在只有付出更多的时间和精力去学习,才可以过上稍微正常的生活。

二、学习可以让你增长见识

一直都很庆幸,当初考大学的时候听从了内心的选择,跳出了小城市的圈子和生活,去大城市学习。**那时老师对大家说:"如果你们有机会去外省读大学的话,一定要出去,除了能够接受更好的教育之外,你会看到不一样的生活,也同时能够拓宽自己的眼界,这很重要。"**高中时代不懂,那时我是一个连云南省都没有出去过的孩子,行走范围最远就是到了省城昆明,而外面的世界是什么样,我没有亲自感受过。

高考完后毫不犹豫选择去北京旅行,2010年云南还没有地铁,别笑我,我18岁了才第一次在北京坐地铁。那些从小在北京成长的孩子可能坐地铁时厌恶了拥挤的环境,但对于当

时的我来说一切都是如此新鲜。看着偌大的北京，我既兴奋又惶恐，兴奋的是大城市真好，什么都有；惶恐的是，过去的 18 年里我的眼界实在太小了，未来一定要在大城市生活几年。于是这次旅行回来之后，填报高考志愿时，我省内的学校一个都没选。不是觉得省内的大学不好，而是我非常想出去看看，去感受大城市的生活、接受大城市的教育。

本专业的课下课之后，我去旁听其他专业我感兴趣的课，无形中就蹭课学到了许多知识。**在这个不断学习的过程中，我的见识、知识也在不断增长。**听到市场营销课的老师讲他在职场上遇到各种各样的问题并如何解决，我学到了一种解决问题的思维模式，也学到了许多营销知识，才发现自己以前无形之中就陷入了商家的营销圈套而买了许多不需要的东西。听在外企工作多年的 HR 老师讲课，分享人力资源工作是什么样的，才知道外企生活并不像大家想象的那么美好。许多东西都是，如果你不亲自去学、不亲自去实践，都不会知道和想象中完全是两码事。

随着见识和阅历的不断增加，我不再像从前那样陷入自己狭隘的思想中，而且也比从前任何一个时候都更爱学习。

三、知识改变命运是真的

小城市、农村里出来的孩子都知道，一个人凭着自我奋斗想要留在大城市里，靠的是能力、真本事，而这些都是需要学习知识去积累沉淀的。新东方的英语名师周思成，就是一个最典型的自我奋斗成功案例。他小时候在农村生活，普通家庭出身的他学习成绩非常好，靠着不错的高考成绩考了大学。喜欢舞蹈、唱歌的他，在学生时代曾经因为排练唱歌每天声嘶力竭地练习，使他得了严重的声带炎，最后不得不三年不能说话。他果然三年都没有说话，其中的辛酸和痛苦大概只有他最能理解。然而三年后，当他去医院的检查结果，仍是声带炎没有好的时候，他放弃了自己曾经喜欢的舞蹈和唱歌，把之后的精力都投入到学习之中。

为了在英语演讲比赛中取得好成绩，三年没有说话的他每天早早地起来去练习英语，但命运却再次捉弄了他，他以一名之差失去了去全国比赛的资格，但他并没有放弃，大一他便以高分通过了大学英语四、六级考试，得到全国大学生英语竞赛特等奖。为了达到目标，他每天废寝忘食地学习，最终一次机缘巧合的机会，去了新东方面试并顺利成为一名英语老师。大学就开始利用寒、暑假兼职当老师，解决了自己的经济问题，学费和生活费都自己挣。**如果不是他曾经如此努力地学习，也就不会有考大学的机会，更不会有在大学里取得优异成绩之后当老师的机会。**

通过不断学习知识，让他的命运得到了彻底的改变。如今的他早已是新东方的英语名师，更是出版了多本自己编写的教材，让许多学生从中感受到学英语的乐趣。他如果当初辍学留在了家乡，没有继续学习而是随便找了一份工作，或许就是另外的命运了。

命运都是掌握在自己手里的，你不努力学习，怎么有资格去谈想要拥有的美好生活？所有的美好生活都是用汗水和劳动去换来的，不是凭空想象就会出现的。

许多人之所以觉得学习无用，或许是因为他们过去的种种经历造成这样的观念。但是身处于任何一个时代，学习从来都不会无用，反而在不断学习的过程中，你会感受到学习越来越有用。最后引用龙应台的一段话，来告诉大家学习的意义："孩子，我要求你读书用功，**不是因为我要你跟别人比成绩，而是因为我希望你将来会拥有选择的权利。**选择有意义、有时间的工作，而不是被迫谋生。当你的工作在你心中有意义，你就有成就感。当你的工作给你时间，不剥夺你的生活，你就有尊严。成就感和尊严，带给你快乐。"

我比学生时代更爱学习

2017 年的 3 月 12 日，快睡着的我微信上突然收到一个 00 后读者的提问：丹妮姐，我不喜欢学某个科目怎么办？但那个科目却又是高考里分数占比很大的一个学科。

这让我想起了我的学生时代，那时候我也会因为不喜欢某个学科而产生厌学的心理，但最终还是理智战胜厌学的小情绪，默默低头做该学科的作业去。我语、数、外可以考很高的分数，但是物理不行，没错，物理就是我说的某个学科。但是我必须努力去学，哪怕是我不喜欢的科目也得硬着头皮来，因为成绩无法提高的话，我的高考分数就无法上升，这意味着我很可能会由于该科目成绩影响我去哪一所大学。

那时候的学习，更多的是为了考试成绩而学，而且很被动。

你问我以前喜欢学习吗？学生时代的我只会说喜欢学习某几个科目，但是现在我会毫不犹豫回答你：是的，我非常喜欢学习。**不仅仅是学习语言教材上面的内容，而且是学习生活中、工作上的许多知识。**

一、学习让我感到快乐

工作以后，职场上的生存法则我要学习，不仅仅是提升自己能力的问题，更多的是如何与不同性格的人相处。当你工作到一定时间之后，当了一个小领导，或者是当老板了，如何管理你的员工，让他们发挥各自优势帮你把事情做好了，同时又能在你这里获得他们想要的东西。

我觉得现在的自己要学习的内容好多，越发感到需要谦虚学习，不懂的地方要虚心请教前辈。而这些知识都是我主动学习的，没有任何人逼我学习，也没有谁告诉我必须学习。

学习是否能让你感到快乐，最重要的原因还是主观能动性，你自己发自内心想要去学习它，那么学会了确实能够给你带来更多的成就感和快乐。

为什么要学外语呢？因为学会了以后，我能够和那个国家的人用母语交流，会让我获得成就感、认同感，从而心里产生快乐。

为什么要学钢琴呢？因为听钢琴曲能让我的内心平静下来，我也想自己亲自能够演奏一些喜欢的曲子，从而获得快乐和幸福。

为什么要学健身呢？最主要的原因是拥有健康的身体，其次才是身材。只有身体健康，我才能有更多的精力去学习和奋斗，才能在工作上越做越好。

你看，学习各种各样的知识和技能，都是从内心出发的，所以最终学会之后我也能感受到快乐。

二、我更明白学生时代的幸福

工作以后的压力很大，创业了压力更大，不像以前还是个学生的时候，只用专心学习就好了，其他事情不用操心，最多就是缺零花钱了自己找兼职努力挣钱。

我身边许多创业的哥哥姐姐们，都有表示如果有机会的话，还想回到校园里继续深造。他们创业成功吗？成功，至少现在衣食无忧。他们学历低吗？不低，本科、研究生文凭。但是他们为什么还想继续回到校园里深造学知识呢？

是因为他们在工作和创业的过程中，彻底明白了学习的重要性，也不断告诉自己需要终身学习。**去深造不仅是为了获得一纸文凭，而是学习当下最新的知识。只有跟上了时代的步伐，才不会被时代淘汰。**

我自己心里也有继续深造的愿望，例如现在的想法是等我的事业再好一些，去读 MBA，只是现在更重要的是先立业，后深造。因为我想拥有一份自己的事业之后，可以自己出钱去学更多知识，而不是像以前读大学那样家里出钱。另外，我个人觉得读 MBA 有了工作或创业经验之后，能够把理论知识更容易和实际情况结合起来，也就是所谓的知行合一。

继续深造学习，从来都不是逃避找工作的借口，而是你发自内心想去学点知识，弥补自己现阶段的不足。

三、学会的知识一辈子都是自己的

金钱、名声、权利，多少人毕业工作后在追逐这些欲望中想要的东西而迷失了自己，渐渐停止了学习。这些东西都不会一辈子陪伴着你，这些东西你也不可能什么都能得到，唯有知识，学会了就跟随着你直到生命结束的时候。

我自己在学习外语的过程困难吗？想过要放弃吗？难，想过要放弃。我不是圣人，相信

大家或多或少都会有这样的想法。但是请你相信，坚持学下去，一切都会慢慢好起来的。**知难而退在特定情况下是智慧，但在学习上我却觉得是"知难而进"会更好**。明知道德语它是一门难学的语言，但就是不放弃，咬牙坚持学会。当初如果不是咬牙把第一门二外德语学了，可能就不会开启后面其他语言的学习之门。

演艺圈里的胡歌，在他事业最火的时候选择了隐退，去国外留学。最近看到这个新闻时感到很佩服，虽然我不是他的粉丝，但我佩服的是他的精神。大部分人在自己事业最好的时候，是舍不得放下金钱和名声去学习的，因为知道过了这个村就没了这个店。更何况是明星，如果你有一段时间没有作品出现在大众眼前，渐渐就会被大家遗忘。

你看，学习这件事，真的当回事了，没有什么能够阻挡你去学。

四、学习的最高境界是静心、谦虚

学习的最高境界，不是你获得了多少荣誉证书和奖项，也不是你通过学习能挣到多少钱，而是你自己的心越来越静了，自己也越来越谦虚。

孔子以前游学四方的时候，他的学生们都对他很尊敬，保持着谦虚的心。我觉得这样的精神是现在的年轻人比较缺乏的，大家学习的目的都是太急功近利了：为了挣钱、为了升职加薪、为了名声等。**却很少有人认真问问自己，是不是为了喜欢而学。**

在我学习了第四门外语（日语）之后，我越发感受到自己在学语言上的不足。就像以前听过的那个故事一样：看书看得多了，就发现自己的知识和才学太浅；探索宇宙知道的奥秘多了，就发现宇宙的浩瀚无边。所以我只希望自己能够在有生之年，把想学的语言学了，能够精通一到两门外语，其他的外语水平只要能够和当地人交流感到开心，那么在学外语上我就非常满足了。

我问过许多长辈，他们多年坚持学习的感触是什么？

大部分回答都会带有"静心""越来越谦虚"等关键词，知道的东西越多，就越不敢轻易去评论一件事的对与错，而是学会从不同角度看待这件事。

任何时候，把静心学习、虚心请教放在重要的位置，你都会学到更多的知识。我今年二十五岁，还很年轻，在学习道路上不断前行，愿你我都能够静下心来，踏实学一些知识。

学习就是要"不合群"

大学是许多人都向往的地方,不仅仅是因为它能够让你真正意义上选择喜欢的专业知识学习,更重要的是,你在大学的时光里能够拓宽眼界,渐渐成长的同时树立正确的三观。但是许多大学新生都会面临各种各样的烦恼,学习上的烦恼就是其中之一。而学习上的烦恼,在工作后也会遇到类似的。

一个大一的学生和我说她的烦恼:"由于高考失利,去了一个普通的学校,身边的人都不爱学习。同学逃课是经常的事,但是最苦恼的是每次我在宿舍看书学习时,她们总会有一种嘲笑的语气说都上大学了还那么努力学习。"

同宿舍的人觉得她很"装",因为她看起来和爱打游戏、逃课、追剧的同宿舍人是如此的格格不入。她不知道要怎么办,因为不想让宿舍关系弄得太僵,却又不想违背自己的内心去假装自己很合群。

不知道你是否也有过类似的烦恼呢? 就算你在顶级大学里,依旧会有这样的人,只是比例相对而言少很多而已。我工作后也有同事不明白为什么我依旧坚持学习各种各样的知识,在他们看来我就是另外一个世界的人。**你一定要知道的是,学习从来都是一个人的事情,不要在乎别人的看法。**

我告诉她,下次她们再这样问你,你就学会自黑:"我在学习是因为无聊,普通家庭生活费少,也没有钱买电脑,只能看书学习了。"或者下次开始你就去图书馆看书学习,宿舍其实就是个用来休息的地方,不必受其他人的干扰。**你要明白,这个世界上不是所有人都能理解你的所作所为,如果所有人都能理解你,你该有多普通。**

学习本来就是一件很私人的事情,在这样的情况下,就应该"不合群"并坚持着继续学习。**不合群是表面的孤独,合群了是内心的孤独。**

想要变得强大,变得跟随自己内心来学习和做事,都是从不合群开始的。俄罗斯方块如果合群的话,不断堆积过程中就会消失。狮子、老虎这样的动物都是独自行动,不需要合群,因为它们可以强大到独自行动没问题。而牛羊们都很温顺,却从来都是成群结队地在一起。

为什么要如此在乎那些说你不合群的人呢? 你和他们的关系,在漫长人生路上最多就是同窗四年,大学毕业之后各奔东西。你现在很纠结,但是相信我,几年后你连当初她们说

过什么嘲笑你的话早就想不起来了，只要你别放心上。而你在坚持学习、不断提升自己的路上越走越远时，就已经和他们不在一个世界里了。就算是工作以后身边有这样的人，你最多也就是和他们几年的同事关系。随着你工作能力的提升，你会去更好的岗位、公司甚至是城市，而那些曾经说你不合群的人，渐渐都会被淡忘。

我们有时候不能太"诚实"，特别是在和别人解释你为什么如此努力学习的情况下。你心里想的是我努力学习，是为了提升自己的能力，为了把该考的证书拿下，为以后工作做准备。但大部分人只会觉得你的努力，让对方看到了自己的懒惰，从而产生愤怒甚至是嫉妒。**因为你做到了许多他们做不到的事，他们羡慕嫉妒恨，但是没有办法。**他们希望你一直和他们一样如此堕落，所以才会嘲笑正在努力学习的你，不要理会他们的声音便是。

你要明白，不是所有人都爱学习的，许多人觉得高考完之后就可以不学习了，临近大学期末考突击复习一下就能通过考试。可是这样没有任何意义，你并没有真正学进去知识，更没有把知识转化为自己的东西。**我生活中遇到过各种各样的人，那些成功人士都有一个特点：终身学习，不管他们年龄有多大。**你是想通过努力学习、自我提升，渐渐成为自己喜欢的样子，还是因为别人的一句话就放弃了自己学习之路呢？

就像以前别人问我："你为什么要学那么多国的语言呢？"我一开始说是我的梦想，我想这辈子学会说八国语言。结果许多人都不理解，甚至有的人觉得我在做梦，这是件异想天开的事情。他们觉得这小姑娘野心还真不小，甚至会有一些嘲笑的感觉。**亲戚也不理解我的行为，**他们多次和我说，让我放弃学外语，用这些时间去看公务员考试的书籍，**这样能够拥有稳定的生活。**

后来我学"聪明"了，再有人这样问时我就说："反正下班后闲着也是闲着，学着玩呗。"不

要轻易把你心中的梦想告诉别人，许多人根本就不相信自己能把梦想实现的。他们看到了你付出行动踏实追梦，这让他们感到很不安，甚至有许多人活了大半辈子都不知道自己的梦想是什么，每天只是得过且过。除非是特别好的朋友，我才会和他们说自己学习的真实目的。普通朋友、第一次见面的人，真的没有必要和他们认真解释你为什么要学习某某知识。

你想学习就去学，你想追梦就去追，不要太在意别人的声音。毕竟许多人都只是路过你的生命里，他们对你而言真的不重要，不要因为他们说过刺激你的话语，从而让你放弃了自己的梦想。

不知道从什么时候开始，似乎学习变成了一件要隐藏起来的事。要偷偷摸摸地学习，不能被别人知道，因为许多人会嘲笑你。旁人都在吃喝玩乐，就只有你在学习，多孤独，多么不合群。但是旁人越是浮躁，你就越需要通过去看书和学习，让自己的内心平静下来，才能够真正变得内心强大。

甚至有许多人鄙视"认真学习的人"，觉得学习无用。他们会用谁谁没有读大学但现在月收入过万来给你举例，告诉你学习无用。可是他们忘记了，学习≠文凭。对方没有读过大学没错，但人家步入社会后可是在不断学习的，如何提升工作能力，如何学技能让自己的工资不断上涨。那些觉得读书、学习无用的人，往往他们实际的生活也过得不会太好，而且他们也感受不到读书学习的乐趣。

因为无论身处于哪一个时代，学习都是不会停止的。那些觉得学习无用的人，他们只是想用没文凭依旧事业成功这个假象告诉你，你拼命努力了也没有用。你需要做的不是去反驳他们，而是用你的实际行动告诉他们：谁说学习无用，我就学习了，而且还考了一个很牛的证书，凭着它我收入翻倍怎么了？

"哟，你怎么又在学习了？""你怎么不出去玩？"下次谁在和你说类似的话，你就学会自黑告诉对方："我无聊呀，学着玩。"或者"我没钱出去啊，最近穷，我不学习的话，那你请我出去玩？"不要在乎对方的眼光和言语，只要认真做好自己手头上的事，然后努力用你的学习成果，给他们一记响亮的"耳光"。

长大成熟的标志之一，就是学会忽略身边那些嘈杂的声音。只有你忽略了那些干扰到你的声音，你才能真正静下心来去学习，知道自己想要什么，并不断为之而付出努力和汗水。

你一定要特别努力学习，不断提升自己的能力，让自己过得有底气，过更好的生活。

学渣逆袭：要么拼命，要么滚回去

许多人觉得自己是学渣，在学习上根本无药可救了，其实这些感受都是骗自己的，是否真正努力过只有你心里最清楚。事实是，只要你智商正常，非常努力的情况下，也是可以由学渣逆袭成学霸的。**许多人觉得"逆袭"这个词对于他们来说太遥远，但是你不拼命一次，又怎么知道自己不可以呢？**

给我印象最深刻的一位读者的真实故事，在取得她的同意之后，我匿名写出她的经历来与大家分享。学习这件事，就应该自己做主，拼命努力一次！

微信平台的后台收到一位读者的留言，说自己三战雅思终于拿到了 7 分，可以去心仪的学校读研了。我衷心为她感到开心，因为她第一次和我说想出国留学的想法是在一年前，那时候的她英语特别差。差到什么程度呢，四级一次都没过，马上就要大四的人了，特别着急。她问我该怎么办，想出国但是现在连四级都没过，我问她是不是真的想好要出国留学了？**想好了就拼命，不要给自己留后路！**

最后她用了半年的时间，狂背单词，狂做四级的练习题，终于把好几次都没通过的四级给考过了。有了这次拼命的经历，她自己明白要出国留学成绩不再是个大问题，只要自己拼尽全力。

她和我说，考四级和考雅思相比，简直就是小巫见大巫。四级的词汇量和雅思相比要小得多，而且四级的口语没有雅思口语难，毕竟一个是大学必过，另一个是国外留学必考。**还好她考试的时候，没有挂科的成绩，有些科目单项分低了一些，但申请留学还是有希望的。**

在备考雅思的那段时间里，最难的不是刷题，而是身边的人都用异样眼光看着她，甚至有同学对她冷嘲热讽地说："就你那水平还想出国留学？别做梦了。"是，她曾经是学渣，不喜欢学习、经常逃课，身边的同学都觉得她没有希望了，况且她还是在一个三本学校。

那段时间里她经常失眠，晚上睡觉做梦都是梦见自己在做题，关键时刻却时间到了还没有答完。她怕失败，怕自己现在的能力撑不起她的出国梦，最后被别人嘲笑。可是她不能放弃，以前考不过的四级都考过了，为什么不试试争取把雅思考过呢？除了日常上课之外，她下课就奔图书馆去，拒绝了身边一切娱乐活动。大家都觉得她疯了，以前经常和她一起吃喝玩乐的朋友更是决定不和她玩了。每天做题过程里，英语单词不懂的全部摘抄到本子上，逼

自己记住了才准睡觉,买的语法书也是被渐渐翻得很旧。

一战雅思,她考了5分(满分9分,不懂分数计算的亲可以自己百度)。她不敢把这个成绩告诉任何人,默默又报名了下一次的雅思考试。哭过吗?想放弃吗?都有,可是眼看着自己马上就要大学毕业了,浑浑噩噩度过了四年什么也没学到,如果现在放弃了出国留学的考试,她不知道自己步入社会后会成什么样。没有好的学校,自己没有一身过硬的本事,再不拼命学习拿什么在这个社会上闯。

后来她总结自己不足的地方是在写作和口语上,于是准备二次考雅思时花在这两个板块的时间更多一些。她自己报名了一个网课,跟着老师的节奏一步一步进行学习,她也知道除了配合老师学习之外,更多的是需要自己不断练习。

在她和我分享之后,才知道她自己建立了一个微博小号,因为不想让大家知道她的愿望,就建立了一个小号每天在微博上打卡,写自己今天都做了哪些雅思的练习,每天的变化。她说看着自己这一年多的考雅思路程,充满了辛酸和泪水。她脑海里刚有这个念头的时候,根本不敢告诉父母,以前让父母失望的次数太多了,这次真的不想让父母失望。直到她第三次考雅思拿到了7分的时候,才告诉父母自己想出国留学的决定,并告诉父母考试成绩已经通过了。

第二次的雅思成绩出来的当天,她不敢去查,生怕自己分数和从前一样甚至更低。**因为她觉得自己还是没有发挥好,而且有一种每逢考试就会紧张的心理。**最终看到自己总分6.5分的时候她从座椅上激动得跳起来,原来那个喜欢逃课打游戏的自己,真的可以改变成另外一个人:积极向上、热爱学习。

6.5分的成绩已经可以申请国外一些普通大学了,可是她想再分数高一些,可以去更好的学校。她听说如果有做义工、实习等经历,能够去心仪的学校机会多一些,于是她决定考雅思的时候就开始准备这些事。**正是因为去敬老院、孤儿院的经历,彻底改变了她。**感受到生命的孤独和无助,告诉自己必须特别拼命,才可以有更多自由选择的机会,过自己理想中的生活。

"当时我就在想,我要么拼命,要么滚回家乡去。可是回去的话,连公务员都考不上,况且我也不喜欢。既然公务员都考不上了,那就放手一搏好好考雅思吧。"为了考雅思,她瘦了10斤,是辛苦瘦的。但是熬夜、生活的不规律让脸上也爆痘,她开玩笑对身边的朋友说自己考雅思还减肥成功了,一举两得。

"那段时间好孤独,谁都不理解我,不过熬过去就好了。"辛苦的付出都会有不错的回报,找到了适合自己的方法再加上非常拼的情况下,三战雅思她考了7分。从6.5分到7分,0.5分之差可是太难提升了,考过雅思的人相信都会有这样的体会。看到7分成绩的时候她

哭了，哭得撕心裂肺，室友还以为她被谁欺负了。梦想还是要有的，万一实现了呢？

从一个英语学渣，一步一步努力，逆袭到雅思 7 分，有机会去心仪的学校，这一年半的时间里她改变得太多。

"如果我那时放弃的话，可能现在就是在家乡随便找份工作，然后过着得过且过的日子了吧。**但是真正尝试过拼命的生活以后，我觉得没有什么过不去的坎。**以前不爱学习，是因为贪玩，如果当初高考努力的话，也不会来一个三本学校了。我的内心不甘心，非常不甘心，总想向身边的人证明自己学习能力是可以的。"

不知道有多少人会和她一样有共同的感受？

当你还是学生的时候，每次放假回家，父母都会唠叨着说谁家的孩子学习成绩优异，年年拿奖学金。

当你毕业工作后，每次回家时，父母依旧会说着谁又考公务员考了个好单位，工资高又清闲。

谁都希望自己学习成绩好，挣钱能力也棒。你觉得父母不理解你，不支持你追梦，可是你忘了，你得拿实际行动去证明。你是不是期待着有一天能和父母骄傲地说："那又怎样，我还不是和他们一样优秀，甚至更优秀。"

就算现在不优秀，也必须要让自己未来变得优秀。因为你别无选择，必须拼尽全力，现实就是如此残酷，不努力，永远无法实现那些闪闪发光的梦想。

学习上的事，要么拼命，要么滚回去。

学习
就是要高效

XUEXI

JIUSHIYAO GAOXIAO

第七章
时间管理和
学习都无捷径

如何高效选择学习书籍

现在市面上各种各样的教材越来越多，无论你是要备考出国留学考试还是自学一门技能和知识，都需要购买相关的书籍回来阅读。去实体书店逛的话，如果每本书都认真看完一部分内容，基本上要花很长时间才选得到适合自己的，甚至逛了一天书店下来也没发现适合自己的书籍。在网上下单的话，又只能看到很少的一部分预览内容，评价里也没有详细介绍这本书的。**学习书籍买错了花的钱是小事，但是当你看完、用完之后发现不适合自己，浪费了时间和精力这是一件大事。**到底如何才能高效、快速地选择适合自己的学习书籍呢？

一、学会看书的目录

教科书的目录一般都是简介这本书里有什么内容，但是学语言的教材例外，语言类教材就只有每个单元的标题。**因此在选择语言类教材时，我的建议是听老师的推荐或者是那个领域的专家、优秀人士推荐。**因为他们在这个领域很长时间了，各种各样的教材都使用过，知道什么样的教材适合什么样的人。例如，我学德语的时候，老师就让我们购买同济大学出版的新求精德语系列，以及购买一本又大又厚的中英德词典。

而除了教科书之外的一些学习书籍目录，我们还能从中获得许多信息，至少你能了解到这本书里的一些知识点是否是你想要的。**看图书的目录，不是简单地看标题就过了，而是学会从标题里找关键词。**例如，你选择的是一本学习如何做人力资源管理的书籍，里面的目录关键词包含：薪酬板块、招聘板块，但是没有面试板块的介绍，而你想要的是面试板块的内容，那么这本书就不适合你。尽管都是属于人力资源管理范畴的，但是它细分的板块内容里没有你真正想要的，那就大可不必花钱去购买。

例如，我现在写的这篇目录关键词就是：学习书籍，不是武侠、言情小说，而是学习上的书籍。所以你从目录里就知道我只会教你选择学习类的书籍，而不是其他的书籍，刚好你需要，那对你而言就是有用的。

二、看书籍作者的微博、微信平台

现在是自媒体时代，许多出版过图书的作者都会有自己的微博、微信平台，你可以在购

买图书之前去看看他们平台上的内容再决定是否购买。例如,新东方英语的周思成老师,他自己出版过许多学习类的图书,在他的微博上就会有简介:哪一本适合高中生,哪一本适合四、六级考试,哪一本适合考研的。有时候还看到其他读者写的读后感,能够从中更了解这本书。这样的好处就是,你能够最真实地了解这位作者,了解他写的一系列书籍,有些畅销的学习书不一定就适合你。而当你了解觉得适合自己之后,就可以选择去网上下单或者实体书店购买。

如果作者没有微博、微信平台等,怎么办呢?用搜索引擎查找对方的资料,看看网络上的评价是怎么样的。一千个读者就有一千个哈姆雷特,不可能所有人都会喜欢你要买的那本书,但是提前了解之后总比你买回来不合适又浪费了大量时间好多了。

三、查看书籍的出版、再版年份

学习类书籍和小说不同的是,学习类书籍更新换代会比较快,特别是考试类型的。例如会计证、雅思、托福等考试,每个季度都在换题,每年考察的知识点都不一样,如果你选择错了书籍的年份,不小心买到了以前老版本的书籍,那里面的内容就不适应最新的考试了。我不知道你们买书的习惯是什么,以前我有同学就是马大哈,买书从来不管出版年份,不管内容是什么,只要看起来觉得好看、需要就买回来。结果就买错了教材,上课的时候才发现跟老师讲的完全不一样。

例如一本雅思口语考试的书籍,是 2015 年 10 月出版,但是是 2017 年再版的,那就说明它再版的时候增加了符合 2017 年考试的内容,同时保留了一些历年来的精华。但是如果是2015 年出版后面就没有再版了,那就说明里面的内容是与 2015 年考试相关的,不一定就适合现在的考试。

一定要仔细看,在书籍的版权页有出版社、出版时间等的介绍。就连新华字典都在每年不断更新,更何况是这些学习类、考试类的书籍。**如果你不是买书,而是去图书馆借书,这一条同样适用。**学校图书馆虽说每个月都会更新一些书籍,但是也会有许多老版本的学习类图书存在,特别是考试类型的书籍。

四、不要因为便宜而买

我曾经犯过这样的错误:许多学习工具书因为网上打折,看到价格便宜就买了,可是买回来却发现是不适合自己的书籍。最终结果怎么样呢?那些看似便宜很划算的书,买回来安静地躺在了书架上。送人也不合适,因为是学习类型的书籍,对方不一定要学的知识和你一样。丢掉又觉得可惜,但确实不适合自己。我以前中了商家的促销圈套,现在不再会因为打折而去购买一堆不适合的书籍了。**记住这一点：永远都只购买自己真正需要的学习书籍，而不要去购买那些因为打折但不适合自己的书籍。**

看似打折便宜是省钱了，其实是在花更多的钱。因为书籍买回来是用来看、用来学习的，不是用来当摆设的，当它闲置的时候就无法体现出它的价值。但是当你真正需要某一本学习书籍，哪怕它价格贵一些，要三位数的价格，你也要买下来。因为这是你真正需要的，而且当你把书里的知识掌握之后，让那些知识去帮助你挣钱、考证，慢慢地买书钱就挣回来了，甚至你会翻许多倍得到回报。

五、何时网购、何时书店购买

网购图书的优势在于：种类多、打折、包邮、有满减活动（积分等）。也就是说，许多实体书店没有的图书，网购都可以买得到，而且遇到促销活动还有折上折，非常划算。**但是它也有一定的劣势：**图书运输过程中压坏、你无法亲自阅读详细内容、退换货麻烦、有几天的等待周期。

书店购买书籍的优势：可以亲自阅读书籍内容来判断是否适合自己；无须等待，买了就拿走；良好的阅读氛围。**劣势：**很少打折，几乎都按原价出售；种类没有网上多，小城市的书店更明显。

各自有各自的优势、劣势，那么到底该怎样选择呢？

经济学上有个词叫作"机会成本"，机会成本是指为了得到某种东西而所要放弃另一些东西的最大价值。对于学习类型的书籍来说，几天的等待周期都是你花掉的机会成本，不要小看这几天的时间。举例来说，你网购在等待这本书的几天时间就是机会成本，原本你去实体店购买当天就可以带回家，花几个小时看完里面的干货。但是你却因为实体店贵从而选择网上打折同样的书，等书到了之后你就晚几天才看到，或许这几天里就因为没运用书里的知识，从而让考试错过了提分的机会，错过了职场上演讲的最佳机会等。**所以为了不要损失你的机会成本，现在就需要的书籍立刻去实体书店购买。**把里面的干货内容吸收了，工作上、学习上都会很快对你有帮助。

如果不是特别着急要的学习书籍，自己的预算又有限，在使用以上方法选择出适合自己的学习书籍之后，可以在网上购买。先不说实体书店的情怀，当你还是一个初中、高中生没有经济收入来源的时候，网购书籍确实是一个不错的选择。当然为了支持实体书店的存在，你愿意去实体书店购买，这是另外一回事。

网购学习的书籍，可以先列好一个清单再去购买，这样能够节省时间，也不会被其他的打折促销等活动影响。当然你不要为了省几元钱一直等到它降价才买，需要的书都是越快

拿到手越好。

六、学习类书籍少用电子书

我自己在前面说过我会用 Kindle 看一些电子书,但是学习类型的书籍我一直都习惯用纸质版。**一是不伤眼睛,二是方便做练习和笔记。** 自控力强一些的人还好,但是如果自控力差的话,看电子版的学习书籍很容易就走神,或者在手机上看着看着就变成玩其他的 App 了。本来学习就是一件需要专注、花时间的事情,如果中途分散了精力,学习效果就会大打折扣。电子书虽然也有笔记功能,但是远远没有纸质版的书籍方便做笔记,况且学习类型的书和快餐书籍不同,需要你反复咀嚼才能消化里面的知识,有一本纸质版的书能够随时翻看并且做笔记。

通过以上几点的干货经验,能够帮助你高效找到适合自己的学习书籍,避免踩到雷区花冤枉钱,也避免了浪费许多时间和精力。当你感到烦躁、无聊的时候,不妨尝试去开始学习,看看和学习相关的书籍,一步一步来提升自己。

怎样高效找适合的学习课程

　　国内的大学培训课市场每年都很火爆，而在其中最火爆的几个板块是：四六级考试、考研、出国考试、公务员考试、金融类型的考试等。除了大学里需要参加培训班，工作后也需要报考一些培训班，尽管不是热门的考证系列。如果你是自学能力足够好，那当然不用报名培训班，但是大部分人都达不到，况且有专业人士的指导你会进步得更快。

　　但是不管是学生还是工作人士，都不想让自己或家里辛苦挣来的钱来报名一个不值得的培训班。市场上并不是价格越贵的培训班效果就越好，也不是所有热门的课程都适合你，那么到底该怎样找到适合自己的学习课程呢？

一、明确自己的学习目标

　　证书不是盲目考，学习也不是盲目学。**你首先得知道自己想学什么，哪一个方面不足，才知道如何去查缺补漏。**人生中的每个阶段都会有不同的学习目标，例如你大学之前的学习目标就是把各个科目成绩不断提高，考上心目中理想的大学。而你在大学里的学习目标就是，不断提升自己的能力和专业课成绩，为将来工作或者考研做准备。而工作后，要学习各种各样的综合知识，可能今天在学编程，明天就学市场营销。

　　在学生时代，我自己的学习目标大概就如上面所说的。而现在我的学习目标是一些商业知识和实际操作，为后面的创业工作做准备。但是我没有学生时代那样全天的上课时间，因为白天都要工作，那最适合我的课程就是周末的 MBA 学习班。我综合分析了自己的能力，靠自学理论知识没问题，但是实际操作部分就得有老师和同学一起，毕竟要模拟许多商业上的案例。因为当你真正创业的时候，要承担的风险和压力比模拟过程中大许多倍。因此最好的状态就是报名参加考试，等考取了之后再实践。分析清楚自己现在缺的知识是什么，或者对某个知识感兴趣了，再决定要不要报班学。

　　自己到底是因兴趣爱好而学，还是奔着考证的目的去学的，都要分清楚。

二、收集有用的相关信息

　　无论你是在网络上收集信息，还是向别人打听，你都得认真记录下来这些信息。因为这些信息很多,而且碎片化,只靠你的大脑短暂记忆是很难的,而且你要想在脑海里整理清楚并分析又是一个过程。好记性不如烂笔头,无论是用本子还是电脑,都把这些信息先记录下来,再一条一条慢慢去筛选。

例如,你现在在昆明读大学(或者已经工作了),要想报名会计从业资格证书考试,而自己又是非专业出身的人,就应向身边有经验的前辈请教、上网搜索相关的课程。前辈会推荐你一些适合的书籍,还可以告诉你一些实际操作过程,你可以从他们身上学习到经验,能让你少走许多弯路。如果对方恰好知道哪里的会计从业资格证培训课比较好,推荐给你了,你也可以亲自去了解一下。

如果身边没有认识的前辈,可以自己上网收集和会计有关的信息。购买书籍时可以按照前面说过的方法选择适合的学习书籍,然后在网上查看网络课程和实体课程不同机构的不同价格。学费多少钱？能够学多久？有没有具有法律效应的协议签订？这些都很重要,一定要认真记录下来。因为它们是你自身权益的保障,万一最坏的结果出现了,还可以通过法律手段来维护自己的权益。不管怎样,多向周围的人和网友打听这家机构的口碑怎么样？培训效果怎么样？还有要小心是否是骗子,如果是网络培训机构提出要让你银行转账、太便宜的价格给你等,你就要警惕了,多留个心眼是对自己好。

此时的你还不要做决定就报名了,因为你还有一个要解决的问题:网课还是实体课？

三、实体课还是网课

实体课的优势:(1)上课能够和老师互动,下课后老师能够及时帮助你解答疑问。(2)如果遇到什么纠纷，实体课会更容易解决。（3）可以灵活选择付费方式，按次数或者按月份、季度来付费。

实体课的劣势：（1）固定的上课时间，如果某次课程因为一些意外无法去上课，就会落下功课。（2）同等课时的情况下，实体课价格往往都比网课会贵很多。（3）一次付费只能一个人享用。

网课优势：（1）一次付费，可以多个人一起听：你可以和志同道合的人一起面对电脑听网课学习。（2）上课时间灵活，本周有临时的事情无法上课，下周还可以继续补上。（3）网课的价格同样情况下，会比实体课便宜许多。而且多个人一起听课的话，学习费用还可以 AA 制平均分。

网课的劣势：（1）付费方式单一，大多数情况下都是提前付款，并且是一次性付清所有学费。（2）不能像实体课那样随堂与老师互动，下课后提问也只能在线留言，等老师上线了才能解答。（3）如果真的遇到问题和纠纷，要想解决会花大量的时间和精力。

像新东方英语这样的大集团，实体课和网课都有，你可以根据自己的需求来选择。例如，你欣赏的某个新东方英语老师在北京，你又没有那么多钱去北京听他几个月的课，而他刚好有开网络课程，那就可以选择听他的网课。

但是，有的机构只有实体课，有的机构又只有网课的情况下，你该如何做选择呢？

首先，考虑自己的经济情况。大部分人都是普通家庭出身，在你还是学生的时候没有经济独立，学费部分/全部都需要父母来帮你支出。工作后虽然可以自己付费听课了，但是也要量力而行。例如，德语课我学的是昆明线下实体课，0－A1 水平，一个学期 135 节课，每节课 1 小时，总共就是 3 500 元了（现在更贵）。但是我在网络上报名学习德语的话，3 500 元的价格，我可以把 0－B2 的课程都听完，一年半的有效期。肯定是后者划算，在预算有限的范围内，只要你自觉性高，一年半的时间利用下班后、周末都可以学得完。

其次，考虑自己是兴趣爱好还是考证为目的。如果你学习一门课程或者技能纯粹只是兴趣爱好的话，网课是不错的选择。身边如果刚好有同样兴趣爱好的小伙伴，可以两个人约起来，AA 制支付学费，然后一起学。如果你是以考证为目的，自己的自律性比较差，自学能力也一般，那么可以去听实体课程。这里有好几个前提条件，如果这些前提条件换成是非常自律、自学能力强，实体课和网课对于你来说都是可以选择的。

但是学乐器除外，乐器无论是兴趣爱好还是想要考乐器的证书，我个人建议是实体课和老师一起学。就像为什么现在没有在线学钢琴的课程一样，钢琴不是你认识五线谱、能够在键盘上演奏就足够的，你还需要老师在旁边指导你，什么时候该演奏强和弱，什么时候该演奏得激情。老师能够在听你演奏的过程中，及时发现你的优点、缺点并告诉你。因为乐器的特殊性,决定了它做成网课是不靠谱的。

如果你所在的城市没有相关线下的培训机构,你就只能选择网课了。例如,我的家乡就没有小语种培训的机构,想学小语种,要么自学,要么就听网课。

如果你是要学习新领域的知识,又想快速掌握它的话,我的建议是去听实体课。例如,你要跨专业考研了,对新专业的知识以前从来没学过,那这个时候就可以去报名听该专业的实体课程,或者单独请教该专业课的老师。自学固然可以,但是花费的时间精力太久了,或许等你把知识点、考试侧重点弄明白时,其他人已经遥遥领先了。

四、听从自己内心的选择

有许多人在选择学习课程的时候会纠结,纠结的不是费用问题,而是选择学习 A 或 B 知识。家长或亲戚可能认为学习 A 知识以后,能够找一份好工作,薪水高;但你自己内心里却是想学 B 知识,因为那是你真正发自内心想要学的。这时,两个不同的意见就出来了,一个说选 A,就是选 A 没错,另一个说要选 B,听从你内心的选择。

犹豫不决是最浪费时间的,在你犹豫的过程里或许短则几天、长则几个月,这些时间如果拿来学习的话都可以学很多知识点了。**我个人的建议和经历告诉我,一定要听从自己内心的选择**。为什么呢?用我真实的案例告诉你。小时候妈妈觉得我学舞蹈挺好的,女孩子家多学学跳舞也能提升气质。但是那时候的我完全对舞蹈没有兴趣,妈妈报名了之后我学了一段时间就坚持不下去了。见我学不下去了,之后又报名了暑假书法课程,想着让我练

字，练字静心。结果我还是不喜欢（虽然现在感到惭愧），咬牙学过那个暑假之后，再也不要去什么兴趣班了。但是学钢琴这件事是自己发自内心的，于是就一直学下去。

学习本应该是一件快乐、轻松的事情，不要被外界影响，听从自己内心的选择。父母或者亲戚给你建议，想帮你做选择，是从他们的角度出发的，他们为你考虑为你好没错。但是他们不知道你真正喜欢的、想要学的是什么知识或课程，他们只能以过来人身份告诉你学 A 知识比较好。你如果觉得他们说的有道理，那不妨就按照他们说的去试试，当然试错了也不要责怪他们，毕竟是你听从了建议之后自己做决定的。但如果你听完他们的意见之后，依旧想选择内心深处想学的 B 知识，那就勇敢地去做决定吧。

无论你选择学习什么样的课程，无论你选择了实体课还是网课，最终目的都是要好好学，把相关的知识都掌握了，这才是你做出选择之后更重要的事。活到老，学到老。

一个人就要像一支队伍

　　许多现在很牛的企业,最初创业时只有老板一个人,而他尽管只是一个人在创业,但整个过程中就像一支队伍一样。例如,做互联网产品的老板既要懂营销、懂产品经理知识和其他专业知识,还要懂得如何洽谈合作、如何获得写商业计划书获得投资人的信赖。**学习也是如此**,在终身学习的过程中,你即使是一个人,也要像一支队伍一样。因为现在的社会需要的是多样化人才,在你学习某个领域知识的同时,你也要接受和学习其他新领域的知识,变成能够随机应变的人。

　　去图书馆的时候你就会发现,许多学霸级别的人物都是单独行动的,他们从来都不成群结队地去图书馆,当你早上还躺在宿舍被窝里时,他们早已去图书馆占据了最佳位置。他们会感到孤独吗? 肯定会,因为身边没有比他更努力学习的人了,他们也希望找到志同道合的学习伙伴。但是现实往往和理想差距太大,就算没有学习伙伴了,保持学习这件事是不能够耽搁的。

　　如何达到学霸这样的境界,一个人学习的时候都能像一支训练有素的队伍呢?

一、学会享受学习中的孤独

　　我们在学习的过程中时常会感到孤独,是因为我们无法找到有共鸣的人,但你要学会享受这份孤独感。我初学德语时也会有这样的感受:好希望身边有个一起学德语的小伙伴,大家一起互相鼓励、互相进步。但事实是,我自己每天下班后背着书包又跑去培训学校,回到家都已经快23:00了,又默默挑灯夜战复习德语。身边根本就没有理想中的学习伙伴,你不得不把一个人的学习生活过成一支队伍的生活:工作、学习两不误,只能付出更多时间和精力。你想想,如果想要找到和你同时学这门技能或知识的人,恰好又在同一座城市,这样的概率不会太高。

　　放弃成群结队抱团学习的想法,你就成功向前走了一大步。换位思考一下,如果许多小伙伴在一起学习,你真的能管住自己的嘴巴不去和别人聊天吗? 或者你能够控制得住自己,当小伙伴来找你聊天时斩钉截铁地对他们说不吗? 大部分人做不到,所以他们的学习成绩一直提高得见效不大,甚至学习退步了。就算你一个人学习了,还有手机、电脑的诱惑,当你

在学习的时候心中另一个小恶魔就跳出来，不断怂恿你去打开手机，去刷刷社交软件吧。正因为外界各种各样的诱惑太多，导致你在学习时间内无法专注，如果感到孤独，那就对了，那就说明你已经排解掉外界许多的诱惑。

当你渐渐享受这份学习的孤独过程时，也能从中发现许多乐趣。例如，我自己在学完德语 A1 之后，自己就从中发现了许多的乐趣，甚至自己总结归纳了一套背德语单词的方法。但如果最开始我不去经历那个痛苦的阶段，学完几课就放弃的话，也就不会有后面如此多的乐趣和感悟了。

二、让学习成为你的生活习惯

任何人都会有偷懒的时候，我也不例外。大学刚毕业那会儿干劲十足，坚持每天下班后都不断学习，可是到后面我发现自己有时候会偷懒，例如，不想学的时候朋友刚好约我出去逛街了，可能我就以此为理由告诉自己：今天放松一下吧。可是这样做的后果却非常不好，没过多久我就意识到自己不坚持学习、看书之后，反而变得越来越不开心了。

我知道学习很难，坚持每天学习更难，但工作后同龄人之间的差距，就是在这样一个又一个想偷懒的想法之下拉开的。那段时间我会反问自己：你想想十年后，这样的生活真的是你想要的吗？如果现在不坚持学习，就没办法提升自己的能力，长痛不如短痛，咬牙坚持学完这个阶段吧。

说一个身边真实的案例，我工作之后在昆明认识的某位朋友，如今三十多岁了，却从未对自己的职业、未来认真规划过。因此对方下班后的生活就是吃喝玩乐，只要当时开心就好。那时我刚毕业，对方月薪 3 000 多元，如今我毕业三年了，对方还是月薪 3 000 多元，而且换了十多份工作。**就工资本身而言，排除掉有背景和关系这一层因素，要想获得高工资最快的途径就是：不断提升你的能力，而提升能力最好的办法就是不断学习。**对方的薪水一直没有提高，最根本的原因就是已经停止学习，原地踏步不前进。

让学习成为你生活中的一个习惯，培养这个习惯到什么程度呢？培养到我们每天需要刷牙、洗脸这样的程度，那就是非常厉害的一个人了。不是让你每天都抱着书籍、规定自己必须阅读多少页，而是让你在每天的生活中都能够发现值得学习的地方，同时认真记录相关的笔记。如果你某几个月在特定学习一项技能、知识，那就培养成为每天都坚持学习或实践。我最初自学摄影的时候就是这样要求自己的：每天至少练习拍照五张，一张是看书学习之前拍的，另外四张是在看完书之后的实践作品。然后从中分析自己看书前、看书后的效果如何，如果没有进步，那就说明今天的摄影知识白学了，或者是没有琢磨透彻。我也只有实践到"一万小时定律"时，才有底气把自己的摄影作品发布在网络上。

当你把学习当成是生活中不可缺少的一个习惯时，就达到了一个人就像一支队伍的境界。你睡觉之前如果没刷牙就会觉得不适，同样地，你睡觉之前没有学习也会感到不适。

三、对自己再狠一点

相信大家都听说过一句话："努力并不可怕，可怕的是比你厉害的人比你更努力！"我所认识的一位企业家，年过五旬了才开始学英语，他学英语的目的很简单：去实现年轻时环游世界的梦想，因为现在不缺钱了。带个随身翻译，又觉得旅行过程中玩得不够痛快；可是没有翻译的话，自己连最基本的英语日常对话都不知道，总不能靠翻译软件行走世界吧？他给自己规定了用半年的时间把高中水平的英语学会，然后再用半年的时间去学更高级的英语。刚开始谁都不相信他能做得到，就连他的老师也不相信。因为中学生都很难在短期内就把高中水平的英语掌握，更何况对方是一位零基础、年龄大的英语学习者。

他对自己的学习不是狠一点点，而是狠许多倍。**课堂学习时间很短，下课后才是检验是否掌握知识的标准。**单词记不住，那就死记硬背，一个一个字母来，直到完全机械化拼读单词正确为止。这种方法我虽然不推荐，但是这样死磕到底的精神是非常值得学习的。到后来我告诉他一些记忆单词的技巧，他记单词的速度明显比过去快了许多。他甚至在自己的家具、家电上贴满了各种便利贴，上面用英文写出该物品的名称。最狠的一点是，他每次和我见面时都逼自己要开口说英语，哪怕发音再不好听、语序刚开始说得不正确也要开口，不理解的旁人还觉得很奇怪，干嘛两个中国人要说英语（想象一下两个中国人面对面交流用英语的样子）。由于他的公司现在是请职业经理人帮忙打理，因此他也多出了许多学英语的时间。在这样狠狠逼自己学习的情况之下，半年之后他如愿以偿达到了高中水平，日常的沟通交流已经没有问题，自己去国外也不会担心点菜看不懂、指示牌看不懂了。

这位企业家和我说，他最不喜欢听到的一句话就是："我已经尽力了"，他自己也不会轻易说出这句话。往往许多人说出这句话的时候，其实都没有尽他们最大的努力去做某件事。"对不起，我没能完成这次任务，是因为……但是我已经尽力了。""我觉得我坚持不下去了，我已经尽力了。"**在你脑海里有这样的想法，或者在你把这些话脱口而出之前，请对自己再狠一点！**今天已经背了50个单词，我尽力了，实在不能再背下去了，那就对自己狠一点，尝试再多背一个单词。这个狠的程度也不大，多背一个肯定能记住。就在这样不断鼓励"对自己狠一点"的情况下，也许你今天就超额完成了多背10个单词。

我妈妈小时候经常对我说的一句话就是："这漫长人生路上，许多技能都是被迫逼着自己学出来的。"小时候不理解，长大之后渐渐理解了，特别是每当我自己做饭吃的时候，更是深有体会。以前的我哪里会变着花样做那么多的饭菜，在家里吃习惯了妈妈亲自做的饭菜，

但去读大学之后没有家乡的味道了，想要吃只能自己学着做。

我怕考驾照，但最后还是逼自己去考了；我怕自己住，但还是毕业后自己一个人住了三年。许多事情不是你怕就能解决的，而是得硬着头皮逼自己去完成、去解决。你不逼自己一次，从来都不知道自己的能耐到底有多大，可以在学习上达到什么样的程度。

尝试着在学习享受那种孤独无助的状态，渐渐适应这个过程，把一个人的学习生活过成像一支队伍的，让自己越来越强大！

避免这几个错误更能高效学习

成长和学习过程中，我们是无法避免所有错误的，也没有谁可以保证自己在学习过程中从来都不会犯错误。我们不可能完全避免错误，但可以通过了解一些容易犯错的案例，来不断告诉自己、提醒自己，不要犯同样的错误。哪怕最终还是犯错了，也能够及时改正过来。

（1）**想学的知识立刻去学，不要拖延。**我自己曾经犯过这样的错误，许多想学的知识总是想着延期再学，而随着延期的增加渐渐就被遗忘。导致我现在许多在学的知识，都是以前就想学的，语言学习是最明显的。我大一时就想学德语了，可是我却毕业了之后才开始学习。那时的我在纠结，纠结学费太贵，纠结自己如果不出国留学的话，学了有什么用。所以这些都是曾经犯过的错误，现在想想这些都不是应该纠结的问题，只要想学了并且确定自己愿意坚持下去，就去学。**因为知识不是等有用才来学的，而是在学习的过程中不断感受到它的用处。**你拖延的时间越久，就越没有勇气去尝试学习新的知识，你会害怕、会担心。

（2）**有问题一定要及时请教，直到弄明白为止。**在我还是一名初中学生的时候，我是一个非常内向、内心敏感的人。例如，老师上课结束之后，问大家："听懂了没？还有什么疑惑吗？"此时基本上班里的同学都会默默点头，表示理解了，没有疑问了，然后老师下课。但其实我有几个问题还没弄明白，但是碍于自己的性格内向，怕当场提问的话其他同学会笑话我，就默默不出声。

也许你会说，那下课了你可以去问老师，是的，可是那个时候的我由于自己的性格原因，不敢去问老师。还好，最终我问了其他同学，把不懂的问题都解决了。人无完人，我要是能够回到过去的初中时光，一定不会觉得提问是件丢脸的事情，并且会大胆举手向老师提问。现在的我早已不是以前的样子，过年回家看望初中老师的时候，他们也说我性格变化挺大的，越来越开朗，也越来越好了。

（3）**不要怕在学习上犯错，但是犯错太多就应该反省。**小学时，做错了一道算术题被扣1分，离100分的满分数学成绩仅仅一步之遥。你沮丧的心情回家告诉妈妈这件事，以为妈妈将要批评你，可最后的结果是，妈妈告诉你别怕犯错，这次犯错就吸取教训，下次不要犯同

样的错误就好了。错误无法避免，与其担心犯错，不如学会接受你的错误，然后分析错误的原因，下次遇到同样的问题就会处理，并且不会再犯相同的错误。为此，我从那时开始就准备了错题本，是老师告诉我的方法，说可以把自己做错的题目摘抄下来，并在本子上注明犯错的原因，是粗心大意还是没有理解这个知识点，然后把正确的解题思路写在底下。**用错题本这个方法，到期末考试之前，我就知道自己应该侧重复习哪些内容了**。也正是因为犯过错，所以才明白自己在哪些方面的不足，才会重新查漏补缺。

错题本这个方法看似在浪费时间，实际则是在节约时间，帮助你提高学习效率。你早晚都得解决自己的学习问题，错误堆积太多就越来越难弥补。就像一棵小树苗，在它刚刚开始成长的时候长歪了，你去想办法把它成长的方向纠正过来，那么它以后还能成长为一棵笔直的树。但是如果你等它长大了之后再去纠正成长方向，一切都来不及了。**无论何时都记住，犯错要及时纠正、及时反省**。

但是，如果你在同一个问题上犯错次数太多，就应该反思自己了。是不是自己一直对该问题没有足够的重视，还是由于一直都没有弄明白这个知识点，任由它放肆地犯错呢？我自己兼职当英语老师补课期间，有个学生就是经常在同样的问题上犯错。你这节课问他知识点都弄明白了吗？他毫不犹豫地点头，可是到下节课了你就会发现，他没有弄懂，在做练习的时候就体现出来了。后来我问他，你自己意识到了没有，同一个问题你犯过几次错误了，他说没有意识到。最后在我的帮助下，他意识到自己没有反思过犯错的原因，只是为了完成任务而去做题。

不会反思的人就很难进步，甚至有人会把自己的错误归咎于外界因素，而不是自己的内因。我以前还真有一个这样的同学，在小学时她自己学习成绩不好，就责怪老师讲课水平不高。但是如果老师水平真的不好，那大部分同学是能够感受得出来的，甚至可以投诉换老师。况且若真是像她说的那样，为什么班级里大部分同学都表示能够听得懂老师讲课的内容呢？后来我认真观察之后发现，她上课时经常注意力不集中，下课了也不好好做作业。任由自己的性格发展，想学了就学，不想学的时候就思想开小差，不想做作业就抄同学的。

学会勇敢承认自己犯过的错误，学会总结反思，你的学习会越来越高效。

（4）**学习上不懂装懂是一件更可怕的事情**。子曰："知之为知之，不知为不知，是知也。"孔子在几千年前就总结出来的道理，不懂装懂是最大的愚蠢，反而勇敢承认自己哪些是懂的、哪些是不懂的，才是大智慧。前几天微信群里有人问我一些英语单词的意思，其中有一个我确实不知道，英语词典里也查不到是什么意思，就不敢轻易断定它是什么，明确表示我不清楚是什么意思，猜测的意思也不一定对。我猜测大概是人名，或者就是其他我没学过的语言里的单词。到后面我才知道,那个单词是一个外国潮牌衣服的品牌名称,比较小众,所以许多人都不知道。对我而言这一点都不丢脸,知道的那些单词我就会说出意思来解答疑惑,不知道的就明确表示,然后自己弄明白了之后也算是学到了新知识。

中国的汉字我都不敢说自己全部认识,更何况是英语呢?汉字里有许多偏僻少用的字,许多人都读不来,但是有一部分人就会乱读,而不是去查字典弄清楚发音。我觉得哪怕坦白地说:"抱歉,这个字我不认识,我可以去查字典或者请教别人吗?"都比装作自己认识要强得多,两者对待学习的态度完全不同。我表姐的真实经历,她去学车的时候教练把她名字念错了,她名字里有个"梓"字,她的教练读书少不认识这个字(我也很无奈,其实很多人都认识的),然后把这个字念成了"辛"。而我表姐当时没多想就去纠正教练的发音错误了:"教练,那个字你读错了,应该是发音为'梓 zǐ'而不是'xīn'。"结果教练觉得在几个学员面前指出他的错误特别丢脸,立刻就气得骂人。教练这样的做法是不对的,虽然每个人都或多或少要面子,但是不懂装懂,还不能接受别人的意见,反而转过来骂人,这样的人显得更无知和没礼貌。

学会承认你不懂的知识点,学会虚心请教,不纠结于面子问题,才能够让学习效率越来越高。

(5)**不是所有学习方法都适合你,适合自己的就一定坚持下去。**你去百度一下关键词:学习方法,就会跳出好多页的内容,如果你愿意多翻几页试试,到后面会发现这些东西根本看不完。**学习方法有很多,但并不是每一种都适合你,如果找到适合你的方法了,就要坚持下去。**就像许多大师总结出来的时间管理方法,不适用于我身上一样,因为我清楚自己的能力和能够安排的时间,这就是理想状态和现实的差距。但是我会选择经典的理论去实践,毕竟那是许多前辈花了无数心血、从实践中得出的经验。

我自己在不断实践的过程中,也会总结出一些自己的时间管理、学习的方法。把它们写下来的目的就在于分享和传播,让更多人能够用几个小时的时间阅读完,并从中有所收获。不一定所有的方法都适合你自己,但可以从中挑选出一些适合的方法认真做笔记,之后抽空去实践、不断练习。在实践的过程中一定要坚持下去,没有坚持的实践都不会出结果。有一句很经典的话:"实践是检验真理的唯一标准",你不实践,又怎么知道什么方法真正适合你,什么方法对你无效呢?

(6)**别在一个时间段内学太多知识。**现在的你还很年轻,想学咖啡、学瑜伽、学外语、学开车、学潜水……这些都没有错,但是千万别在一个时间段内去学太多种类的知识,你可以把一些放到后面再来学。想要一口气学会是不可能的,任何知识从学到掌握都需要时间周期以及不断重复练习。你在一个时间段内想要把它们都学会并掌握那是不可能的,最常见的情况就是,像猴子搬玉米那样,搬着后面的前面的就丢了。我想学八国语言也没有错,但是我绝对不会想在短期几年内把它们都学会，而是分阶段一步一步来。可能这个梦想实现的时间会比较久，但只要最终实现了，那之前的一切努力都是值得的。

现阶段我学习商业知识和互联网知识，比实现学八国语言的梦想更重要，因此我会把自己的业余生活时间投入大部分到前者上。分清楚你想学的东西，什么是目前必须学的，什么是以后可以再学的，然后花心思去学习目前必须学的。

知识别等用到才去学

别等牙痛的时候才去看牙医，别等知识用得到的时候才去学。牙疼不是病，疼起来要命。我自己忽略牙齿健康太久了，平时刷牙也没有看到有蛀牙的出现，于是就以为自己的牙齿健康，没问题。直到某一天晚上，我的智齿突然疼得睡不着，最开始还以为是它在生长，也就没有去看牙医。可是连续好几天都这样，到晚上就特别疼，总不能一直吃止疼药吧，最后我仔细检查我的牙齿，发现左下角最里面的智齿已经变成了虫牙，但是它平时隐藏得太深，以至于我从来就没有关注过。还好只是智齿的虫牙，智齿拔掉也不会影响日常吃饭的问题，可是想到以后嘴巴最里面的那个位置将会变得很空洞，还是很不习惯。

我开始后悔了，如果早一点关注到自己的牙齿健康问题，是不是就可以避免遭受这样的痛苦了呢？学习其实也是一个道理，不要等用得到某个知识、技能了才去学习，等到那个时候已经太晚了。因为等你发现用得到的时候，其他具备这个能力、知识的人已经可以替代你做这件事了。

牙齿还好，只要每半年去检查一次、定期清洁和认真刷牙，就不会有太大的问题，可是学习不一样，完全不知道所学的知识到底能不能用得上，但是学太多又不知道什么才是最主要的。

既然别等用得到的时候才去学，又如何做才能让近几年学习的知识都用得上呢？

一、无论如何先学好你本专业的知识

不管你是否喜欢，你都得先学好本专业的知识，最起码要对得起父母辛苦挣来的学费。如果你已经工作了，也请先把手头上的每一件事认真做好，连自己手头上的事情都无法学好、做好，又如何去学好其他的知识呢？而且无论你是学文科还是理科，所学的东西将来都是用得上的，**更重要的是，在大学里不断训练你的思维方式，学会从多个角度看问题，不要让自己的眼光太局限**。

一屋不扫何以扫天下？把自己本专业、本职工作上的事情学好、完成好，才会在做其他事情的时候用同样的精神去完成它们。就算你毕业后所从事的工作和本专业无关，但是过去在学习过程中形成的思维方式却是可以陪伴你终身、受用终身的。

二、分析哪些是你未来用得到的知识

学好、做好手头上的事情之后，学会分析哪些课外、工作外的知识和技能是当下必备的，然后提前去学习它们。 例如，会开车、会说英语几乎成了当下年轻人必备的技能之一，那你就要抽空去把它们都掌握。年轻的时候你可以说我没有钱买车，但是当你有钱买车的时候，才去临时考驾照吗？从报名到最终各个科目考试通过，需要半年到一年的时间。如果你已经提前学习过、拥有驾驶证了，那是不是买车以后就可以直接开车而不是傻傻等待呢？你说我父母会开车，我不用学，可是等有一天父母老了，你不想自己开车去接送他们吗？

越来越国际化的今天，我们会说英语，就意味着有更多的机会能够和不同国家的人交流。你说我们这个小城市没有外国游客的，不需要学英语，那是不是等你有机会出去国外旅行时用得到了才去学？跟团游有导游会帮你翻译，但是导游不可能帮你翻译菜单上的每一份菜名、景点介绍牌上的每一句英语。出国旅行本来就是去长见识、拓宽眼界的，你什么都不懂地游玩一圈回来，别人问你都去了哪些地方、都有什么好吃的，你都答不上来。**任何情况下，学习都是为自己而学，不要想着会有别人的帮忙，我不需要学。**

当然除了这两个最基本的技能之外，还有许多要学习的，例如你从事和金融相关的职业，并且确定未来几年内想在这个行业发展，那就要去拓展多学一些金融知识。我个人建议大家都可以或多或少学习一些经济、金融知识，无论对你工作上还是生活中都是有帮助的。不要把它们想象得很复杂，买一些入门级别的书籍回来看看，认真学习和做笔记都会有进步。

我的一位作者朋友，今年他们公司有免费学日语的机会，因为是外贸公司，和日本的贸易往来会多一些。她说她决定要去试试，因为她也想在公司长期发展，万一学会了，以后公司有这方面的业务时，自己会日语就比别人的机会更多，甚至会因此升职加薪。这就是学会分析未来哪些知识用得到的表现之一，现在看似用不到，但是将来一定能用上。

三、对你职业有发展的知识趁早学

我兼职当英语老师帮学生补习的时候，有一位小朋友的父母都是医生。他们的职业要特殊一些，大学所学的医学知识毕业后都是用得到的，而且在这个行业的时间越久就越吃香，你工作的水平越来越好，工资就会越来越高。可是她的妈妈今年却开始从头学英语，在国内的医生不懂英语也没关系，只要你懂专业知识就行。这次学习看似和本职工作没有太多关联，为什么要学呢？因为获得了一个可以公派出国留学的机会，只要雅思考试分数达到

即可。没错，可以去学习国外先进的医疗技术，而且所学的知识掌握了都是自己的，说不定学成回来之后对自己职业上的发展会更有帮助。

小朋友说她的妈妈已经好几年不碰英语了，如果一直有在保持练习的话，现在肯定会很轻松就通过雅思考试，就不用再每天花大量业余时间去学英语，而且不用担心考不上。**所以那些对你职业发展很有用的知识，一定是趁早学会最好，而且学会之后要保持练习，不要把它遗忘掉。**

我读大三（2013 年）的时候，新媒体刚刚开始发展起来，在此之前主要还是传统媒体占据头条位置。那时候我对新媒体还蛮感兴趣的，就想着得好好学习一下相关的知识，自己以后创业会用得到。那时候昆明对于"新媒体运营"这个岗位还是很陌生的，招聘网站也没有相关的招聘需求，但是在北京已经是热火朝天。如今新媒体早已变得不陌生，也有着越来越多的人更换行业来从事此行业里的相关工作。我也很感谢当时的决定是正确的，至少对我现在的创业工作来说非常有用。

四、学会分析学习趋势

有段时间学会计和学英语专业特别热门，因为许多父母听说这两个专业毕业之后好找工作。可是他们没有想过，当有一天这些专业的学生"供大于求"的时候，又该怎么办呢？不是冷门的专业就不好找工作，也不是热门的专业就一定能找到好工作，要学会分析自己的学习趋势，不要盲目跟风学习。

如何分析学习趋势呢？举个例子，80 后、90 后成了独生子女，是因为中国当时在计划生育。如今随着二胎政策的放宽，就意味着接下来 10～20 年里，将会有婴儿潮出现。随着婴儿潮的到来，在许多行业、就业岗位上也会发生改变。例如，教育行业可能就会迎来一个高峰时期，当这些孩子长大一些之后，各自成绩渐渐拉开就需要去上不同的补习班。如果你对教育行业感兴趣，自己就可以多学习一些行业里的知识，让自己成为一名好老师或者好的教育行业管理者。当下学习看似没用，但是当你学会分析学习趋势以后就知道，未来的时间里所学的知识都是有用的。

简单来说，就是要多看新闻、多了解国家动态，然后学会分析自己所学的知识、专业，在未来有哪些潜在的机会，这样你就不会觉得所学的知识没有用了。如果发现其他想学的知识在未来有很大的发展前景，那就放心大胆地去学，不要管身边亲戚朋友的看法，你要明白，眼界这个东西是看不见、摸不着的，如果人人都有眼界，那人人都可以成为少数优秀的人了。如果你现在学的专业、知识没有潜在机会也没关系，可以随时从零开始，提前去学习自己感兴趣的知识，成为那个领域里 20％的人就已经很棒，到时候不是你去找工作机会，而是工作

机会来找你。

　　当初没有学习摄影、新媒体、营销知识的话，我现在就不会去做互联网创业。而等我一个一个把这些技能和知识都学会时，别人早就比我走得太远了。如果你一直都想着，等未来用得到那些知识、技能再去学的话，在学习上永远都会是落后状态。**知识不是等有用了才去学，而是在学习过程中渐渐发现不同的用处。**

自律真的那么痛苦吗

有人曾经问我："是否可以用几天的时间就学会时间管理,然后达到自律的状态?"我很抱歉地告诉对方不可以。不是不相信对方,而是无论是学习还是时间管理,或者是其他的事情,都是欲速则不达。时间管理这件事情不是几天就学会的,因为你学了之后要真正去实践,才会发现自己在实践过程中的不足。自律,不仅仅体现在时间管理上,还体现在学习和日常生活中。自律的人能够控制自己的饮食,从而保持好身材(那些吃不胖的人除外);自律的人能够闹钟响一次就起床,甚至不用闹钟响,每天到点了就被自己的生物钟叫醒;自律的人该学习的时候就学习,该工作的时候就工作,不会颠倒。

许多人想成为自律的人,因为自律即自由,可是又觉得那样的生活如此痛苦和可怕,很矛盾。可是,自律真的那么痛苦吗?

一、想自律的原因

美国心理学家亚伯拉罕·马斯洛于 1943 年在《人类激励理论》论文中提出:人类需求像阶梯一样从低到高按层次分为五种,分别是生理需求、安全需求、社交需求、尊重需求和自我实现需求。

根据马斯洛需求理论来分析,每个人活在这个世界上,最基本的需求是生存,只有解决了生存问题之后才会往更高级的方向去想。如果你连自己都养不活的情况下,肯定就不会想去自我提升,不会想去做其他事情,你只会想赶紧想办法挣钱先养活自己。当你解决掉生存问题之后,就会考虑社交,然后我要怎样变得更好,怎样让人生过得有意义,这时就到达了最高的需求层次:自我实现。**想要让自己这辈子活得有价值、有意义,而不是稀里糊涂就过完了。**

但是这个需求阶梯就像埃及金字塔一样,越往上越难。有许多人活了一辈子都不知道自律是一种什么样的体验。所以,当你脑海里有这个想法并想要去改变过去的自己时,你就已经超越了许多人勇敢迈出第一步了。

万达集团的董事长王健林他自律吗? 非常自律,但是他也是从最底层的需求开始慢慢一步一步往上走的。大家羡慕他的名声、事业和富有,但是却不知道他背后付出多少努力、

学习，就是要高效

自律到什么样的境界。

有段时间网络上流传出一张王健林一天的作息表，如图 7-1 所示：早上 4：00 就起床工作，单是这一条就让许多人望尘莫及。让人更值得注意的是表格后面的健身事项，也就是说，他每天早起之后都会花一定的时间去健身，无论他在哪一座城市、哪一个国家。虽说一天之内飞三座城市是许多人无法体验的，但是从他的时间安排表格上就可以看出，每一天的他都对自己严格要求，做到工作和生活中都保持自律。

11月30日王健林行程

时间	事项
	起床
	健身
	早餐
4:00	前往机场
4:15-5:00	乘机去海口
5:00-5:30	到达海南迎宾馆
5:45-6:30	海南领导会见
7:00-12:15	海南万达城项目签约仪式
12:20-12:45	便餐
12:45-13:00	前往机场
13:00-13:20	海口飞北京
13:20-14:10	到达办公室
14:10-15:00	
15:00-18:10	
18:30-19:10	

图 7-1　作息表

同样是 4：00 起床，还会让人想起家喻户晓的科比的故事。科比作为 NBA 得分最多的选手之一，很多人都想知道他这么成功的原因。有一次，有个记者采访他，记者问：“你为什么能如此成功呢？”科比反问道：“你知道洛杉矶凌晨四点钟是什么样子吗？”科比一语道破自己成功的秘密，哪里有什么捷径可走，还不是每天坚持早起训练。

王健林和科比，他们都是当下非常自律的人。**许多人之所以也想自律，除了实现自我需求之外，更多的是想成为他们心目中的人。**

二、自律刚开始的确很痛苦

可是哪有那么容易，心里想着自律，自己就马上自律了呢？ 要是只靠想想就能获得任何想要的东西的话，这个世界上就不会有如此多努力奋斗的人。想要改变自己，告别过去的懒惰行为，刚开始确实会很痛苦。心里想着是今天早上 6：00 就要起床，可现实是闹钟响到第五个，已经是 8：00 了才不情愿睁开睡意蒙眬的双眼，匆匆洗漱之后，连早点都来不及吃就飞奔到公司。然后第二天告诉自己，今天一定要早起了，不能像往常一样再睡过头，可第二天

起来的时间比第一天更晚。

越是想改变,却发现自己越不能改变。这不仅仅需要认真学习书中之前的时间管理内容,也需要学习从心理上去戒掉这些不好的习惯。**你之所以每天都晚起这个习惯很难改变,是因为内心有着侥幸心理**,有过一次晚起没迟到的体验就会有第二次。侥幸心理会告诉你,没关系的,我再多睡一会,反正上次那个时间点出门也没迟到。想着再玩会儿手机再去看书学习,反正只是几分钟的时间而已。你从心理上都没有想改变的欲望,学再多时间管理方法、学习方法也是没有用的。改变谈何容易,所以你现在意识到自己想在几天内学会时间管理,从而让自己脱胎换骨是不太现实的一件事。但是没关系,学会方法之后坚持一步一步走、一天一天来学,一个月之后和过去的自己对比就会发现有些不一样了。

毛毛虫蜕变成蝴蝶之前,要经历一段"作茧自缚"的时光,一直闷在茧里很痛苦,但是当它熬过那段痛苦的时光之后,就会变成一只美丽的蝴蝶,可以在天空中自由飞翔。你在实践学习方法、时间管理方法的路上,也是如此,会经历一段痛苦的时光,但是把它熬过去了,就会蜕变成长为更好的自己。

三、自律会上瘾

家里不是富二代、没有背景关系找工作,这些都不重要,许多人和你一样。重要的是,你要学会去改变自己,改变才有机会告别过去的自己。没有体验过自律的人,只会羡慕或者嫉妒那些自律的人,但是当你一点点变得自律之后,就发现原来和他们的距离没有想象中那么遥远。

我自己有个习惯,无论是去哪里都会随身带着手账本,哪怕是节假日出去旅行了,也依旧背着。其实一开始做手账的时候不是这样的,那时候甚至觉得背着手账本在包包里就会增加一定的重量,但是到后面当每天用做手账的方式来记录自己的时间管理和生活时,它就变成了一个不可缺少的习惯。每天睡觉前都要仔细检查今天的手账内容,如果某天实在太忙的情况下没有写完,后面也会赶紧补起来。我知道如果拖延的时间太久,那么你落下的手账内容就很难再补充齐全了。

坚持时间管理、自我管理越久,你就会发现自己改变得越大,也会上瘾。以前总喜欢隔5分钟就看一次手机的你,到后面即使一整天不用手机都不会感到惊慌失措。每次晚上都胡吃海喝的你,变得自律之后,晚餐每次都只吃七八分饱,渐渐拥有了好身材。只有你体验过什么叫真正的变好,才会有更多次想改变的欲望。一直原地踏步不敢尝试去改变,就只能当小小的井底之蛙。

四、开始做计划，最难的部分就完成了

改变自己不容易，这种感受我深有体会，但你要想变得更好，就必须自律起来。有计划地去认真过每一天，告诉自己咬咬牙坚持下去。大学的第一天，老师和学姐学长们都用心良苦地告诉你，不要浪费美好的大学时光，有的人把它记在心里了，认真规划自己的大学生活，而有的人则是左耳进、右耳出，完全没有理会。到了大学毕业差距就渐渐拉开了，认真做计划的人大学生活充实而有趣，既可以好好学习的同时，又可以抽空出去旅行。但是大学毕业后是不是就没有希望了呢？并不是，只是你比别人起步晚，就需要付出更多倍的努力。毕业后拉开差距不仅仅是学习能力、自我管理能力，还有社交能力、情商等综合因素，前面的学习能力、自我管理能力落下了，后面你要付出的努力就会比学生时代更多。

人生中有许多个阶段，无论何时开始做计划都不晚，只是你比别人要多付出、走得比别人慢而已。但是你只要每年回顾过去的一年都有收获、有成长，那就证明是正确的。相对于以前的犹豫不决，或者决心不够，到从你决定开始做计划、开始想要变得自律的时候，最困难的部分就完成了。

制订比标准更高、更严格的计划

我读初一才刚刚接触英语学习，相对于现在许多孩子来说已经是非常晚了，在我们那座小城市，以前小学还没有开设正规的英语课。而我们班里学习成绩最好的学霸，也是初一才学英语的。但是他到初三的时候，就已经自学提前把高中阶段的英语都学完了，并且长时间稳坐年级第一的位置，他的学习成绩让我们都望尘莫及。

谁学生时代不想成为班级、年级第一呢？这可是非常荣誉的一件事情，家长和老师都会给你竖起大拇指。工作以后也是一样的，谁都想成为公司里薪酬最高的那一位，不仅拿着高工资，而且还受老板的青睐。那些学习成绩一直好、工作以后也顺风顺水的人，究竟是如何做到的呢？这对于许多人来说都好难。**但其实他们都有一个共同点：在学习、工作中，都不断制订比规定标准更高、更严格的计划。**

一、永远准备一个 Plan B

在做决定的时候，不要给自己留后路，但是在制订学习、工作计划的时候，永远都要准备一个 Plan B（B 方案），而且 B 方案的标准要高于 A 方案的，当然你的时间和精力允许的情况下甚至可以准备 C 方案。 此话怎讲呢？在学习上，A 方案是老师制订的，如要求今天背会 50 个英语单词，或者是其他的一些标准。那你的 B 方案，就要比老师制订的标准更高、更严格。你的 B 方案可能就会把 50 个单词增加到 60 或者 70 个单词，不仅背会而且还能保证发音标准。这就是比 A 方案更高要求的学习计划。其他同学有可能连老师布置的 A 计划都没有完成，但你最终不仅完成了原本的 A 计划，还增加了自己的 B 计划。这样做的好处是什么呢？你永远学到的知识都比标准计划里要多一些。所以开头提到的学霸同学之所以能够成绩优秀，这就是他的秘密。

在工作上，老板要求你一个星期的时间出一份某活动的策划方案，那这就是老板规定的 A 计划。你自己不仅认真完成了他布置的 A 计划，还用心写了一份比 A 计划更缜密的 B 计划方案给他，甚至把两个方案的活动预算都降到最低。而其他同事只完成了 A 计划，还是草草了事没认真对待，或者连 A 计划在规定时间内都没有完成，那你就比别人优秀了一截。从老板的角度来考虑，你是更愿意长期雇用有两份认真策划过方案的人，还是只完成了一份策

划方案的人呢？你更愿意给谁未来时间里升职加薪？

许多人觉得命运不公平，凭什么别人就能够轻松获得高分成绩、高薪职位，而自己在这刻苦学习了好久、辛苦工作了好久，却一点效果都没有。除去天赋和智商因素，你没有用高标准对待自己就是其中的原因之一。

二、至少检查一次

学生时代做试卷的时候，在规定时间内，有的人可以提前做完并检查了一遍试卷，但有的人却到最后截止时间了，试卷题目都没有做完。这是为什么呢？试卷的作用就是用来检测你平时的学习结果的，平时如果认真努力把知识点都掌握了，到考试的时候自然就不会慌张，有条有理把答案都写完，并且还会有空余时间去检查。那些经常考试得高分的同学，或多或少都会有检查试卷的习惯，要严肃对待每次考试，**知道自己的不足并愿意弥补，才会有进步**。不仅仅是需要检查试卷，你的每个阶段学习计划也需要去检查，看看是否有出错或者进度赶不上的地方，分析原因并及时改正过来。

在工作中，当你完成自己所写的计划之后，也需要去至少检查一次，看看是否有疏忽、遗漏的地方。如果不检查就直接把方案拿给老板或者客户的话，万一出错可就弥补不回来了。没有一个老板会一直和你强调要不断检查，最多提醒你一次。不要觉得自己的方案很完美，如果不小心犯错了，之后犯错造成了公司的损失，你又该怎样弥补呢？

一个公司里最经常修改方案的可能就是设计师了，而做设计最心痛的事情莫过于辛苦设计好的图片，甲方修改了第 13 次之后最终决定还是要你的第一稿。许多在职多年的设计师都会感到不爽，更何况是刚入职的设计师呢？先不管甲方是否在无理取闹，你要换个角度想想，每一次甲方让你做修改，都是因为甲方觉得其中有不足的地方，而你在不断修改的过程中也能够发现自己的不足或者是错误，这也是一个检查的过程。

三、学会用"甘特图"管理自己的进度

甘特图（Gantt Chart）又称为横道图、条状图（Bar Chart），是以提出者亨利·L. 甘特先生的名字来命名的。**即以图示的方式通过活动列表和时间刻度形象地表示出任何特定项目的活动顺序与持续时间。**

无论是学习还是工作计划，学会使用甘特图之后你会更好地掌握自己的节奏，以及随时查漏补缺。我大学时候学管理学时老师给我们讲过这个知识点，最开始提出这样的方法是为了企业管理工作更方便、更容易，到后面渐渐适用于生活中的各个方面。曾经学过的人力资源管理知识，就算我现在不从事这个行业了，在学习上也能够运用到过去所学的知识，过

去所学的知识都会有用到的时候。

甘特图包含以下三个含义，如图 7-2 所示。

（1）以图形或表格的形式显示活动。

（2）现在是一种通用的显示进度的方法。

（3）构造时应包括实际日历天和持续时间，并且不要将周末和节假日算在进度之内。

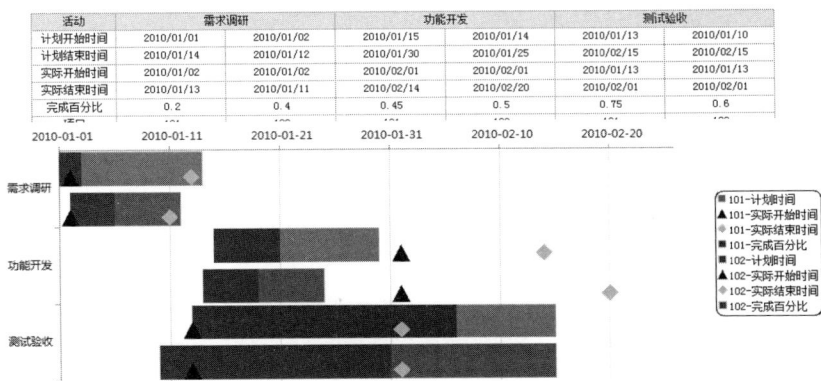

图 7-2　甘特图

你可以用电子表格绘制甘特图，也可以用 A4 纸手绘等，什么方式绘制不重要，重要的是执行计划的过程。据说腾讯公司在培训新员工的时候，也会给新员工上一堂甘特图的课，目的就是让员工学会管理自己的工作进度，以及在团队合作中各自分工明确、相互督促。**在学习上你也可以运用它了解自己每个阶段应该做什么事，然后和同学、好朋友一起完成甘特图，彼此互相监督、互相进步。**

关于学习的甘特图，我用学外语来举例。例如，你要考英语四级了，从今年的 2 月份开始准备，6 月份的时候参加雅思考试，从 2 月到 6 月的时间里，详细到每一天的学习计划你都应该放在甘特图里。用电脑 Excel 表格绘制周期长的甘特图会比较方便一些，手绘就需要准备好几张纸。先列出大的计划来：例如，2 月的计划是背完四级单词，3 月的计划是做听力练习，4 月的计划是作文练习，5 月是真题练习，到了 6 月就真正是备考状态了。

2 月背单词分解到每一周、每一天，例如每周要背 4 个单元的单词，那每天就必须背××个单词。按照甘特图的方法来绘制自己的进度条，每天完成了就多标记一点颜色上去。后面各个月的计划也如此来拆分开。像这样把看似庞大复杂的四级计划一点点分解到每一天当中，压力就不会特别大了。反而你看到自己的甘特图一天一天在朝前、颜色条越来越长时，心里也会有坚持下去的动力。

如果计划没有完成，中途有各种各样的原因耽误了，那就需要赶紧反思自己并及时修改

计划。但我不希望看到你们有太多次没有完成的情况，因为缺失的越多，你坚持下去的动力就会越小。

而当你认真完成计划之后，就可以用任何喜欢的方式去奖励自己了。

学会用高标准来对待自己的学习和工作，然后学会检查和反思、使用甘特图来督促自己，你会发现生活越来越有趣，并且和以前相比都有了巨大的进步。那些学霸没有告诉你的秘密，我都悄悄告诉你了，还不赶快行动起来去改变自己。

不想学习了怎么办

这几天与一位云南某大学的老师聊到学生的教育,她很痛心地和我说:"现在的这些孩子啊,条件越来越好了,却根本就没有我们当年那么刻苦的学习。"我安慰她说,不是学生们不刻苦了,而是人的意志力是有限的。以前你上学的时候没有手机、网络、电视,无聊的时候也只能看书了。但是现在的学生不一样,他们身处于那么好的年代,下课之后的生活也多姿多彩,自然看书、学习的时间就少了。**的确如此,不过我觉得真正会读书、会学习的人,是能够掌控自己的时间的,什么时候该学习,什么时候该放松。学习上太紧绷反而容易泄气,但是太放松了又回不到状态。**

有一位读者曾经问过我:"丹妮姐,你会有不想学习的时候吗?不想学习的时候你会怎么办呢?"说实话,不想学习想放松的这个念头,在任何人身上都出现过。就连顶尖学霸都会有这样的想法,更何况现在创业忙碌的我都会想要偷懒呢,但是最终理智会战胜它。

懒惰,这是人的天性。生于忧患,死于安乐。

那一个人不想学习的时候,到底该怎么办?是任由这偷懒的想法变成现实?还是咬咬牙继续坚持学习?

一、你是真学累了,还是假不想学

不想学习的原因无非有两种:一种是学习一天到晚,真正是学不进去了,而另一种是遇到一些困难、挫折,或者突然想偷懒去做其他事情,于是就不想学。摸着你自己的良心好好问问,到底是真的学累了,还是假的不想学了?

我高三时每天各个科目都做好几张试卷,或许这是我人生中做题速度最快、做试卷最多的一段时光。那个时候是真学累了,每天挑灯夜战的时候经常是没有做完试卷,就不知不觉趴在书桌上睡着了。半夜醒来才发现自己在书桌前,然后赶紧把剩下的试卷做完,又悄悄跑到被窝里休息。也正是由于作息不规律的原因,高三瘦了而且脸上痘痘特别多,但这些我都不管不顾,唯一目标就是,只想提高自己的分数。那时我最大的奢望就是:高考完之后能好好睡个三天三夜,没有什么比睡足了更开心的事。**许多人经历过高三之后,会有和我一样的感受:真正学累了,却不敢放弃,怕一放弃就没有希望。**

你做数学题，解析几何问题遇到了一点小挫折，做不下去了，于是开始觉得太难了，这根本就学不下去。这就是假的不想学，因为一丁点自以为是的困难、挫折就想放弃。等你工作以后，就会发现以前那些学习上的困难算什么，人生太短，磨难太长。

分清楚自己到底是不是累了不想学，如果真累了那就好好去休息几个小时、睡个觉，第二天起床后再打起精神来认真学。但如果是因为想逃避困难就放弃学习的话，未来你还会遇到无数个困难，无论在学习上还是生活中，你逃避得了那么多吗？

二、你没背景没钱，干嘛不学习

人无完人，再厉害的人也会有想偷懒的时候。每当我自己想偷懒不学习的时候，用这个方法特别管用。去照照镜子，看看镜子里的自己，反问自己："你是富二代吗？你有背景、有关系吗？你有钱吗？什么都不是、都没有，还不赶紧回书桌前努力学习去！"

小城市普通家庭的孩子什么都没有，只有拼努力和才华，再不努力的话连别人的起跑线都追不上了。什么都没有还不想学习的话，这个人真的是无可救药。知识能改变命运，如果你自己都懒得伸手去和知识打个招呼、去认识它，又怎么改变自己的命运呢？

长期这样的自我对白之后，想偷懒的欲望就不会那么强烈。创业时晚上突然接到甲方的修改意见，要求第二天必须拿出一个重新修改过的方案来。我心里难受，自己辛苦写出来的策划方案就这样被一票否定，重点是从头开始写，第二天就要交出。想偷懒，想放弃，想甩手对甲方说："我不写了！"但最终理智告诉我，不要拒绝你的甲方，创业初期没有和甲方的合作，你就没有新的流动资金，这很危险。所以到最后又默默熬通宵把方案修改好，直到甲方满意了为止。**无论学习、工作还是创业，当你不够强大时，没有任何理由去偷懒。**没有什么过不去的坎，咬咬牙坚持下去就好了。

三、不想学，就去做点其他事吧

之前网络上有个段子是这样的："玩手机吧，当你打开书籍准备阅读时、当你和朋友吃饭聚会时、当你出去跑步健身时，你会发现，还是手机好玩。"许多人看完就一笑而过，却不知道它道出了现在多少年轻人的状态：手机变得形影不离。

许多时候你不想学了，真的一点知识都学不进去，那就去做点其他事情吧，除了玩手机。我们每天浪费在手机上的时间太多，以至于才离开手机5分钟就感到不安，这很大程度上会影响到你的学习状态。可是你要仔细想想，玩手机最终能给你带来成长吗？每天重复刷朋友圈，看到的却都是一些没有营养的段子；每天逛手机淘宝，买买买之后承担的是一大笔费用。这些事情哪怕你坚持两年、三年之后，依旧不会成为更优秀的自己。

今天真的不想学习了,那就去家附近的公园跑跑步、去健身房锻炼一下或者去外面走走透气,说不定还会捕捉到新的灵感。但是你不能以不想学为借口,长期这样下去,就真的变成了逃避学习的人。

我创业之后每天的生活比在职工作忙碌许多,学习的时间和精力自然会有一部分腾出来给创业,那是不是意味着我不学习了呢?并没有。忙碌之余,会去看看一些新闻和干货类型的书,等晚上回家之后整理今天学习到的知识点。每周还是会听一些 Ted 英文演讲,保持自己对英语听力的感觉。或者去听听歌曲,让愉快的旋律融入我内心来,人也变得愉快起来。睡觉前脑海里有什么写作灵感或者是其他的创意,我都会起身把它们记录下来。

这就是不想学的时候、业余时间会去做的一些事情,它们可以让我紧绷的大脑暂时感到放松,然后再以更好的状态投入到新的学习中。其实一个人每天如果有一个小时的专注时间来学习,就已经很了不起了。每天一小时,一年就三百六十五小时,足够学习许多知识。

学会了解自己、正视自己,偷懒谁都想,但你若想成为将来那 20% 的少数人,就要学会战胜人性中的偷懒部分。

用富人的思维来学习

书中前面讲过 80/20 法则（二八定律），适用于许多行业和规则，但是它同样适用于人的思维，是不是感到不可思议呢？

20％的富人：（1）正面思考；（2）有目标；（3）放眼长远（有眼界）；（4）把握机会；（5）可以重复做简单的事情；（6）受成功人影响；（7）愿意改变自己；（8）坚持到底；（9）在问题中找答案；（10）如何能办到。

而 80％的穷人：（1）负面思考；（2）爱瞎想；（3）在乎眼前；（4）错失机会；（5）不愿意做简单的事情；（6）受失败的人影响；（7）喜欢改变别人，不愿意改变自己；（8）爱放弃，不愿意坚持；（9）在答案中找问题；（10）不可能办到。

一、舍得投资自己学习

对照着来看，你有几点符合富人思维的呢？不是所有富人都长这个样，但这是他们共有的一些特质。**我们学习的时候，要用富人的思维来想**：把眼光放远一些，舍得投资自己，不要觉得学一门新的知识、技能费用比较贵，就舍不得投资甚至放弃学习。

第一次尝试创业的时候，我曾经很在乎眼前的得与失。赚到了一点钱就会开心，但是在另外的项目上失去钱之后就会难过好几天。后来前辈告诉我：这样的思维方式是不对的，况且在创业过程中有太多金钱上的损失是正常的，这才是真正的有得有失，该交的学费还是要交的，下次你就不会再犯同样的错误而失去那部分金钱。**格局和眼界非常重要，它们决定了未来你能够做多大的事情，决定了你在创业路上能走多远**。自己经历过之后也确实觉得是这样，所以现在我第二次创业就比之前成长了。

学习上也要培养自己的眼界和格局，只要是能够让你未来价值倍增的知识，确定自己有能力坚持下去，就一定要去学。

二、愿意改变自己

我遇到过这样的人，一直在抱怨社会对她有多不公平："富二代同学家里有钱就是好，都不用努力就可以轻松获得一切。那些长得漂亮的女生肯定是整过容加化妆，素颜哪有那么漂亮。学霸就是天赋好，我们这些普通人哪比得过……"整个人只要开口说话，就是在抱怨，似乎全世界就她一个人过得最惨。

可是她从来没有想过，富二代同学的家庭是由上一辈甚至几辈人的积累才会有今天；长得漂亮的女生有些不仅有一副好皮囊，灵魂还自带香气；学霸光环的背后，是付出比常人更多倍的努力。**她从心底就觉得其他人都是好运气，却从来没想过要改变自己。**而富人们的思维，是发现自己的不足之后，不断加以改变，才会让自己越来越好，从而获得更多的资源和更好的平台合作实现双赢。

穷人思维是，不愿意改变自己的同时，还妄想去改变别人。现在的你不够好，没有学会反思自己的不足，却怪别人比你优秀，这样的思维注定让你在学习和生活中都"富不起来"。要想让自己变得越来越好，从学会改变自己开始。

三、重复做好简单的事情

以前工作的时候，带了一个实习生，我从工作上书写邮件的格式开始教她。告诉她在发送邮件之前，标题尽量简短易懂，添加附件时一定要写清楚附件名称和日期。因为附件无论是 PPT、Word 文档还是设计稿，甲方都不知道附件是什么内容、修改过的第几稿，所以你必须标注清楚，这样能节省沟通的时间成本。

可是我发现，和她强调过几次之后还是会出现失误。原本把手头上一些简单的事情交给对方做，是希望对方帮我节省时间，可最后却是增加了时间和工作量。我得自己去耐心和甲方解释并道歉，然后再来处理我手头上其他的工作。我很好奇，这位实习生为什么不能重复做好简单的事情呢？**因为她根本对这件事就没上心，她觉得只是发送邮件而已，传送到对方邮箱就行了。**

从许多小细节上，可以看得出一个人学习、做事的风格是什么。而这些小细节，往往在关键时决定着你的成败。无论是学习还是工作都要学会用富人的思维，重复做好简单的事情，才能处理那些错综复杂的事情。

四、不要说我不会、我不知道

这个世界上你不会、不知道的东西太多了，但这些都不够成为你不去做这件事、不去学习的理由。"丹妮姐，我不会英语，我该从哪里开始学？""丹妮姐，我不会做 Excel 表格，你能教教我吗？""丹妮姐，我准备在昆明定居，但是我不知道天气怎么样？房价怎么样？"不会英语那就从音标开始学，或者看看我之前写过的关于学习英语的文章，你连看都懒得看就开口说我不会。我可以帮你一次，但我不可能帮你一世。习惯说太多"不会、不知道"之后，你遇

到问题就不会自己处理，而是向别人寻求帮助，或者直接用它们当借口不去处理。

你不会英语，所以就有理由学不好了吗？你不会做 Excel 表格，就有理由不做了吗？若是在公司里多说几次我不会，恐怕老板过几天就要考虑换人了。你的价值完全没有体现出来，没有自主学习的能力、自己解决问题的能力。

下次无论在学习上还是工作中遇到问题和困难时，请不要轻易说不会、不知道。这样的思维会让你无法变优秀，甚至会让你失业。

时间管理和学习都没有捷径可走，但我们可以学习别人好的地方、弥补自己不足的地方。渐渐习惯用富人思维去做事和思考时，你就成长和懂得担当了，也会有越来越多的机会向你招手。

学习
就是要高效
XUEXI
JIUSHIYAO GAOXIAO

第八章
学习之路需要独自前行

学习也要有仪式感

你有多久没有在书桌面前看书、写字了？有多久没有好好整理你的书桌、书架了？

我读大学的时候，隔壁宿舍的一位姑娘书桌简直惨不忍睹，东西随便丢、随便放，书本从来就没有整齐地出现在书架上，除了卫生检查的时候。如果你不了解她的话，看外表觉得是一个挺清秀的女孩子，可是没想到生活却如此邋遢。她的学习成绩也一般，好几次都是在找某本书的时候找不到了，惊慌失措来问我们借书。你如何对待你的学习书籍、学习用品，都体现着你对学习的态度。

一直都觉得，学习也需要有仪式感，就像饭菜上桌之前，厨师都会用心摆盘一样。当你在正式学习开始之前，你需要一个有仪式感的书桌，不是让你像摆盘那样精心收拾，而是让你把书桌收拾整齐，把今天要用到的书籍和学习工具准备好。

一、磨刀不误砍柴工

或许有人会觉得，收拾整理书桌的时间都可以背十多个单词了，但你要相信，磨刀不误砍柴工。收拾整理的目的在于你方便找到学习中需要的任何东西，而不是等你用到的时候再来找。因为等你用到再来找的时候，凌乱的桌面会让你感到非常崩溃，甚至出现越找越乱的情况。

学会对自己的电脑桌面进行归类和清理，也是很有必要的一件事。我曾经体验过凌乱电脑桌面的感受，各种各样的文件堆积在上面，看得我眼花缭乱，甚至影响到了我工作的心情。学习也是如此，你更愿意在一个干净、清爽的书桌前学习呢？还是在一个凌乱不堪的书桌前学习？

提前准备好需要的学习用品，在整理过程中你可能会发现，某支碳素笔的笔芯快用完了，或者是便利贴没有了，这些都可以在本次学习结束之后出门购买，甚至多准备一些备用。

二、对书籍进行归类

以前的我没有意识到这个问题，只是随手把买回来的新书就放在书架上。管理学的、心理学的、武侠小说、学摄影的……它们都没有按照分类排列起来，而是按照了购买时间顺序排列。这样排列的弊端在于,我要找某个类型的书籍时,得一本一本去浏览,然后得花一定的时间才找得到那本书。

意识到这个问题以后,我就学聪明了。花了一个下午的时间,对出租屋里 100 多本书进行编号、分类管理,心理学的放一堆,学外语的放一堆……

然后我还构建了一个图书目录表:用数字给书籍编号,然后写一个标签贴在上面,之后把编号和书籍名称对应写在一个本子里。例如,数字 1 对应的是《色彩心理学》这本书,数字 2 对应的是《天才在左,疯子在右》等。**这样做的好处不仅节省了找书的时间,还可以在别人向你借书时,及时就能够发自己拥有的图书清单给对方**,也方便知道自己哪些书借出去了、借了多久、是否归还等。

三、把不需要的学习物品送人

学生时代的我,是一个文具控,家里收集了各种各样的小本子、彩色笔,但是到后面我发现,自己根本就用不完这些学习用具,甚至到工作几年后都用不完。这是个很严肃的问题,我留着它们的话,不使用就没办法体现出它的使用价值,但是全部送人的话,又觉得好不容易花钱买的东西舍不得。

舍得,要先舍弃,才会有后面的得到。

长大之后我意识到自己的问题了,最终还是学会了舍得。既然用不完那么多的学习物品,那就从中选一些比较新的捐给希望小学的孩子吧。对他们而言,这是刚需物品,并且能够帮助到他们,自己也会感到快乐。

每个喜欢阅读的人或多或少都会有囤书的习惯,或者喜欢像我一样囤学习物品。但是当你意识到看不完那么多书、用不完那么多文具的时候,就要学会把它们送给真正需要的人。你可以选择送朋友,或者像我一样捐出去。**多做一些好事,你会变得更开心。**到后面也会控制住自己的购买欲望,只买自己当下真正需要的书籍和文具。

四、学会写读书、学习笔记

从小到大我都喜欢看书,但是真正做读书笔记这个习惯,是从初中才开始的。语文老师那时让我们去购买《读者》《青年文摘》等杂志,并在认真阅读其中的文章之后选一篇你喜欢的来写自己的感悟。

那时候我才意识到,读完一本书不是结束,而是刚刚开始。你看书的过程中,会发现有一些地方很有趣,有一些地方能够引起你的共鸣。可能刚开始写读书笔记的时候,你不知道要如何去把那些情感、情绪转化为文字,只零零碎碎写了一些关键词,或者是只从书中摘抄

了几句你喜欢的话。不要怕自己写不好，只要你开始做这件事情了，就是一个很大的进步。坚持不断写下去，一段时间后来回顾，你就会发现自己的写作水平不仅进步了，而且还在学习、读书的过程中收获了不少知识。

写学习笔记，可以从日记的形式开始写。例如，最开始你只会写：今天学习了××科目的××知识，45 分钟时间……但是到后面你渐渐就开始会写一些自己学习上的感悟，写自己的进步和不足之处。

今年是 2017 年，再回顾我 2007 年写的读书笔记时，第一反应是那时的自己想法居然如此单纯，然后是感叹时间过得如此之快。你看，在回顾以前写的笔记内容时，你能够了解到当年的自己到底在想什么，甚至觉得自己现在的想法比以前成熟多了，这就是一个很好的记录成长的过程。

学习上的仪式感比摆盘重要多了，这种认真开始、认真回顾的过程，能够让你清楚明白自己的优势和劣势。不断成长，不断学习，自己才会越来越优秀。

九个高效学习、工作法则

纵观人类历史，你会发现越往后的趋势是发展越快，越来越追求效率。在需要综合型人才的当下，更是提倡高效学习、高效工作。这九个高效法则，不仅仅适用于上学，生活中也是同样适用，牢记心底并掌握它们，会发现现在的自己和过去改变是如此之大。

一、固定时间查邮件、回复消息、打电话

你一定或多或少有过这样的感受：邮件堆积太多不知道该从何看起，突然有微信消息冒出来，就会停止手头上的工作去回复；什么时候想起来打电话了就和朋友打一个……但是你没有意识到这些都是浪费时间的事情，它们真正把你的专注时间切割成碎片化。

刚毕业从事 HR 工作时，我的领导要求我每天早上 9:00—9:30 处理完前一天的面试简历邮件，之后保留下那些适合的候选人，一一通知对方来面试。**这样做的好处就是简历不会堆积，而且能够及时发现适合的人选。**所以到现在也都保持着这个习惯，当天的邮件用一个固定时间去查阅、处理，而不是拖延到后面。现在微信、微博等平台的消息，也想选择等不忙的时候或晚上休息时再去回复。重要的事情别人就会直接打电话联系你了，而不是选择用微信。现在许多高效的方法都是过去从事 HR 工作时所学到的，尽管我不在这个行业里了，但我很开心自己学过的知识都有一直在用。

二、同类事务一并处理

当你用时间管理法创建了自己的 To do list（要做的事情清单）之后，学会给相同属性的事情合并起来处理，可以用时间、地点、人物来作为参考。例如，早上通知 A、B、C 三位候选人到××校区参加第二轮面试，D 候选人到×××校区参加第三轮面试，那你就可以把它们合并在一起处理掉这些事，而不是选择先通知完 A、B、C 三人，然后去做 Excel 表格，最后再来通知 D 候选人。再如，今天做英语听力一篇、写作练习一篇、阅读理解一篇，就把这三个任务合并在一起完成，而不是做完英语听力又去做数学试卷，试卷做完了又跳过来做英语阅读理解。

三、小事马上做

学习和工作中，都会被一些突然到来的小事打断，但是你千万别把这些小事放一边，然后继续手头的事情了。我下班在家学德语时，会突然接到电话处理一些工作上的小事，几分钟内就可以搞定，但是如果我此时不去处理的话，到后面可能就被遗忘了。再如，当我早上在筛选简历时，领导会说把××文件发送给××同事，这件事1分钟之内就能搞定。如果当时不发送，我又没有写备忘的话，有可能在后面忙碌的工作中这件事就被我忘记了。

为了避免造成更大的错误，需要你花费更多时间去处理它们，你最好选择小事马上就去做、马上处理。那些1分钟之内就可以搞定的事情，不要犹豫，不要想太多，去处理就好了，不会影响你接下来的学习和工作的。

四、创建你的专属模板

当你自己写英语作文次数多了之后，就会发现都是有一定范文格式存在的。例如，作文命题为写信内容时，都会有特定的模板：开头是什么、中间怎么写、结尾如何写最尊重对方。此时你就可以自己总结其中的经验和规律，然后创建一个专属自己的学习模板。

同样邮件回复次数多了之后，也会发现有一些主题可以套用模板来回复，与其每次都花费1~2分钟在键盘上敲打出同样的内容，不如把那些话语做成模板，使用时一秒复制、粘贴即可。这样做大大可以节省你的时间，提升效率，甚至你就不用在加班的情况下把当天的任务完成，然后下班回去可以愉快学习，不用惦记着工作上的事没做完。

五、早起半小时

如果公司要求你早上9:00上班，那你就早起半小时，这样可以利用那半小时去看书、学习或者健身，然后不慌不忙出发去公司，不用担心快到打卡时间了可自己却堵车在路上。而且提前到办公室、教室的好处太多了：你可以提前准备好学习的材料并温习一遍，可以在一天的工作开始之前有时间认真梳理，或者是在学习和工作开始前给自己泡一杯热茶，开始崭新的一天。

六、向厉害的人学习

互联网时代，你与大神、大牛们的距离只隔了一个屏幕。他们之中许多人都有自己的自媒体平台，现在有些平台还开通了付费提问模式，只需几元便可向牛人们提问，并且能够收到牛人们认真的回答。不要吝啬那几元的提问钱，就是少吃一次零食、少喝一杯奶茶的事情,但是你可以从他们的回答中收获许多干货知识。这比起你自己琢磨要快得多,而且最重要的是能够节省时间,提高你的效率。

七、构建资料管理

以前是书到用时方恨少,现在是书到用时方恨找不到。许多平时看过的书、收集的学习资料都是随手一放,等用得到的时候却发现找不到,急得团团转。工作上的文件太多,都理不清顺序,领导突然要某份文件,可是翻遍办公桌都找不到。

你在找资料、找书的时候,时间不知不觉就流逝了。从现在开始,给你看过的书和学习资料,都认真编号并在同一个地方摆放整齐。给你工作上的文件专门编号之后放入档案袋里,并标注好日期和重要程度。当下次你突然要找它们时,就能够快速找到,并且把那些暂时用不到的资料也能够按顺序放回原先的位置。给它们分类整理,就是在节省时间、提高效率。

八、写学习和工作总结

我依旧记得在新东方英语工作的时候,我的主管要求我每天都要写工作总结,不是记流水账的形式,而是总结今天做了哪些事、花费了多长时间,哪些事情还做得不够好、有待提高。**刚开始特别不能理解,总觉得写总结是一件浪费时间的事,可是到后面却发现它是一件节约时间的事。**每天的工作和学习都很忙,时间越久你就越记不清当天做过什么事,等你到月底、年底来回顾的时候,会发现细节上做过哪些事都不记得了。

每天写学习总结也是一样的道理,了解自己的学习动态、发现不足和错误的地方,才能在每周、每月总结的时候知道该怎么去弥补。

九、调整自己的情绪

身边许多朋友和读者经常对我说的一句话就是:"丹妮,你好积极向上、好正能量啊,你是如何做到的? 你会有不开心的时候吗?"

其实在我的日常生活中,不开心也不难过的平淡时间占据了大部分,但是无论如何,我都不会花太多时间在纠结负面情绪上。既然事情都已经发生了,让人感到不愉快,你也是无法去改变的,那么,把时间浪费在已经发生、不可逆转的坏情绪上,不如学会调整它、控制它,让它越来越不能影响你的学习和工作。

当你学会调整自己的情绪时,就不会轻易陷入其中无法自拔,从而可以把剖析情绪的时间用在做更多值得的事情上。

助你提升学习效率的物品

当我们在不断追求高效学习时，可别忘了，其实身边有一些小而美的物品能够帮助我们提升学习效率。无论是实体店还是网购，它们都是很容易就能买到的物品。不仅价格不贵，而且还方便携带，当你在学习的时候，身边多准备一些能够让你更好地学习。

一、柔软隔音耳塞

市面上有许多各种各样的耳塞，你不需要买最贵的，但是也不要买太便宜的，坚信所有东西都是一分钱一分货的道理。不要在网络上买那些"三无"产品，万一他们用的是有毒材料制作的那可就得不偿失了。

学习和工作的时候，难免受周围一些嘈杂因素的干扰，但是当你使用隔音耳塞之后，整个人仿佛就与外界隔绝了一般。此时的你不再受外界干扰，可以专心地看书学习、工作。购买时注意耳塞有不同的尺寸，女生一般选择小一点的，而且不要频繁使用，这样长期会对耳朵或多或少有一定的影响。用完了记得清洗之后放回盒子里，当然它们都是有使用寿命的，当你看到耳塞发黄、边旧的时候，就可以丢掉，重新换一副。

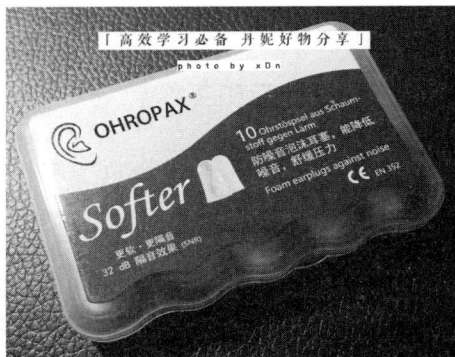

二、效率手册

随着近几年来时间管理的概念被越来越多的人所接受和学习，市面上也出现了各种各样的效率手册（时间管理本）。价格不一、品牌不一，但是这些都不重要，不要为了炫耀自己买了一本贵的效率手册而买，选择自己能力范围内的。关于效率手册的使用方法，本书前面的章节有详细介绍，你可以重新回顾一下。

所有的学习工具买回来都是要用的，如果不用只是放一边或当作一个摆设，就失去了它的意义。

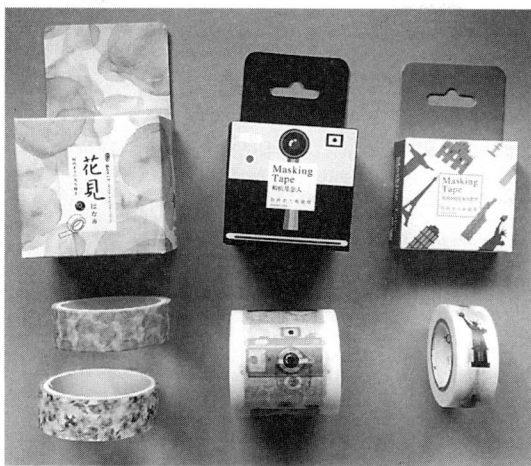

三、便利贴

市面上有各种型号、颜色的便利贴，我个人的建议是购买正方形或者长方形的纯色便利贴。那些很花哨或者形状很好看的便利贴其实并不实用，只是商家的促销手段而已，让你有想要购买的欲望。方形便利贴容易写字，而且贴在书里也不会多出来其他的边角，毕竟书也是方方正正的。

还有一种便利贴是给资料分类的，彩色并且很短的一小条，在你给学习资料分类的时候就可以用它们贴在书角上面，便于分类和查找。便利贴可以多准备几本，毕竟用得很快，临时用到再出去找文具店购买时又会浪费掉一些时间。

四、四象限工作表

这个表格你可以自己绘制，也可以买现成制作好的可粘贴的那种。这四象限分别是重要紧急、重要不紧急、不重要紧急、不重要不紧急。无论是工作还是学习，你所有的待做事项都可以根据这个表格来进行分类。列每天的待做事项清单只是帮助我们整理思路，但是要想明白哪些事情优先做，就得靠它的帮助。

五、粗、细彩色笔＋尺子

学生时代我们最爱去文具店，因为有各种各样的学习用品可以购买，在学习的过程中使用着那些喜欢的本子、笔等工具，能够让我们感到愉快并更认真学习。但是毕业之后，我们使用笔的次数越来越少，取而代之的是使用电脑打字的次数越来越多。

心理学现在有一个分支，叫作色彩心理学，但是这个分支的内容就可以写一本书。简单来说，就是不同的颜色对你的心理有不同的作用，因此需要学习正确地使用色彩方法，增加一些心理暗示作用。它不仅仅可以运用到社交之中，还可以运用到学习上。购买粗、细彩色笔的目的，不是为了凑齐七彩彩虹色，而是运用不同颜色的笔，在学习过程中做笔记。

重要的笔记内容，可以用粗的彩色笔＋尺子来勾画出来，选择用那些明亮的颜色，如荧光黄、橘色等，有助于心理暗示你这些是重要的内容。

关键词可以用波浪线＋细的彩色笔勾画出来，注意使用除黑色之外的笔，容易辨识出来。

每次做笔记时，选用的颜色最多不要超过三个颜色。 如果色彩太多，反而会起到反作用，打开书复习时，通篇都是各种各样的彩色，根本不知道哪些内容是重点、哪些不是。

有的人说，我很爱惜我的书籍，在书上写写画画我做不到。但是可别忘了，学习书籍买回来就是要用的，你不把它"用旧"，又怎么证明你来回翻过这本书学习好几次了呢？不要怕书会变旧，当你把书读旧了，就说明花时间和精力了。

六、金属书签

为什么我要强调是金属而不是纸质的呢？因为纸质书签太容易丢失，以及太容易损坏了。虽然金属类的书签价格贵了一些，但是它的使用寿命长，无形之中就是在帮助你省钱。以前的我也没有意识到这个问题，直到我的学霸朋友送了我一支金属书签，简约而有质感，她说这样会让人更爱惜书签的同时，也会享受学习过程。

有的人习惯是，看书到某一页停下来之后，要去折书页一角，折出来一个三角形，而不是使用书签。如果书是你自己的还好，自己爱怎么折腾怎么来，可是当你形成这个习惯了之后，就很难改变了。如果有一天你和同学、朋友借书，或者从图书馆借书时，依旧习惯了折书角当书签的话，别人会怎么想？况且图书馆对书籍是有要求的，损坏了要赔偿。**学会爱惜书，也是认真学习的一种表现。**

这些小物品都不是什么稀罕物，也很常见，但是在日常学习生活中，我们却渐渐忽略了它们，甚至摆放得有厚厚一层灰尘了才意识到，自己已经很久没有使用了。不妨从现在开始，认真整理一下看自己是否有这些东西，没有的话罗列一个清单把它们准备好，在下一次学习开始之前，学会使用这些物品吧，它们能够助你提升学习效率、节省时间。

工作和创业，都是围城

前几天有个小女生微信上找我聊天，问我是否还记得她，今年就面临着毕业了，却不知道自己要找什么样的工作，有点想自己创业。她想让我给她一些建议，毕竟我作为经历过工作和创业的过来人，或许能够让她少走些弯路。

我们从小学到大学的学习，不仅仅是为了自我能力的提升，其中还有一部分原因是为了在经过多年的学习之后，你能够靠这些本事找到一份工作，至少能够谋生，能够养活你自己。我们终究是要学会独立生活、离开父母的怀抱的，趁早想清楚自己大学毕业之后要干什么，能够节约许多犹豫不决的时间，把时间花在正事上。

其实找工作不难，难的是找一份自己喜欢的工作并且能够坚持下去。

这让我想起 2014 年的自己，那时刚刚大四也面临着要找工作的问题。大学里给自己定的目标就是，将来要自己创业，毕业先学习工作经验，等时机成熟和拥有一些资源以后再自己做事。刚工作时觉得工作辛苦，可是等自己真正创业了恍然大悟，工作上那点辛苦不算什么。工作至少还有周末，虽然工作也会加班，但是有加班工资，你创业就是在给员工打工，每天都在想要如何挣钱发下个月的工资，而且公司在创业初期是很难有稳定收入进账的。员工到下班时间就可以回家，而你清楚自己晚上还要在办公室加班，这些都没有任何收入。

一、创业和工作的本质

以前打心底羡慕那些创业的人，觉得可以不受管制，许多事情自己都有决策权。可是当你自己创业以后会发现，管理是个比你想象中要难许多的事，做决策也不是那么容易的。**创业和工作的本质都是要挣钱**，你工作首先得养活自己，才可以去追求更高级的物质享受；你创业得挣钱养活自己和公司，不以挣钱为目的的创业都是不务正业。没有创业的第一桶金，你空谈情怀也没有用。

先谋生，再谈梦想。大学毕业找工作，在你没有资格谈喜欢、高薪的时候，最实际的方法就是先找一份能够养活自己的，然后再努力提升工作能力。你在抱怨着找不到喜欢的工作、薪水不高，可是你反思过没有，是否是自己能力不足。你一直在纠结要找喜欢的工作，拖了半年时间一直没找到，就这样过着没有收入的悠闲生活，对了，此时你还在用着家里的钱。

而同班同学已经找到一份工作，虽然不喜欢却为了谋生也认真做着，半年以后对方就是有工作经验也拿着薪水的人。我咨询过身边许多同龄人，他们现在的工作是否喜欢，大多数回答都是不喜欢，但是为了生活还得继续工作下去。有的人是通过自我奋斗，一步一步去做自己喜欢的工作；而有的人是明明知道自己不喜欢这份工作，却从来没有想过要改变，依旧做着自己不喜欢的工作。

二、什么时候创业都不晚

有许多大学生喊着毕业后就创业，要当自己的老板。我个人不建议大学生刚毕业就创业，因为你的公司会死得很惨，除非你在以前就开始和社会接触，有兼职或者工作经验。我们在象牙塔里待了四年，不太明白工作后许多现实的东西，与社会相比，学校就是个单纯的小环境。大学里面的钩心斗角不算什么，工作后你会遇到更多狠角色。

不要觉得年轻时不创业，难道老了再来创业吗？先把你的翅膀练硬，让自己单独飞也能飞得很高很远的时候，谈创业也不迟。看到许多成功人士都是早年创业，可你不知道他们经历过多少次失败后才功成名就。我虽然很早就明确要创业的目标，但也是在有两年工作经验之后才选择创业的。从来都不觉得我浪费了两年的时间去工作，正是因为那些工作的时光让我学习到不少职场上的知识。我受过委屈吗？受过；我哭过吗？哭过。可是最终擦干眼泪，继续前行。

三、创业其实很孤独

每次收到读者留言，羡慕我能够做自己喜欢的事情还挣钱时，我就只能一笑而过。创业过的人都知道，从 0 到 1 这个过程是最孤独的，没有人能理解你。为了挣钱每天都要到处奔波，和不同行业、不同职位的人打交道，学会和对方沟通，不断促进合作的可能。

你的项目执行计划出来之后，团队里的小伙伴不理解为什么要这样做，在他们眼里没有前人的成功案例，不敢轻易去尝试，因为怕失败。我创业忍受过别人的白眼吗？忍受过；没有周末更没有节假日，熬夜加班是经常的事情。许多时候，我都是独自一人在战斗，这个过程确实很孤独，想说说创业心里话都找不到人。后来我明白了，小伙伴是帮助你打仗的，但是要打谁、朝哪个方向打，所有的决策必须由你来决定，就算他们不理解，你也需要去执行决策。

可我为什么现在还是想二次创业呢？讲真的，创业会上瘾。不然怎么有那么多前辈失败许多次之后，依旧坚持再创业呢？明知前方困难重重，也不愿意放弃。

四、对你的员工好一点

上周一个摄影圈朋友和我抱怨："他的小团队里所有摄影师们，过完年都辞职走了。我对他们那么好，为什么他们不理解我，意外来得太快，我不能接受这个事实。"他觉得员工都走了，却不知道员工离职的真正原因是工资太低，因为都是圈子里的人，大家也都清楚事情真相。

对员工好，不是你自己一个人说了算，而是要员工们说了算。每个月只给跟着你的摄影师 2 000 元，还有一堆扣费理由，拿到手实际就 1 000 多元的工资，连昆明最低工资都达不到，员工们怎么活？

不谈工资的老板都是耍流氓，你有再多的情怀，也请保证员工在一座城市的生存。只有把最基本的生存问题解决了，好员工的心思才会投入到工作上。

你给员工吃草，你将迎来一群羊；你给员工吃肉，你将迎来一群狼。特别是初创公司，必须要有狼性，否则在这个快节奏社会马上就会被淘汰。马斯洛需求原理，只有满足了最基本的生存问题，人们才会有欲望去追求自我实现。对你的员工好一些吧，金钱不是衡量的唯一标准，但确实是一个很重要的因素。特别是那些跟着你一起创业的人，他们可是在你一无所有、没有功与名的时候陪你打江山的人。你吃素他们陪着你吃素，你吃苦他们陪着你吃苦，所以你挣钱了一定要分一些给他们。

这个道理许多老板懂，但是很少的老板才会把钱拿出来分给员工。

创业也好，工作也罢，都是辛苦活计，都是围城。工作的人羡慕创业的人挣得多，创业的人羡慕工作的人不用扛着整个公司的压力。但是，不必羡慕谁，你的付出和努力与你能得到的回报是成正比的。权利、名声、金钱、美貌、身体健康，你不可能所有都同时拥有，想要什么样的生活，就付出什么样的努力。

焦虑会一直在你我身边

"快要期末考试了,可是好焦虑呀,担心自己的成绩不够好。""工作上的事情好多,压力也大,都没有时间来学习了,好焦虑。"其实,我学生时代挺怕考试的,而且到考试之前都会生病,长大了学习过一些心理学知识之后,才明白这其实是过不了心理上的这一关。明明都复习好了,可是到考试前一天却开始紧张,总觉得自己还差了点什么,然后就生病了。时间越久,就渐渐成为一种条件反射。

我们一辈子之中,为什么要不断努力呢? **因为在不断成长的过程中,有许多不安全感,而努力是为了去消除那些不安全感,最终让自己感到安全**。不安全的感觉,很多时候会带给我们焦虑的情绪,不要试图去摆脱它,你摆脱不了的,它会伴随你一生。但是别着急,焦虑情绪虽然摆脱不了,但我们可以学会和它相处,学会正视它并和它好好相处。

当我还是个学生的时候,我最大的焦虑感是如何提升学习成绩。小学升初中的焦虑,成绩不好的话就没有办法去好的初中,考不上好的初中意味着好的高中就越来越远,离好的大学就更不用说……但是等等,你为什么要想那么多呢? 不就是一个小升初的考试吗? 好好把握住当下的机会认真学习就好了,不要考虑那么多,只用考虑如何考好的初中就行。**在学习上、工作中,不要过分去担心那些很久之后才会发生的事情,但是要提前考虑一些会影响到你下一步发展的事情**。

而我工作之后,虽然没有提升考试成绩的焦虑了,但是新的焦虑也来了。如何在陌生城市生存下去? 如何去认识新朋友? 还有工作上的压力该怎么排解? 等我年龄再大一些,我还会面对更多的焦虑。人生成长的过程,其实就是一个不断在升级打怪的过程。当你打败掉的怪兽越多,你的抗压能力就越来越强。

当你把手头上那些焦虑的问题处理完之后,有没有感觉自己突然就放松了呢? 觉得一身轻松,终于不用再为那些焦虑的事情而操心、感到烦躁。

学会去正视你的焦虑,而不是逃避那些让你感到焦虑的问题。因为你不去正视它、不去处理它的话,焦虑是不会凭空消失的,反而随着时间的流逝,焦虑感越来越强烈。与其坐等别人来帮你处理,不如学习去正视它、处理它。

例如,英语学习成绩一直都没有提高的样子,可是明年就要考高中了,不想因为英语成

绩而影响到自己的升学考试。那就不要再焦虑这件事了，直接行动起来：该背单词就逼着自己背完为止，该记语法时死记硬背都要背下来。该找老师补习就毫不犹豫去补习，别心疼补习的钱，当你把成绩提升考上好的高中时，相对于考不上或者重新复读来说，这笔钱就赚回来了。学习上的焦虑带来的巨大压力感，我太清楚和明白，曾经我也和你们一样经历过这些，也曾彷徨过。

压力大的时候要学会调节自己，千万别憋屈在心里，堆积久了会有毛病的。 就像蛀牙一样，如果不及时处理，最终可能要注射麻醉药把牙齿拔掉，但最开始的时候只需要把蛀牙的那部分清理干净即可。我们太多人只注重去提升自己的学习成绩、工作业绩，却忽略了自己的心理健康问题。你说我没有心理问题，我很正常，我没有病。其实这样的理解是不对的，心理问题≠有病，而是发现自己状态不对了、出现一些问题了之后及时调整，把焦虑和压力渐渐转化为动力。

当然，不可能一辈子都不会有压力和焦虑。压力和焦虑就像一把双刃剑，处理得当了，它们反而能够在生活中助你一臂之力。创业的压力大吗？比找一份工作的压力大多了，但是我为什么还要坚持去做压力大的创业呢？**除去挣钱和情怀的因素，是因为我喜欢闯关模式，不断挑战自己，让自己的抗压能力增强。** 你见过各种各样的人、经历过好的和坏的，下一次面对同样情况的时候就不会束手无策，而是懂得如何去处理。每个人都会有焦虑感，尝试着每一次都把焦虑感转化为安全感，你的抗压能力就提升了。

学习是一件既有趣又痛苦的事情，但正是因为有酸甜苦辣，我们才能把所有感受都体会到，才知道取得今天的成绩是如此的不容易。不要过多地担心和焦虑，该发生的事情自然会发生，焦虑伴随着你我的一生，学会面对它、处理好它，你就更优秀了。

见自己、见天地、见众生

"见自己，见天地，见众生"是电影《一代宗师》里被传诵得最多的台词之一，当然这也是我很喜欢的电影之一。这句台词是三位编剧的得意之笔，它的原型来自于"三家相见"，是从明朝开始相传的，特别神秘的道家理念。

《一代宗师》里宫二说，她这一辈子只见到了天地，而叶问见到了众生。宫二人物设定代表的是武林的正脉，她奉承武林的理念和规矩，所以她奉了道：不结婚、不传后、不传艺，最后随着武林的消逝一同死去。但是叶问只是把武术当作个人爱好，他只是很单纯地想去学，然后不带有功利心地去学习和传授武术知识。后来的他把武术渐渐发扬光大，也让越来越多的人感受到武术的魅力。最后的叶问还是见了众生，达到了最高的境界。

我特别欣赏他的这种境界，人生在世这一辈子，所有的物质终将化为尘埃，到最后我们能拥有的也只有我们自己的经历。去学习、去经历、去感受，然后把那些东西都毫无保留地分享出来，让更多人从中受益。

引用王家卫访谈里的一段原话：太极有个讲法，"十年开一宗"，是说十年就可以成为一个宗师，但是"一代"这个概念就太大了，没有具体的定义。怎么去表现"一代宗师"？必须要经历过什么的人才有这个资格？最后我觉得他必须经历三个阶段：见自己、见天地、见众生。见自己，就是影片中宫二说的"不迷不成家"；见天地，就是心里要装得下世界；见众生，就是要把学过的东西回馈众生。这三个阶段是"一代宗师"必须达到的境界，否则你就只是"高手"，而不能成为"一代宗师"。

竹子在最开始成长的时候，特别慢，用了 4 年的时间仅仅长了 3cm。但从第五年开始，它就会以每天 30cm 的速度疯狂地生长，仅仅用六周的时间就可以长到了 15m。因为在前面的四年里，竹子已经将根茎在土壤里延伸了数百平方米，只是表面看不到。学习也是一个这样的过程，许多人在最开始学习的那几年，看不到未来的希望在哪里，不知道学习了之后到底有什么用，学习某项知识和技能到底能不能让自己升职加薪，**熬不过去最开始的漫长等待时光，也就不会有后面迅速的成长。**

在当下快节奏的时代，许多人的内心也渐渐跟着浮躁了起来。似乎想要在很年轻的时候就把财富、权利、名声都获得，但这只有很少一部分人能达到，想要的一切都需要花时间和

精力去经营。你现在所看到的那些成功人士，他们都是花了至少十几年的时间去不断学习和积累，慢慢才取得今天的成就。这世界上从来就没有捷径可走，与其花时间去研究怎么走捷径，不如静下心来学习一下叶问的精神，用最单纯的心态去做一件事、去学习一门知识，无论它是否能给你带来名与利。

没有谁天生就很厉害、天生就是学霸，从初生婴儿到 18 岁成年的这些年里，我们要经历过许多风和雨，那些好的、不好的经历，最终都会让自己成长。

见自己、见天地、见众生。

见自己——是第一层境界，就是要认识自己的优势和弱势，了解自己的性格、为人处世的方法。许多人活了一辈子，都不见得对自己非常了解，我也在不断了解自己的过程中。

见天地——是第二层境界，见过天地之大和辽阔之后，才意识到自己的局限和渺小。一辈子的时间，你如果只待在同一个地方，不学更多的知识，不出去走走，那一辈子都只能当井底之蛙。

见众生——是第三层境界，当你经历过一些事，自己也有所感悟之后，尝试着把你所学的、所感悟到的东西传授给别人，让别人或多或少都会有所启发。

这是我自己所理解的三层境界，我们从出生到死亡，不一定三层境界都能感受到并达到，但是心里有这个目标是一件好事。我不敢说现在的自己达到了见众生的境界，因为我很清楚这辈子还有许多要学习的知识，还有许多疑惑等着我去解答。读万卷书，行万里路。只想把我这些年来的学习经验、时间管理知识，用心分享给你们。希望你们看完这本书之后，都能够行动起来去改变自己，成长为更好的自己，这也是我的初心。

不忘初心，方得始终。

后记

曾经我在电脑文档里写过一个《一生的愿望清单》,这辈子想学八国语言、学摄影、有自己的一份事业……

而里面其中之一的一个愿望就是:有生之年,出版一本自己写的书籍。不为名与利,只为纪念自己曾经在这个世界上,留下过一点点有用的东西,能够帮助到一些人,让他们从迷茫和无助之中走出,学会勇敢做自己想要做的事。我一直都在思考人生的意义,或许生下来到高考之前,许多人都没有想过这个问题,只有想着我要如何考个好大学。那么人生到底有什么意义呢?生下来,活下去,然后再做一些自己喜欢的事情,做一些不让自己留遗憾的事情,好在生命快结束的时候感叹,我这辈子值了,过得很充实,并且没有太多的遗憾。

这本书从编辑邀请我到它出版上市,几乎用了一年的时间,我一边工作一边写书,利用下班后的时间一点点完成它。或许还有很多不足之处,希望你们能够理解和包容。我很感谢清华大学出版社和我的编辑张志军老师,他非常负责任,同时也给了我足够的时间去完成它。如果没有他的邀请,也就不会有机会写书,把我的文字结集成册出版。

感谢我的初中语文老师,李增辉老师。如果没有他当初用心良苦培养我们写日记、写作的习惯,或许现在的我提笔都不知道该写什么。感谢我的父母和家人,在我写书的过程中给我很大的鼓励和支持,也谢谢你们让我能够接受更好的教育。

还有许多要感谢的人,谢谢你们支持我、鼓励我。

我们这辈子要学习的知识和技能太多了,如何用最适合的方法去学习呢?又如何管理、规划好自己每一天的时间呢?方法有许多,但我最希望的是,你们在看完本书之后,能够真正行动起来去改变,让自己变得越来越优秀,活成自己喜欢的样子。